NCS

예금보험공사

직업기초능력평가

초판 발행   2020년 9월 9일
2쇄 발행   2021년 4월 7일

편 저 자 │ 취업적성연구소
발 행 처 │ ㈜서원각
등록번호 │ 1999-1A-107호
주   소 │ 경기도 고양시 일산서구 덕산로 88-45(가좌동)
교재주문 │ 031-923-2051
팩   스 │ 031-923-3815
교재문의 │ 카카오톡 플러스 친구[서원각]
영상문의 │ 070-4233-2505
홈페이지 │ www.goseowon.com
책임편집 │ 최주연
디 자 인 │ 이규희

PREFACE

우리나라 기업들은 1960년대 이후 현재까지 비약적인 발전을 이루었다. 이렇게 급속한 성장을 이룰 수 있었던 배경에는 우리나라 국민들의 근면성 및 도전정신이 있었다. 그러나 빠르게 변화하는 세계 경제의 환경에 적응하기 위해서는 근면성과 도전정신 이외에 또 다른 성장 요인이 필요하다.

최근 많은 공사·공단에서는 기존의 직무 관련성에 대한 고려 없이 인·적성, 지식 중심으로 치러지던 필기전형을 탈피하고, 산업현장에서 직무를 수행하기 위해 요구되는 능력을 산업부문별·수준별로 체계화 및 표준화한 NCS를 기반으로 하여 채용공고 단계에서 제시되는 '직무 설명자료'상의 직업기초능력과 직무수행능력을 측정하기 위한 직업기초능력평가, 직무수행능력평가 등을 도입하고 있다.

예금보험공사에서도 업무에 필요한 역량 및 책임감과 적응력 등을 구비한 인재를 선발하기 위하여 고유의 직업기초능력평가를 치르고 있다. 본서는 예금보험공사 채용대비를 위한 필독서로 예금보험공사 직업기초능력평가의 출제경향을 철저히 분석하여 응시자들이 보다 쉽게 시험유형을 파악하고 효율적으로 대비할 수 있도록 구성하였습니다.

신념을 가지고 도전하는 사람은 반드시 그 꿈을 이룰 수 있습니다. 처음에 품은 신념과 열정이 취업 성공의 그 날까지 빛바래지 않도록 서원각이 수험생 여러분을 응원합니다.

STRUCTURE

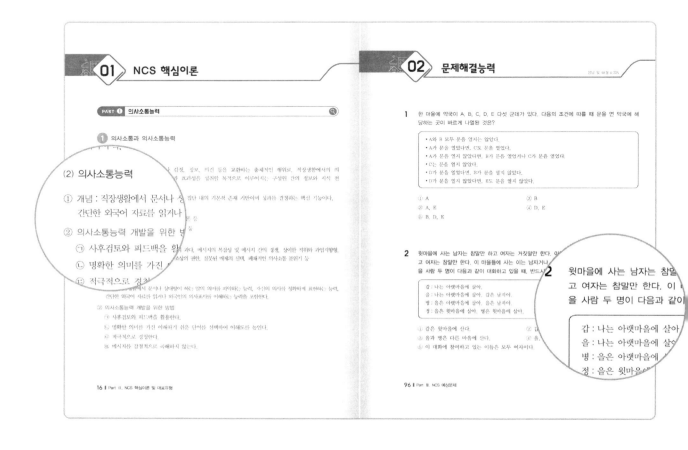

NCS 핵심이론

NCS 직업기초능력 핵심이론을 체계적으로 정리하여 단기간에 학습할 수 있도록 하였습니다.

NCS 예상문제

적중률 높은 영역별 출제예상 문제를 수록하여 학습효율을 확실하게 높였습니다.

NCS 정답 및 해설

문제의 핵심을 꿰뚫는 명쾌하고 자세한 해설로 수험생들의 이해를 돕습니다.

CONTENTS

PART I 예금보험공사 소개

01 기업소개 및 채용안내 ································ 8
02 관련기사 ································ 12

PART II NCS 핵심이론 및 대표유형

01 NCS 핵심이론 ································ 16
02 NCS 대표유형 ································ 38

PART III NCS 예상문제

01 의사소통능력 ································ 54
02 문제해결능력 ································ 96
03 정보능력 ································ 126

PART IV 인성검사

01 인성검사의 개요 ································ 152
02 실전 인성검사 ································ 169

PART V NCS 면접

01 면접의 기본 ································ 192
02 면접기출 ································ 208

PART VI NCS 정답 및 해설

01 NCS 대표유형 정답해설 ································ 212
02 NCS 예상문제 정답해설 ································ 217

PART

1

예금보험공사 소개

01 기업소개 및 채용안내

02 관련기사

01 기업소개 및 채용안내

1 기업소개

(1) 설립 목적 및 주요 업무

① 설립 목적 ⋯ 예금보험공사는 금융회사가 파산 등으로 예금을 지급할 수 없는 경우 예금의 지급을 보장함으로써 예금자를 보호하고 금융제도의 안정성을 유지하는데 이바지 하고자 「예금자보호법」에 의거하여 설립되었다.

② 주요 업무

    ㉠ 예금보험기금 조달 : 예금보험기금은 금융회사가 파산 등으로 고객들의 예금을 지급할 수 없을 때 이를 대신 지급하기 위한 재원으로, 동기금은 예금보험 대상 금융회사의 보험료, 정부와 예금보험 대상 금융회사의 출연금, 예금보험기금채권 등으로 조성한다.

    ㉡ 금융회사 경영 분석 등을 통한 부실의 조기 확인 및 대응 : 예금보험공사는 부실징후가 감지된 기관에 대한 임점조사와 부보금융회사의 경영분석 및 금융권별 리스크 평가모델을 통하여 부보금융회사의 부실 가능성을 조기에 파악함으로써 기금손실의 최소화를 위해 노력하고 있다.

    ㉢ 부실금융회사의 정리 : 부보금융회사와 부실금융회사간의 합병 등의 알선, 계약이전, 정리금융회사의 설립 및 자금지원 등을 통하여 부실금융회사를 정리함으로써 금융시스템의 안정에 기여하고 있다. 또한, 최소비용의 원칙, 손실분담의 원칙, 자구노력의 원칙, 투명성 · 객관성의 원칙하에 자금을 지원하고 해당금융회사와의 경영정상화계획이행약정(MOU)체결 및 분기별 점검을 통하여 원활한 금융구조조정추진을 위해 노력하고 있다.

    ㉣ 보험금지급 : 금융회사가 영업정지나 파산 등으로 고객들의 예금을 돌려주지 못하게 되면 예금보험공사가 이를 대신 지급한다.

    ㉤ 지원자금의 회수 : 예금보험공사는 출자금 회수, 파산배당, 자산매각 등을 통하여 지원자금을 회수하고 있으며, 예금자 보호법 및 공적자금관리특별법에 의하여 예금보험공사(또는 직원)가 파산관재인으로 당연 선임될 수 있게 됨으로써 공적자금의 회수를 극대화할 수 있는 발판을 마련하였다.

    ㉥ 부실관련자에 대한 조사 및 책임추궁 : 예금보험공사는 부실 또는 부실우려 금융회사에게 그 부실 또는 부실우려에 책임이 있다고 인정되는 전 · 현직 임직원, 부실금융회사에 채무를 이행하지 않은 채무자(법인 포함) 등에 대하여 손해배상청구 소송을 제기하도록 하거나 대위청구를 함으로써 엄격하게 부실책임을 추궁하고 있으며, 이러한 부실 관련자의 은닉재산을 체계적으로 조사하고 환수함으로써 책임추궁 효과와 채권회수의 극대화를 추진하고 있다.

(2) 비전 및 핵심가치

① 비전

　　㉠ 안전한 예금 : 공사에 부여된 고유 업무인 금융제도의 안정과 예금자 보호를 표현

　　㉡ 따뜻한 금융 : 금융소비자와 취약계층의 보호를 통해 포용적 금융실현을 선도하고자 하는 공사의 의지

　　㉢ 행복한 국민 : 혁신과 사회적 가치 실현을 통해 국민의 행복과 동반성장에 기여하는 것을 공사의 미래 지향점으로 설정

② 핵심가치

　　㉠ 신뢰 : 국민으로부터의 신뢰, 금융시장의 신뢰, 구성원의 신뢰

　　㉡ 포용 : 국민과 금융 취약계층에 대한 포용

　　㉢ 공익 : 공공기관으로서 고유 업무를 충실히 수행하여 공익에 기여

2 채용안내

(1) 인재상

예금보험공사 인재상 "T.O.P"	
T(Together)	책임감 : 공익에 기여하는 책임감 강한 인재
O(Open-minded)	소통 : 열린 마음으로 소통하는 인재
P(Professional)	전문성 : 금융 전문가로 신뢰받는 인재

(2) 채용안내(2020년 신입직원 채용 기준)

① 채용예정 인원 … 30명 이내

채용분야		채용규모
금융일반	경영	11명
	경제	7명
금융통계		3명
회수조사		5명
IT		4명
합계		30명 이내

② 지원자격(공통)

　㉠ 학력, 연령, 전공 제한 없음

　㉡ 군필자 또는 면제자 (군복무중인 자는 2020.12.15. 이전 전역가능한 자)

　㉢ 공사 내규상 채용 결격사유에 해당하지 않는 자

　㉣ 채용확정 후 즉시 근무 가능한 자

　㉤ 채용분야별 중복지원은 불가

③ 채용절차

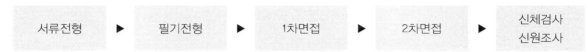

서류전형 ▶ 필기전형 ▶ 1차면접 ▶ 2차면접 ▶ 신체검사 신원조사

　㉠ 서류전형

　　• 입사지원서를 바탕으로 채용분야별 교육사항, 자격사항, 경력사항에 대한 NCS기반 직무능력 검증 실시

　　• 교육사항, 자격사항, 경력사항의 합산점수 기준으로 고득점자(우대사항 감안) 순으로 선발

　㉡ 필기전형

　　• 채용분야별 응시과목

채용분야	구분		시험과목	시간	문항수 (배점)	출제유형
금융일반 금융통계 회수조사 IT	직업기초능력평가		• 의사소통능력 • 문제해결능력 • 정보능력	45분	60문항 (50점)	객관식
	공통과목		• 회계원리	45분	25문항(50점)	객관식
	직무수행 능력평가	금융일반	• 경영학 또는 경제학 중 선택	100분	31문항 (200점)	객관식 주관식 논술
		금융통계	• 통계학			
		회수조사	• 법학			
		IT	• 전산학			

※ 공통과목(회계원리) 출제범위 : 재무상태표, 손익계산서, 현금흐름표, 재고자산, 비유동자산, 비유동부채, 재무제표 분석
※ 직무수행능력평가(직무관련 전공지식) 출제범위

채용분야	출제범위
금융일반	• 경영학 또는 경제학 중 선택 　- 경영학 : 재무관리, 회계학[국제회계기준(IFRS) 적용, 원가·관리회계 제외], 금융기관론을 포함한 경영학 일반 　- 경제학 : 미시경제학, 거시경제학, 계량경제학, 화폐금융론
금융통계	• 통계학 : 기초통계학, 수리통계학, 회귀분석, 시계열분석, 실험계획법
회수조사	• 법학 : 민법, 상법(해상법 제외), 민사소송법
IT	• 소프트웨어공학, 정보통신, 데이터베이스, 정보보호를 포함한 전산학 일반

- 직업기초능력평가, 공통과목, 직무수행능력평가 합산점수 기준으로 고득점자(우대사항 감안) 순으로 선발
- 필기전형 합격자 대상 온라인 방식으로 인성검사 실시

ⓒ 면접전형
- 1차 면접(실무진 면접) : 지원 분야에 대한 이해 및 전문성, 공사 직원으로서의 품위 및 태도 등을 바탕으로 직무수행능력 및 인성 등 평가
  ※ 1차 면접 결과(75%) 및 필기전형 결과(25%)를 합산하여 고득점자(우대사항 감안) 순 선발
- 2차 면접(임원 면접) : 지원동기 및 입사의지, 공사 직원으로서 품위 및 태도, 지원직무에 대한 능력 등을 바탕으로 종합평가
  ※ 2차 면접 결과(75%) 및 필기전형 결과(25%)를 합산하여 고득점자(우대사항 감안) 순 선발

④ 우대사항
ⓐ 가점우대 : 우대사항에 따른 가점이 복수인 경우에는 가장 유리한 가점만 반영

구분	우대전형			우대내용
	서류	필기	면접	
보훈 관련 법령상의 취업지원 대상자	○	○	○	5% 또는 10% 가점
「장애인고용촉진 및 직업재활법」에 의한 장애인	○	○	○	15% 가점 (2차 면접전형은 10% 가점)
「국민기초생활 보장법」에 의한 기초생활수급자	○	○	○	5% 가점
비수도권 지역인재	–	–	○	5% 가점(2차 면접전형 限)
자격증[변호사, 회계사, CFA(lv3), 보험계리사, 정보관리기술사, 컴퓨터시스템응용기술사]	–	○	–	3% 가점
예금보험공사 우수인턴 수료자	○	–	–	서류면제 또는 5% 가점

※ 비수도권 지역인재란 대학교 소재지가 서울, 인천, 경기도 이외인 자로 대학원생인 경우, 졸업한 대학교 기준 등 상세 사항 홈페이지 채용공고 참고

ⓑ 비수도권 지역인재 우대 : 서류전형, 필기전형, 1차 면접전형에서 비수도권 지역인재가 채용분야별 합격기준 인원(35%)에 미달할 경우, 일정 기준 이상 득점한 지역인재 등 추가합격 처리

02 관련기사

응급환자 살린 예금보험공사 직원들, '하트세이버' 수상

예금보험공사(사장 위성백)는 근무 중 쓰러진 동료에게 심폐소생술을 실시해 목숨을 살린 직원들(고득수 차장, 박성식 과장)이 23일 서울중부소방서(서장 이정희)로부터 하트세이버 인증서 및 배지를 수여받았다고 밝혔다.

하트세이버(HeartSaver)는 '생명을 소생시킨 사람'이란 뜻으로 심정지로 죽음의 위험에 놓인 환자를 적극적인 응급처치로 소생시킨 소방공무원이나 일반인에게 수여하는 상이다.

지난해 11.9일 오전 장충동 파산재단 사무실에서 근무하던 직원이 갑자기 쓰러지며 호흡곤란을 일으켰다. 응급상황임을 알게 된 동료 직원들은 평소에 받은 교육을 상기하며 심폐소생술 실시 및 자동심장충격기를 사용하는 등의 응급조치를 실시했고 곧이어 신고를 받고 현장에 도착한 서울중부소방서 구급대에 인계해 소중한 생명을 구해낼 수 있었다.

예보는 평소에 안전보건의 중요성을 감안하여 안전장비를 적소에 비치하고 있으며, 작년에는 간호사 출신의 보건전문역을 신규로 채용하기도 하였다. 보건전문역이 본부 및 파산재단 전 직원을 대상으로 심폐소생술 및 자동심장충격기 사용법 등을 교육하고 있으며, 이번 일을 계기로 직원 대상 안전교육을 강화할 방침이다.

고득수 차장은 "그간 배운 심폐소생술이 응급상황에서 도움이 되어 동료의 생명을 구할 수 있었다"며 "보람을 느낀다"고 소감을 말했다.

위성백 사장은 "용기와 지혜로 귀중한 동료의 생명을 살려낸 시민 하트세이버 수상 직원들에게 감사와 축하의 마음을 전한다"며, "안전장비와 안전교육의 중요성을 재차 실감하는 계기가 되었고, 보다 안전한 일터 조성에 주력하겠다"고 밝혔다.

−2021. 2. 23.

면접질문	• 우리 공사의 인재상과 자신이 부합하는 점을 설명해보시오. • 자신의 장점이 우리 공사에 어떠한 점에서 어울린다고 생각하는지 말해보시오.

예보, 온실가스 감축을 위한 그린에너지 설비 도입에 박차

태양광 발전설비 설치, 전기차 충전소 설치 및 민간개방, 친환경차 12대 교체

예금보험공사(사장 위성백)는 그린에너지 기술을 적용한 친환경 설비를 설치하여 그린뉴딜에 부응하는 사옥으로 탈바꿈시켜 나갈 계획으로 최근 태양광 발전설비, 전기차 충전소를 설치하였다.

태양광 발전설비는 일조량이 풍부한 지상주차장에 태양광패널 62개를 설치하여 연간 약 3.4만kw의 전기를 생산할 예정이며, 생산되는 전기는 미화원 등 현장근무자와 임산부·경증환자를 위한 냉난방 장치 가동에 충당할 계획이다.

또한, 지하주차장에 전기차 급속충전소를 설치하고, 이를 민간에도 개방하여 친환경차 보급 기반 조성에 앞장서고 있다. 전기차 3대를 동시에 충전(급속 2개, 완속 1개)할 수 있는 설비를 갖추었는바, 일반 사용자들도 충전소 위치, 사용가능 여부를 실시간 안내하는 한전의 앱(KEPCO PLUG, EV Infra등)을 통해 예보의 전기차 충전소를 손쉽게 활용 가능하다. 아울러, 예보는 최근 업무량 차량 12대를 친환경차(하이브리드 9대, 전기차 3대)로 교체하여 그린뉴딜 정책에 부응할 계획이다.

예보 위성백 사장은 "유동인구가 많은 청계천에 사옥이 인접해 있어 일반 사용자들이 전기차 충전소를 많이 이용할 것으로 예상"하고 있으며, "앞으로도 예보는 공공기관으로서 그린뉴딜 정책 실현을 위한 노력을 지속해 나가겠다"고 강조하였다.

-2021. 3. 10.

면접질문	• 공공기관이 그린 뉴딜 정책에 참여해야 하는 이유에 대해 말해보시오. • 우리 공사의 사회적 가치 실현의 핵심 가치를 말해보시오.

PART

II

NCS 핵심이론 및 대표유형

01 NCS 핵심이론
02 NCS 대표유형

01 NCS 핵심이론

❶ 의사소통과 의사소통능력

(1) 의사소통

① 개념 : 사람들 간에 생각이나 감정, 정보, 의견 등을 교환하는 총체적인 행위로, 직장생활에서의 의사소통은 조직과 팀의 효율성과 효과성을 성취할 목적으로 이루어지는 구성원 간의 정보와 지식 전달 과정이라고 할 수 있다.

② 기능 : 공동의 목표를 추구해 나가는 집단 내의 기본적 존재 기반이며 성과를 결정하는 핵심 기능이다.

③ 의사소통의 종류

  ㉠ 언어적인 것 : 대화, 전화통화, 토론 등

  ㉡ 문서적인 것 : 메모, 편지, 기획안 등

  ㉢ 비언어적인 것 : 몸짓, 표정 등

④ 의사소통을 저해하는 요인 : 정보의 과다, 메시지의 복잡성 및 메시지 간의 경쟁, 상이한 직위와 과업지향형, 신뢰의 부족, 의사소통을 위한 구조상의 권한, 잘못된 매체의 선택, 폐쇄적인 의사소통 분위기 등

(2) 의사소통능력

① 개념 : 직장생활에서 문서나 상대방이 하는 말의 의미를 파악하는 능력, 자신의 의사를 정확하게 표현하는 능력, 간단한 외국어 자료를 읽거나 외국인의 의사표시를 이해하는 능력을 포함한다.

② 의사소통능력 개발을 위한 방법

  ㉠ 사후검토와 피드백을 활용한다.

  ㉡ 명확한 의미를 가진 이해하기 쉬운 단어를 선택하여 이해도를 높인다.

  ㉢ 적극적으로 경청한다.

  ㉣ 메시지를 감정적으로 곡해하지 않는다.

② 의사소통능력을 구성하는 하위능력

(1) 문서이해능력

① 문서와 문서이해능력

　㉠ 문서 : 제안서, 보고서, 기획서, 이메일, 팩스 등 문자로 구성된 것으로 상대방에게 의사를 전달하여 설득하는 것을 목적으로 한다.

　㉡ 문서이해능력 : 직업현장에서 자신의 업무와 관련된 문서를 읽고, 내용을 이해하고 요점을 파악할 수 있는 능력을 말한다.

예제 1

다음은 신용카드 약관의 주요내용이다. 규정 약관을 제대로 이해하지 못한 사람은?

> **[부가서비스]**
> 카드사는 법령에서 정한 경우를 제외하고 상품을 새로 출시한 후 1년 이내에 부가서비스를 줄이거나 없앨 수가 없다. 또한 부가서비스를 줄이거나 없앨 경우에는 그 세부내용을 변경일 6개월 이전에 회원에게 알려주어야 한다.
>
> **[중도 해지 시 연회비 반환]**
> 연회비 부과기간이 끝나기 이전에 카드를 중도해지하는 경우 남은 기간에 해당하는 연회비를 계산하여 10 영업일 이내에 돌려줘야 한다. 다만, 카드 발급 및 부가서비스 제공에 이미 지출된 비용은 제외된다.
>
> **[카드 이용한도]**
> 카드 이용한도는 카드 발급을 신청할 때에 회원이 신청한 금액과 카드사의 심사기준을 종합적으로 반영하여 회원이 신청한 금액 범위 이내에서 책정되며 회원의 신용도가 변동되었을 때에는 카드사는 회원의 이용한도를 조정할 수 있다.
>
> **[부정사용 책임]**
> 카드 위조 및 변조로 인하여 발생된 부정사용 금액에 대해서는 카드사가 책임을 진다. 다만, 회원이 비밀번호를 다른 사람에게 알려주거나 카드를 다른 사람에게 빌려주는 등의 중대한 과실로 인해 부정사용이 발생하는 경우에는 회원이 그 책임의 전부 또는 일부를 부담할 수 있다.

① 혜수 : 카드사는 법령에서 정한 경우를 제외하고는 1년 이내에 부가서비스를 줄일 수 없어

② 진성 : 카드 위조 및 변조로 인하여 발생된 부정사용 금액은 일괄 카드사가 책임을 지게 돼

③ 영훈 : 회원의 신용도가 변경되었을 때 카드사가 이용한도를 조정할 수 있어

④ 영호 : 연회비 부과기간이 끝나기 이전에 카드를 중도해지하는 경우에는 남은 기간에 해당하는 연회비를 카드사는 돌려줘야 해

출제의도

주어진 약관의 내용을 읽고 그에 대한 상세 내용의 정보를 이해하는 능력을 측정하는 문항이다.

해　설

② 부정사용에 대해 고객의 과실이 있으면 회원이 그 책임의 전부 또는 일부를 부담할 수 있다.

답 ②

② 문서의 종류

    ㉠ 공문서 : 정부기관에서 공무를 집행하기 위해 작성하는 문서로, 단체 또는 일반회사에서 정부기관을 상대로 사업을 진행할 때 작성하는 문서도 포함된다. 엄격한 규격과 양식이 특징이다.

    ㉡ 기획서 : 아이디어를 바탕으로 기획한 프로젝트에 대해 상대방에게 전달하여 시행하도록 설득하는 문서이다.

    ㉢ 기안서 : 업무에 대한 협조를 구하거나 의견을 전달할 때 작성하는 사내 공문서이다.

    ㉣ 보고서 : 특정한 업무에 관한 현황이나 진행 상황, 연구·검토 결과 등을 보고하고자 할 때 작성하는 문서이다.

    ㉤ 설명서 : 상품의 특성이나 작동 방법 등을 소비자에게 설명하기 위해 작성하는 문서이다.

    ㉥ 보도자료 : 정부기관이나 기업체 등이 언론을 상대로 자신들의 정보를 기사화 되도록 하기 위해 보내는 자료이다.

    ㉦ 자기소개서 : 개인이 자신의 성장과정이나, 입사 동기, 포부 등에 대해 구체적으로 기술하여 자신을 소개하는 문서이다.

    ㉧ 비즈니스 레터(E-mail) : 사업상의 이유로 고객에게 보내는 편지다.

    ㉨ 비즈니스 메모 : 업무상 확인해야 할 일을 메모형식으로 작성하여 전달하는 글이다.

③ 문서이해의 절차 : 문서의 목적 이해 → 문서 작성 배경·주제 파악 → 정보 확인 및 현안문제 파악 → 문서 작성자의 의도 파악 및 자신에게 요구되는 행동 분석 → 목적 달성을 위해 취해야 할 행동 고려 → 문서 작성자의 의도를 도표나 그림 등으로 요약·정리

(2) 문서작성능력

① 작성되는 문서에는 대상과 목적, 시기, 기대효과 등이 포함되어야 한다.

② 문서작성의 구성요소

    ㉠ 짜임새 있는 골격, 이해하기 쉬운 구조

    ㉡ 객관적이고 논리적인 내용

    ㉢ 명료하고 설득력 있는 문장

    ㉣ 세련되고 인상적인 레이아웃

다음은 들은 내용을 구조적으로 정리하는 방법이다. 순서에 맞게 배열하면?

ⓐ 관련 있는 내용끼리 묶는다.
ⓑ 묶은 내용에 적절한 이름을 붙인다.
ⓒ 전체 내용을 이해하기 쉽게 구조화한다.
ⓓ 중복된 내용이나 덜 중요한 내용을 삭제한다.

---

① ㉠㉡㉢㉣   ② ㉠㉡㉣㉢
③ ㉡㉠㉢㉣   ④ ㉡㉠㉣㉢

음성정보는 문자정보와는 달리 쉽게 잊혀지기 때문에 음성정보를 구조화 시키는 방법을 묻는 문항이다.

내용을 구조적으로 정리하는 방법은 '㉠ 관련 있는 내용끼리 묶는다. → ㉡ 묶은 내용에 적절한 이름을 붙인다. → ㉣ 중복된 내용이나 덜 중요한 내용을 삭제한다. → ㉢ 전체 내용을 이해하기 쉽게 구조화 한다.'가 적절하다.

답 ②

③ 문서의 종류에 따른 작성방법

　㉠ 공문서
　　• 육하원칙이 드러나도록 써야 한다.
　　• 날짜는 반드시 연도와 월, 일을 함께 언급하며, 날짜 다음에 괄호를 사용할 때는 마침표를 찍지 않는다.
　　• 대외문서이며, 장기간 보관되기 때문에 정확하게 기술해야 한다.
　　• 내용이 복잡할 경우 '-다음-', '-아래-'와 같은 항목을 만들어 구분한다.
　　• 한 장에 담아내는 것을 원칙으로 하며, 마지막엔 반드시 '끝'자로 마무리 한다.

　㉡ 설명서
　　• 정확하고 간결하게 작성한다.
　　• 이해하기 어려운 전문용어의 사용은 삼가고, 복잡한 내용은 도표화 한다.
　　• 명령문보다는 평서문을 사용하고, 동어 반복보다는 다양한 표현을 구사하는 것이 바람직하다.

　㉢ 기획서
　　• 상대를 설득하여 기획서가 채택되는 것이 목적이므로 상대가 요구하는 것이 무엇인지 고려하여 작성하며, 기획의 핵심을 잘 전달하였는지 확인한다.
　　• 분량이 많을 경우 전체 내용을 한눈에 파악할 수 있도록 목차구성을 신중히 한다.
　　• 효과적인 내용 전달을 위한 표나 그래프를 적절히 활용하고 산뜻한 느낌을 줄 수 있도록 한다.
　　• 인용한 자료의 출처 및 내용이 정확해야 하며 제출 전 충분히 검토한다.

　㉣ 보고서
　　• 도출하고자 하는 핵심내용을 구체적이고 간결하게 작성한다.
　　• 내용이 복잡할 경우 도표나 그림을 활용하고, 참고자료는 정확하게 제시한다.
　　• 제출하기 전에 최종점검을 하며 질의를 받을 것에 대비한다.

다음 중 공문서 작성에 대한 설명으로 가장 적절하지 못한 것은?

① 공문서나 유가증권 등에 금액을 표시할 때에는 한글로 기재하고 그 옆에 괄호를 넣어 숫자로 표기한다.

② 날짜는 숫자로 표기하되 년, 월, 일의 글자는 생략하고 그 자리에 온점(.)을 찍어 표시한다.

③ 첨부물이 있는 경우에는 붙임 표시문 끝에 1자 띄우고 "끝."이라고 표시한다.

④ 공문서의 본문이 끝났을 경우에는 1자를 띄우고 "끝."이라고 표시한다.

출제의도

업무를 할 때 필요한 공문서 작성법을 잘 알고 있는지를 측정하는 문항이다.

해설

공문서 금액 표시

아라비아 숫자로 쓰고, 숫자 다음에 괄호를 하여 한글로 기재한다.

예) 123,456원의 표시: 금 123,456(금 일십이만삼천사백오십육원)

답 ①

④ 문서작성의 원칙

   ㉠ 문장은 짧고 간결하게 작성한다.(간결체 사용)

   ㉡ 상대방이 이해하기 쉽게 쓴다.

   ㉢ 불필요한 한자의 사용을 자제한다.

   ㉣ 문장은 긍정문의 형식을 사용한다.

   ㉤ 간단한 표제를 붙인다.

   ㉥ 문서의 핵심내용을 먼저 쓰도록 한다.(두괄식 구성)

⑤ 문서작성 시 주의사항

   ㉠ 육하원칙에 의해 작성한다.

   ㉡ 문서 작성시기가 중요하다.

   ㉢ 한 사안은 한 장의 용지에 작성한다.

   ㉣ 반드시 필요한 자료만 첨부한다.

   ㉤ 금액, 수량, 일자 등은 기재에 정확성을 기한다.

   ㉥ 경어나 단어사용 등 표현에 신경 쓴다.

   ㉦ 문서작성 후 반드시 최종적으로 검토한다.

⑥ 효과적인 문서작성 요령

　㉠ 내용이해 : 전달하고자 하는 내용과 핵심을 정확하게 이해해야 한다.

　㉡ 목표설정 : 전달하고자 하는 목표를 분명하게 설정한다.

　㉢ 구성 : 내용 전달 및 설득에 효과적인 구성과 형식을 고려한다.

　㉣ 자료수집 : 목표를 뒷받침할 자료를 수집한다.

　㉤ 핵심전달 : 단락별 핵심을 하위목차로 요약한다.

　㉥ 대상파악 : 대상에 대한 이해와 분석을 통해 철저히 파악한다.

　㉦ 보충설명 : 예상되는 질문을 정리하여 구체적인 답변을 준비한다.

　㉧ 문서표현의 시각화 : 그래프, 그림, 사진 등을 적절히 사용하여 이해를 돕는다.

(3) 경청능력

① 경청의 중요성 : 경청은 다른 사람의 말을 주의 깊게 들으며 공감하는 능력으로 경청을 통해 상대방을 한 개인으로 존중하고 성실한 마음으로 대하게 되며, 상대방의 입장에 공감하고 이해하게 된다.

② 경청을 방해하는 습관 : 짐작하기, 대답할 말 준비하기, 걸러내기, 판단하기, 다른 생각하기, 조언하기, 언쟁하기, 옳아야만 하기, 슬쩍 넘어가기, 비위 맞추기 등

③ 효과적인 경청방법

　㉠ 준비하기 : 강연이나 프레젠테이션 이전에 나누어주는 자료를 읽어 미리 주제를 파악하고 등장하는 용어를 익혀둔다.

　㉡ 주의 집중 : 말하는 사람의 모든 것에 집중해서 적극적으로 듣는다.

　㉢ 예측하기 : 다음에 무엇을 말할 것인가를 추측하려고 노력한다.

　㉣ 나와 관련짓기 : 상대방이 전달하고자 하는 메시지를 나의 경험과 관련지어 생각해 본다.

　㉤ 질문하기 : 질문은 듣는 행위를 적극적으로 하게 만들고 집중력을 높인다.

　㉥ 요약하기 : 주기적으로 상대방이 전달하려는 내용을 요약한다.

　㉦ 반응하기 : 피드백을 통해 의사소통을 점검한다.

다음은 면접스터디 중 일어난 대화이다. 민아의 고민을 해소하기 위한 조언으로 가장 적절한 것은?

> 지섭 : 민아씨, 어디 아파요? 표정이 안 좋아 보여요.
> 민아 : 제가 원서 넣은 공단이 내일 면접이어서요. 그동안 스터디를 통해서 면접 연습을 많이 했는데도 벌써부터 긴장이 되네요.
> 지섭 : 민아씨는 자기 의견도 명확히 피력할 줄 알고 조리 있게 설명을 잘 하시니 걱정 안하셔도 될 것 같아요. 아, 손에 꽉 쥐고 계신 건 뭔가요?
> 민아 : 아, 제가 예상 답변을 정리해서 모아둔거에요. 내용은 거의 외웠는데 이렇게 쥐고 있지 않으면 불안해서..
> 지섭 : 그 정도로 준비를 철저히 하셨으면 걱정할 이유 없을 것 같아요.
> 민아 : 그래도 압박면접이거나 예상치 못한 질문이 들어오면 어떻게 하죠?
> 지섭 : _____

① 시선을 적절히 처리하면서 부드러운 어투로 말하는 연습을 해보는 건 어때요?
② 공식적인 자리인 만큼 옷차림을 신경 쓰는 게 좋을 것 같아요.
③ 당황하지 말고 질문자의 의도를 잘 파악해서 침착하게 대답하면 되지 않을까요?
④ 예상 질문에 대한 답변을 좀 더 정확하게 외워보는 건 어떨까요?

출제의도
상대방이 하는 말을 듣고 질문 의도에 따라 올바르게 답하는 능력을 측정하는 문항이다.

해 설
민아는 압박질문이나 예상치 못한 질문에 대해 걱정을 하고 있으므로 침착하게 대응하라고 조언을 해주는 것이 좋다.

답 ③

(4) 의사표현능력

① 의사표현의 개념과 종류

ㄱ 개념 : 화자가 자신의 생각과 감정을 청자에게 음성언어나 신체언어로 표현하는 행위이다.

ㄴ 종류

- 공식적 말하기 : 사전에 준비된 내용을 대중을 대상으로 말하는 것으로 연설, 토의, 토론 등이 있다.
- 의례적 말하기 : 사회 · 문화적 행사에서와 같이 절차에 따라 하는 말하기로 식사, 주례, 회의 등이 있다.
- 친교적 말하기 : 친근한 사람들 사이에서 자연스럽게 주고받는 대화 등을 말한다.

② 의사표현의 방해요인

ㄱ 연단공포증 : 연단에 섰을 때 가슴이 두근거리거나 땀이 나고 얼굴이 달아오르는 등의 현상으로 충분한 분석과 준비, 더 많은 말하기 기회 등을 통해 극복할 수 있다.

ㄴ 말 : 말의 장단, 고저, 발음, 속도, 쉼 등을 포함한다.

ㄷ 음성 : 목소리와 관련된 것으로 음색, 고저, 명료도, 완급 등을 의미한다.

ㄹ 몸짓 : 비언어적 요소로 화자의 외모, 표정, 동작 등이다.

ㅁ 유머 : 말하기 상황에 따른 적절한 유머를 구사할 수 있어야 한다.

③ 상황과 대상에 따른 의사표현법

　　㉠ 잘못을 지적할 때 : 모호한 표현을 삼가고 확실하게 지적하며, 당장 꾸짖고 있는 내용에만 한정한다.

　　㉡ 칭찬할 때 : 자칫 아부로 여겨질 수 있으므로 센스 있는 칭찬이 필요하다.

　　㉢ 부탁할 때 : 먼저 상대방의 사정을 듣고 응하기 쉽게 구체적으로 부탁하며 거절을 당해도 싫은 내색을 하지 않는다.

　　㉣ 요구를 거절할 때 : 먼저 사과하고 응해줄 수 없는 이유를 설명한다.

　　㉤ 명령할 때 : 강압적인 말투보다는 'ㅇㅇ을 이렇게 해주는 것이 어떻겠습니까?'와 같은 식으로 부드럽게 표현하는 것이 효과적이다.

　　㉥ 설득할 때 : 일방적으로 강요하기보다는 먼저 양보해서 이익을 공유하겠다는 의지를 보여주는 것이 좋다.

　　㉦ 충고할 때 : 충고는 가장 최후의 방법이다. 반드시 충고가 필요한 상황이라면 예화를 들어 비유적으로 깨우쳐주는 것이 바람직하다.

　　㉧ 질책할 때 : 샌드위치 화법(칭찬의 말 + 질책의 말 + 격려의 말)을 사용하여 청자의 반발을 최소화 한다.

예제 5

당신은 팀장님께 업무 지시내용을 수행하고 결과물을 보고 드렸다. 하지만 팀장님께서는 "최대리 업무를 이렇게 처리하면 어떡하나? 누락된 부분이 있지 않은가."라고 말하였다. 이에 대해 당신이 행할 수 있는 가장 부적절한 대처 자세는?

① "죄송합니다. 제가 잘 모르는 부분이라 이수혁 과장님께 부탁을 했는데 과장님께서 실수를 하신 것 같습니다."

② "주의를 기울이지 못해 죄송합니다. 어느 부분을 수정보완하면 될까요?"

③ "지시하신 내용을 제가 충분히 이해하지 못하였습니다. 내용을 다시 한 번 여쭤보아도 되겠습니까?"

④ "부족한 내용을 보완하는 자료를 취합하기 위해서 하루정도가 더 소요될 것 같습니다. 언제까지 재작성하여 드리면 될까요?"

출제의도

상사가 잘못을 지적하는 상황에서 어떻게 대처해야 하는지를 묻는 문항이다.

해　설

상사가 부탁한 지시사항을 다른 사람에게 부탁하는 것은 옳지 못하며 설사 그렇다고 해도 그 일의 과오에 대해 책임을 전가하는 것은 지양해야 할 자세이다.

답 ①

---

④ 원활한 의사표현을 위한 지침

　　㉠ 올바른 화법을 위해 독서를 하라.

　　㉡ 좋은 청중이 되라.

　　㉢ 칭찬을 아끼지 마라.

　　㉣ 공감하고, 긍정적으로 보이게 하라.

　　㉤ 겸손은 최고의 미덕임을 잊지 마라.

　　㉥ 과감하게 공개하라.

ⓢ 뒷말을 숨기지 마라.

ⓞ 첫마디 말을 준비하라.

ⓩ 이성과 감성의 조화를 꾀하라.

ⓒ 대화의 룰을 지켜라.

ⓚ 문장을 완전하게 말하라.

⑤ 설득력 있는 의사표현을 위한 지침

　ⓐ 'Yes'를 유도하여 미리 설득 분위기를 조성하라.

　ⓛ 대비 효과로 분발심을 불러 일으켜라.

　ⓓ 침묵을 지키는 사람의 참여도를 높여라.

　ⓡ 여운을 남기는 말로 상대방의 감정을 누그러뜨려라.

　ⓜ 하던 말을 갑자기 멈춤으로써 상대방의 주의를 끌어라.

　ⓗ 호칭을 바꿔서 심리적 간격을 좁혀라.

　ⓢ 끄집어 말하여 자존심을 건드려라.

　ⓞ 정보전달 공식을 이용하여 설득하라.

　ⓩ 상대방의 불평이 가져올 결과를 강조하라.

　ⓒ 권위 있는 사람의 말이나 작품을 인용하라.

　ⓚ 약점을 보여 주어 심리적 거리를 좁혀라.

　ⓣ 이상과 현실의 구체적 차이를 확인시켜라.

　ⓟ 자신의 잘못도 솔직하게 인정하라.

　ⓗ 집단의 요구를 거절하려면 개개인의 의견을 물어라.

　ⓐ 동조 심리를 이용하여 설득하라.

　ⓑ 지금까지의 노고를 치하한 뒤 새로운 요구를 하라.

　ⓒ 담당자가 대변자 역할을 하도록 하여 윗사람을 설득하게 하라.

　ⓓ 겉치레 양보로 기선을 제압하라.

　ⓔ 변명의 여지를 만들어 주고 설득하라.

　ⓕ 혼자 말하는 척하면서 상대의 잘못을 지적하라.

(5) 기초외국어능력

① 기초외국어능력의 개념과 필요성

  ㉠ 개념 : 외국어로 된 간단한 자료를 이해하거나, 외국인과의 전화응대와 간단한 대화 등 외국인의 의사 표현을 이해하고, 자신의 의사를 기초외국어로 표현할 수 있는 능력이다.

  ㉡ 필요성 : 국제화 · 세계화 시대에 다른 나라와의 무역을 위해 우리의 언어가 아닌 국제적인 통용어를 사용하거나 그들의 언어로 의사소통을 해야 하는 경우가 생길 수 있다.

② 외국인과의 의사소통에서 피해야 할 행동

  ㉠ 상대를 볼 때 흘겨보거나, 노려보거나, 아예 보지 않는 행동

  ㉡ 팔이나 다리를 꼬는 행동

  ㉢ 표정이 없는 것

  ㉣ 다리를 흔들거나 펜을 돌리는 행동

  ㉤ 맞장구를 치지 않거나 고개를 끄덕이지 않는 행동

  ㉥ 생각 없이 메모하는 행동

  ㉦ 자료만 들여다보는 행동

  ㉧ 바르지 못한 자세로 앉는 행동

  ㉨ 한숨, 하품, 신음소리를 내는 행동

  ㉩ 다른 일을 하며 듣는 행동

  ㉪ 상대방에게 이름이나 호칭을 어떻게 부를지 묻지 않고 마음대로 부르는 행동

③ 기초외국어능력 향상을 위한 공부법

  ㉠ 외국어공부의 목적부터 정하라.

  ㉡ 매일 30분씩 눈과 손과 입에 밸 정도로 반복하라.

  ㉢ 실수를 두려워하지 말고 기회가 있을 때마다 외국어로 말하라.

  ㉣ 외국어 잡지나 원서와 친해져라.

  ㉤ 소홀해지지 않도록 라이벌을 정하고 공부하라.

  ㉥ 업무와 관련된 주요 용어의 외국어는 꼭 알아두자.

  ㉦ 출퇴근 시간에 외국어 방송을 보거나, 듣는 것만으로도 귀가 트인다.

  ㉧ 어린이가 단어를 배우듯 외국어 단어를 암기할 때 그림카드를 사용해 보라.

  ㉨ 가능하면 외국인 친구를 사귀고 대화를 자주 나눠 보라.

① 문제와 문제해결

(1) 문제의 정의와 분류

① 정의 : 업무를 수행함에 있어서 답을 요구하는 질문이나 의논하여 해결해야 되는 사항이다.

② 문제의 분류

구분	창의적 문제	분석적 문제
문제제시 방법	현재 문제가 없더라도 보다 나은 방법을 찾기 위한 문제 탐구→문제 자체가 명확하지 않음	현재의 문제점이나 미래의 문제로 예견될 것에 대한 문제 탐구→문제 자체가 명확함
해결방법	창의력에 의한 많은 아이디어의 작성을 통해 해결	분석, 논리, 귀납과 같은 논리적 방법을 통해 해결
해답 수	해답의 수가 많으며, 많은 답 가운데 보다 나은 것을 선택	답의 수가 적으며 한정되어 있음
주요특징	주관적, 직관적, 감각적, 정성적, 개별적, 특수성	객관적, 논리적, 정량적, 이성적, 일반적, 공통성

(2) 업무수행과정에서 발생하는 문제 유형

① 발생형 문제(보이는 문제) : 현재 직면하여 해결하기 위해 고민하는 문제이다. 원인이 내재되어 있기 때문에 원인지향적인 문제라고도 한다.

  ㉠ 일탈문제 : 어떤 기준을 일탈함으로써 생기는 문제

  ㉡ 미달문제 : 어떤 기준에 미달하여 생기는 문제

② 탐색형 문제(찾는 문제) : 현재의 상황을 개선하거나 효율을 높이기 위한 문제이다. 방치할 경우 큰 손실이 따르거나 해결할 수 없는 문제로 나타나게 된다.

  ㉠ 잠재문제 : 문제가 잠재되어 있어 인식하지 못하다가 확대되어 해결이 어려운 문제

  ㉡ 예측문제 : 현재로는 문제가 없으나 현 상태의 진행 상황을 예측하여 찾아야 앞으로 일어날 수 있는 문제가 보이는 문제

  ㉢ 발견문제 : 현재로서는 담당 업무에 문제가 없으나 선진기업의 업무 방법 등 보다 좋은 제도나 기법을 발견하여 개선시킬 수 있는 문제

③ 설정형 문제(미래 문제) : 장래의 경영전략을 생각하는 것으로 앞으로 어떻게 할 것인가 하는 문제이다. 문제해결에 창조적인 노력이 요구되어 창조적 문제라고도 한다.

D회사 신입사원으로 입사한 귀하는 신입사원 교육에서 업무수행과정에서 발생하는 문제 유형 중 설정형 문제를 하나씩 찾아오라는 지시를 받았다. 이에 대해 귀하는 교육받은 내용을 다시 복습하려고 한다. 설정형 문제에 해당하는 것은?

① 현재 직면하여 해결하기 위해 고민하는 문제
② 현재의 상황을 개선하거나 효율을 높이기 위한 문제
③ 앞으로 어떻게 할 것인가 하는 문제
④ 원인이 내재되어 있는 원인지향적인 문제

출제의도
업무수행 중 문제가 발생하였을 때 문제 유형을 구분하는 능력을 측정하는 문항이다.

해 설
업무수행과정에서 발생하는 문제 유형으로는 발생형 문제, 탐색형 문제, 설정형 문제가 있으며 ①④는 발생형 문제이며 ②는 탐색형 문제, ③이 설정형 문제이다.

답 ③

(3) 문제해결

① 정의 : 목표와 현상을 분석하고 이 결과를 토대로 과제를 도출하여 최적의 해결책을 찾아 실행·평가해 가는 활동이다.

② 문제해결에 필요한 기본적 사고

    ㉠ 전략적 사고 : 문제와 해결방안이 상위 시스템과 어떻게 연결되어 있는지를 생각한다.

    ㉡ 분석적 사고 : 전체를 각각의 요소로 나누어 그 의미를 도출하고 우선순위를 부여하여 구체적인 문제해결방법을 실행한다.

    ㉢ 발상의 전환 : 인식의 틀을 전환하여 새로운 관점으로 바라보는 사고를 지향한다.

    ㉣ 내·외부자원의 활용 : 기술, 재료, 사람 등 필요한 자원을 효과적으로 활용한다.

③ 문제해결의 장애요소

    ㉠ 문제를 철저하게 분석하지 않는 경우

    ㉡ 고정관념에 얽매이는 경우

    ㉢ 쉽게 떠오르는 단순한 정보에 의지하는 경우

    ㉣ 너무 많은 자료를 수집하려고 노력하는 경우

④ 문제해결방법

    ㉠ 소프트 어프로치 : 문제해결을 위해서 직접적인 표현보다는 무언가를 시사하거나 암시를 통하여 의사를 전달하여 문제해결을 도모하고자 한다.

    ㉡ 하드 어프로치 : 상이한 문화적 토양을 가지고 있는 구성원을 가정하고, 서로의 생각을 직설적으로 주장하고 논쟁이나 협상을 통해 서로의 의견을 조정해 가는 방법이다.

ⓒ 퍼실리테이션(facilitation) : 촉진을 의미하며 어떤 그룹이나 집단이 의사결정을 잘 하도록 도와주는 일을 의미한다.

② 문제해결능력을 구성하는 하위능력

(1) 사고력

① 창의적 사고 : 개인이 가지고 있는 경험과 지식을 통해 새로운 가치 있는 아이디어를 산출하는 사고능력이다.

　　㉠ 창의적 사고의 특징
- 정보와 정보의 조합
- 사회나 개인에게 새로운 가치 창출
- 창조적인 가능성

예제 2

M사 홍보팀에서 근무하고 있는 귀하는 입사 5년차로 창의적인 기획안을 제출하기로 유명하다. S부장은 이번 신입사원 교육 때 귀하에게 창의적인 사고란 무엇인지 교육을 맡아달라고 부탁하였다. 창의적인 사고에 대한 귀하의 설명으로 옳지 않은 것은?

① 창의적인 사고는 새롭고 유용한 아이디어를 생산해 내는 정신적인 과정이다.
② 창의적인 사고는 특별한 사람들만이 할 수 있는 대단한 능력이다.
③ 창의적인 사고는 기존의 정보들을 특정한 요구조건에 맞거나 유용하도록 새롭게 조합시킨 것이다.
④ 창의적인 사고는 통상적인 것이 아니라 기발하거나, 신기하며 독창적인 것이다.

출제의도

창의적 사고에 대한 개념을 정확히 파악하고 있는지를 묻는 문항이다.

해　설

흔히 사람들은 창의적인 사고에 대해 특별한 사람들만이 할 수 있는 대단한 능력이라고 생각하지만 그리 대단한 능력이 아니며 이미 알고 있는 경험과 지식을 해체하여 다시 새로운 정보로 결합하여 가치 있는 아이디어를 산출하는 사고라고 할 수 있다.

답 ②

　　㉡ 발산적 사고 : 창의적 사고를 위해 필요한 것으로 자유연상법, 강제연상법, 비교발상법 등을 통해 개발할 수 있다.

구분	내용
자유연상법	생각나는 대로 자유롭게 발상 ex) 브레인스토밍
강제연상법	각종 힌트에 강제적으로 연결 지어 발상 ex) 체크리스트
비교발상법	주제의 본질과 닮은 것을 힌트로 발상 ex) NM법, Synectics

POINT 브레인스토밍
- ㉠ 진행방법
  - 주제를 구체적이고 명확하게 정한다.
  - 구성원의 얼굴을 볼 수 있는 좌석 배치와 큰 용지를 준비한다.
  - 구성원들의 다양한 의견을 도출할 수 있는 사람을 리더로 선출한다.
  - 구성원은 다양한 분야의 사람들로 5~8명 정도로 구성한다.
  - 발언은 누구나 자유롭게 할 수 있도록 하며, 모든 발언 내용을 기록한다.
  - 아이디어에 대한 평가는 비판해서는 안 된다.
- ㉡ 4대 원칙
  - 비판엄금(Support) : 평가 단계 이전에 결코 비판이나 판단을 해서는 안 되며 평가는 나중까지 유보한다.
  - 자유분방(Silly) : 무엇이든 자유롭게 말하고 이런 바보 같은 소리를 해서는 안 된다는 등의 생각은 하지 않아야 한다.
  - 질보다 양(Speed) : 질에는 관계없이 가능한 많은 아이디어들을 생성해내도록 격려한다.
  - 결합과 개선(Synergy) : 다른 사람의 아이디어에 자극되어 보다 좋은 생각이 떠오르고, 서로 조합하면 재미있는 아이디어가 될 것 같은 생각이 들면 즉시 조합시킨다.

② 논리적 사고 : 사고의 전개에 있어 전후의 관계가 일치하고 있는가를 살피고 아이디어를 평가하는 사고능력이다.
- ㉠ 논리적 사고를 위한 5가지 요소 : 생각하는 습관, 상대 논리의 구조화, 구체적인 생각, 타인에 대한 이해, 설득
- ㉡ 논리적 사고 개발 방법
  - 피라미드 구조 : 하위의 사실이나 현상부터 사고하여 상위의 주장을 만들어가는 방법
  - so what기법 : '그래서 무엇이지?'하고 자문자답하여 주어진 정보로부터 가치 있는 정보를 이끌어 내는 사고 기법

③ 비판적 사고 : 어떤 주제나 주장에 대해서 적극적으로 분석하고 종합하며 평가하는 능동적인 사고이다.
- ㉠ 비판적 사고 개발 태도 : 비판적 사고를 개발하기 위해서는 지적 호기심, 객관성, 개방성, 융통성, 지적 회의성, 지적 정직성, 체계성, 지속성, 결단성, 다른 관점에 대한 존중과 같은 태도가 요구된다.
- ㉡ 비판적 사고를 위한 태도
  - 문제의식 : 비판적인 사고를 위해서 가장 먼저 필요한 것은 바로 문제의식이다. 자신이 지니고 있는 문제와 목적을 확실하고 정확하게 파악하는 것이 비판적인 사고의 시작이다.
  - 고정관념 타파 : 지각의 폭을 넓히는 일은 정보에 대한 개방성을 가지고 편견을 갖지 않는 것으로 고정관념을 타파하는 일이 중요하다.

(2) 문제처리능력과 문제해결절차

① 문제처리능력 : 목표와 현상을 분석하고 이를 토대로 문제를 도출하여 최적의 해결책을 찾아 실행·평가하는 능력이다.

② 문제해결절차 : 문제 인식 → 문제 도출 → 원인 분석 → 해결안 개발 → 실행 및 평가

ⓒ 문제 인식 : 문제해결과정 중 'waht'을 결정하는 단계로 환경 분석→주요 과제 도출→과제 선정의
절차를 통해 수행된다.
• 3C 분석 : 환경 분석 방법의 하나로 사업환경을 구성하고 있는 요소인 자사(Company), 경쟁사
(Competitor), 고객(Customer)을 분석하는 것이다.

예제 3

L사에서 주력 상품으로 밀고 있는 TV의 판매 이익이 감소하고 있는 상황에서
귀하는 B부장으로부터 3C분석을 통해 해결방안을 강구해 오라는 지시를 받았
다. 다음 중 3C에 해당하지 않는 것은?

① Customer　　　　　　　　② Company
③ Competitor　　　　　　　　④ Content

출제의도

3C의 개념과 구성요소를 정확히 숙지
하고 있는지를 측정하는 문항이다.

해 설

3C 분석에서 사업 환경을 구성하고 있는 요
소인 자사(Company), 경쟁사(Competitor),
고객을 3C(Customer)라고 한다. 3C 분석에
서 고객 분석에서는 '고객은 자사의 상품ㆍ
서비스에 만족하고 있는지를, 자사 분석에
서는 '자사가 세운 달성목표와 현상 간에
차이가 없는지를, 경쟁사 분석에서는 '경쟁
기업의 우수한 점과 자사의 현상과 차이가
없는지'에 대한 질문을 통해서 환경을 분석
하게 된다.

답 ④

• SWOT 분석 : 기업내부의 강점과 약점, 외부환경의 기회와 위협요인을 분석ㆍ평가하여 문제해결 방안
을 개발하는 방법이다.

		내부환경요인	
		강점(Strengths)	약점(Weaknesses)
외부환경요인	기회 (Opportunities)	SO 내부강점과 외부기회 요인을 극대화	WO 외부기회를 이용하여 내부약점을 강점으로 전환
	위협 (Threat)	ST 외부위협을 최소화하기 위해 내부강점을 극대화	WT 내부약점과 외부위협을 최소화

ⓛ 문제 도출 : 선정된 문제를 분석하여 해결해야 할 것이 무엇인지를 명확히 하는 단계로, 문제 구조 파악→핵심 문제 선정 단계를 거쳐 수행된다.

  • Logic Tree : 문제의 원인을 파고들거나 해결책을 구체화할 때 제한된 시간 안에서 넓이와 깊이를 추구하는데 도움이 되는 기술로 주요 과제를 나무모양으로 분해 · 정리하는 기술이다.

ⓒ 원인 분석 : 문제 도출 후 파악된 핵심 문제에 대한 분석을 통해 근본 원인을 찾는 단계로 Issue 분석→Data 분석→원인 파악의 절차로 진행된다.

ⓔ 해결안 개발 : 원인이 밝혀지면 이를 효과적으로 해결할 수 있는 다양한 해결안을 개발하고 최선의 해결안을 선택하는 것이 필요하다.

ⓜ 실행 및 평가 : 해결안 개발을 통해 만들어진 실행계획을 실제 상황에 적용하는 활동으로 실행계획 수립→실행→Follow-up의 절차로 진행된다.

예제 4

C사는 최근 국내 매출이 지속적으로 하락하고 있어 사내 분위기가 심상치 않다. 이에 대해 Y부장은 이 문제를 극복하고자 문제처리 팀을 구성하여 해결방안을 모색하도록 지시하였다. 문제처리 팀의 문제해결 절차를 올바른 순서로 나열한 것은?

① 문제 인식 → 원인 분석 → 해결안 개발 → 문제 도출 → 실행 및 평가
② 문제 도출 → 문제 인식 → 해결안 개발 → 원인 분석 → 실행 및 평가
③ 문제 인식 → 원인 분석 → 문제 도출 → 해결안 개발 → 실행 및 평가
④ 문제 인식 → 문제 도출 → 원인 분석 → 해결안 개발 → 실행 및 평가

출제의도

실제 업무 상황에서 문제가 일어났을 때 해결 절차를 알고 있는지를 측정하는 문항이다.

해 설

일반적인 문제해결절차는 '문제 인식 → 문제 도출 → 원인 분석 → 해결안 개발 → 실행 및 평가'로 이루어진다.

답 ④

1 정보화사회와 정보능력

(1) 정보와 정보화사회

① 자료 · 정보 · 지식

구분	특징
자료(Data)	객관적 실제의 반영이며, 그것을 전달할 수 있도록 기호화한 것
정보(Information)	자료를 특정한 목적과 문제해결에 도움이 되도록 가공한 것
지식(Knowledge)	정보를 집적하고 체계화하여 장래의 일반적인 사항에 대비해 보편성을 갖도록 한 것

② 정보화사회 : 필요로 하는 정보가 사회의 중심이 되는 사회

(2) 업무수행과 정보능력

① 컴퓨터의 활용 분야

    ㉠ 기업 경영 분야에서의 활용 : 판매, 회계, 재무, 인사 및 조직관리, 금융 업무 등

    ㉡ 행정 분야에서의 활용 : 민원처리, 각종 행정 통계 등

    ㉢ 산업 분야에서의 활용 : 공장 자동화, 산업용 로봇, 판매시점 관리시스템(POS) 등

    ㉣ 기타 분야에서의 활용 : 교육, 연구소, 출판, 가정, 도서관, 예술 분야 등

② 정보처리과정

    ㉠ 정보 활용 절차 : 기획 → 수집 → 관리 → 활용

    ㉡ 5W2H : 정보 활용의 전략적 기획

- WHAT(무엇을?) : 정보의 입수대상을 명확히 한다.
- WHERE(어디에서?) : 정보의 소스(정보원)를 파악한다.
- WHEN(언제까지) : 정보의 요구(수집)시점을 고려한다.
- WHY(왜?) : 정보의 필요목적을 염두에 둔다.
- WHO(누가?) : 정보활동의 주체를 확정한다.
- HOW(어떻게) : 정보의 수집방법을 검토한다.
- HOW MUCH(얼마나?) : 정보수집의 비용성(효용성)을 중시한다.

5W2H는 정보를 전략적으로 수집·활용할 때 주로 사용하는 방법이다. 5W2H에 대한 설명으로 옳지 않은 것은?

① WHAT : 정보의 수집방법을 검토한다.
② WHERE : 정보의 소스(정보원)를 파악한다.
③ WHEN : 정보의 요구(수집)시점을 고려한다.
④ HOW : 정보의 수집방법을 검토한다.

방대한 정보들 중 꼭 필요한 정보와 수집 방법 등을 전략적으로 기획하고 정보수집이 이루어질 때 효과적인 정보 수집이 가능해진다. 5W2H는 이러한 전략적 정보 활용 기획의 방법으로 그 개념을 이해하고 있는지를 묻는 질문이다.

5W2H의 'WHAT'은 정보의 입수대상을 명확히 하는 것이다. 정보의 수집방법을 검토하는 것은 HOW(어떻게)에 해당되는 내용이다.

답 ①

(3) 사이버공간에서 지켜야 할 예절

① 인터넷의 역기능
　　㉠ 불건전 정보의 유통
　　㉡ 개인 정보 유출
　　㉢ 사이버 성폭력
　　㉣ 사이버 언어폭력
　　㉤ 언어 훼손
　　㉥ 인터넷 중독
　　㉦ 불건전한 교제
　　㉧ 저작권 침해

② 네티켓(netiquette) : 네트워크(network) + 에티켓(etiquette)

(4) 정보의 유출에 따른 피해사례

① 개인정보의 종류

    ㉠ 일반 정보 : 이름, 주민등록번호, 운전면허정보, 주소, 전화번호, 생년월일, 출생지, 본적지, 성별, 국적 등

    ㉡ 가족 정보 : 가족의 이름, 직업, 생년월일, 주민등록번호, 출생지 등

    ㉢ 교육 및 훈련 정보 : 최종학력, 성적, 기술자격증/전문면허증, 이수훈련 프로그램, 서클 활동, 상벌사항, 성격/행태보고 등

    ㉣ 병역 정보 : 군번 및 계급, 제대유형, 주특기, 근무부대 등

    ㉤ 부동산 및 동산 정보 : 소유주택 및 토지, 자동차, 저축현황, 현금카드, 주식 및 채권, 수집품, 고가의 예술품 등

    ㉥ 소득 정보 : 연봉, 소득의 원천, 소득세 지불 현황 등

    ㉦ 기타 수익 정보 : 보험가입현황, 수익자, 회사의 판공비 등

    ㉧ 신용 정보 : 대부상황, 저당, 신용카드, 담보설정 여부 등

    ㉨ 고용 정보 : 고용주, 회사주소, 상관의 이름, 직무수행 평가 기록, 훈련기록, 상벌기록 등

    ㉩ 법적 정보 : 전과기록, 구속기록, 이혼기록 등

    ㉪ 의료 정보 : 가족병력기록, 과거 의료기록, 신체장애, 혈액형 등

    ㉫ 조직 정보 : 노조가입, 정당가입, 클럽회원, 종교단체 활동 등

    ㉭ 습관 및 취미 정보 : 흡연/음주량, 여가활동, 도박성향, 비디오 대여기록 등

② 개인정보 유출방지 방법

    ㉠ 회원 가입 시 이용 약관을 읽는다.

    ㉡ 이용 목적에 부합하는 정보를 요구하는지 확인한다.

    ㉢ 비밀번호는 정기적으로 교체한다.

    ㉣ 정체불명의 사이트는 멀리한다.

    ㉤ 가입 해지 시 정보 파기 여부를 확인한다.

    ㉥ 남들이 쉽게 유추할 수 있는 비밀번호는 자제한다.

2 정보능력을 구성하는 하위능력

(1) 컴퓨터활용능력

① 인터넷 서비스 활용

    ㉠ 전자우편(E-mail) 서비스 : 정보 통신망을 이용하여 다른 사용자들과 편지나 여러 정보를 주고받는 통신 방법

    ㉡ 인터넷 디스크/웹 하드 : 웹 서버에 대용량의 저장 기능을 갖추고 사용자가 개인용 컴퓨터의 하드디스크와 같은 기능을 인터넷을 통하여 이용할 수 있게 하는 서비스

    ㉢ 메신저 : 인터넷에서 실시간으로 메시지와 데이터를 주고받을 수 있는 소프트웨어

    ㉣ 전자상거래 : 인터넷을 통해 상품을 사고팔거나 재화나 용역을 거래하는 사이버 비즈니스

② 정보검색 : 여러 곳에 분산되어 있는 수많은 정보 중에서 특정 목적에 적합한 정보만을 신속하고 정확하게 찾아내어 수집, 분류, 축적하는 과정

    ㉠ 검색엔진의 유형

      • 키워드 검색 방식 : 찾고자 하는 정보와 관련된 핵심적인 언어인 키워드를 직접 입력하여 이를 검색 엔진에 보내어 검색 엔진이 키워드와 관련된 정보를 찾는 방식

      • 주제별 검색 방식 : 인터넷상에 존재하는 웹 문서들을 주제별, 계층별로 정리하여 데이터베이스를 구축한 후 이용하는 방식

      • 통합형 검색방식 : 사용자가 입력하는 검색어들이 연계된 다른 검색 엔진에게 보내고 이를 통하여 얻어진 검색 결과를 사용자에게 보여주는 방식

    ㉡ 정보 검색 연산자

기호	연산자	검색조건
*, &	AND	두 단어가 모두 포함된 문서를 검색
|	OR	두 단어가 모두 포함되거나 두 단어 중에서 하나만 포함된 문서를 검색
-, !	NOT	'-' 기호나 '!' 기호 다음에 오는 단어는 포함하지 않는 문서를 검색
~, near	인접검색	앞/뒤의 단어가 가깝게 있는 문서를 검색

③ 소프트웨어의 활용

    ㉠ 워드프로세서

      • 특징 : 문서의 내용을 화면으로 확인하면서 쉽게 수정 가능, 문서 작성 후 인쇄 및 저장 가능, 글이나 그림의 입력 및 편집 가능

      • 기능 : 입력기능, 표시기능, 저장기능, 편집기능, 인쇄기능 등

ⓛ 스프레드시트

- 특징 : 쉽게 계산 수행, 계산 결과를 차트로 표시, 문서를 작성하고 편집 가능
- 기능 : 계산, 수식, 차트, 저장, 편집, 인쇄기능 등

귀하는 커피 전문점을 운영하고 있다. 아래와 같이 엑셀 워크시트로 4개 지점의 원두 구매 수량과 단가를 이용하여 금액을 산출하고 있다. 귀하가 다음 중 D3셀에서 사용하고 있는 함수식으로 옳은 것은? (단, 금액 = 수량 × 단가)

① =C3*VLOOKUP(B3, $B$8:$C$10, 1, 1)
② =B3*HLOOKUP(C3, $B$8:$C$10, 2, 0)
③ =C3*VLOOKUP(B3, $B$8:$C$10, 2, 0)
④ =C3*HLOOKUP($B$8:$C$10, 2, B3)

본 문항은 엑셀 워크시트 함수의 활용도를 확인하는 문제이다.

"VLOOKUP(B3,$B$8:$C$10, 2, 0)"의 함수를 해설해보면 B3의 값(콜롬비아)을 B8:C10에서 찾은 후 그 영역의 2번째 열(C열, 100g당 단가)에 있는 값을 나타내는 함수이다. 금액은 "수량 × 단가"으로 나타내므로 D3셀에 사용되는 함수식은 "=C3*VLOOKUP(B3, $B$8: $C$10, 2, 0)"이다.

※ HLOOKUP과 VLOOKUP
  ㉠ HLOOKUP : 배열의 첫 행에서 값을 검색하여, 지정한 행의 같은 열에서 데이터를 추출
  ㉡ VLOOKUP : 배열의 첫 열에서 값을 검색하여, 지정한 열의 같은 행에서 데이터를 추출

답 ③

ⓒ 프레젠테이션

- 특징 : 각종 정보를 사용자 또는 대상자에게 쉽게 전달
- 기능 : 저장, 편집, 인쇄, 슬라이드 쇼 기능 등

ⓔ 유틸리티 프로그램 : 파일 압축 유틸리티, 바이러스 백신 프로그램

④ 데이터베이스의 필요성

  ㉠ 데이터의 중복을 줄인다.
  ㉡ 데이터의 무결성을 높인다.
  ㉢ 검색을 쉽게 해준다.
  ㉣ 데이터의 안정성을 높인다.
  ㉤ 개발기간을 단축한다.

(2) 정보처리능력

① 정보원 : 1차 자료는 원래의 연구성과가 기록된 자료이며, 2차 자료는 1차 자료를 효과적으로 찾아보기 위한 자료 또는 1차 자료에 포함되어 있는 정보를 압축 · 정리한 형태로 제공하는 자료이다.

    ㉠ 1차 자료 : 단행본, 학술지와 논문, 학술회의자료, 연구보고서, 학위논문, 특허정보, 표준 및 규격자료, 레터, 출판 전 배포자료, 신문, 잡지, 웹 정보자원 등

    ㉡ 2차 자료 : 사전, 백과사전, 편람, 연감, 서지데이터베이스 등

② 정보분석 및 가공

    ㉠ 정보분석의 절차 : 분석과제의 발생 → 과제(요구)의 분석 → 조사항목의 선정 → 관련정보의 수집(기존자료 조사/신규자료 조사) → 수집정보의 분류 → 항목별 분석 → 종합 · 결론 → 활용 · 정리

    ㉡ 가공 : 서열화 및 구조화

③ 정보관리

    ㉠ 목록을 이용한 정보관리

    ㉡ 색인을 이용한 정보관리

    ㉢ 분류를 이용한 정보관리

예제 3

인사팀에서 근무하는 J씨는 회사가 성장함에 따라 직원 수가 급증하기 시작하면서 직원들의 정보관리 방법을 모색하던 중 다음과 같은 A사의 직원 정보관리 방법을 보게 되었다. J씨는 A사가 하고 있는 이 방법을 회사에도 도입하고자 한다. 이 방법은 무엇인가?

> A사의 인사부서에 근무하는 H씨는 직원들의 개인정보를 관리하는 업무를 담당하고 있다. A사에서 근무하는 직원은 수천 명에 달하기 때문에 H씨는 주요 키워드나 주제어를 가지고 직원들의 정보를 구분하여 관리하여, 찾을 때도 쉽고 내용을 수정할 때도 이전보다 훨씬 간편할 수 있도록 했다.

① 목록을 활용한 정보관리
② 색인을 활용한 정보관리
③ 분류를 활용한 정보관리
④ 1:1 매칭을 활용한 정보관리

출제의도

본 문항은 정보관리 방법의 개념을 이해하고 있는가를 묻는 문제이다.

해 설

주어진 자료의 A사에서 사용하는 정보관리는 주요 키워드나 주제어를 가지고 정보를 관리하는 방식인 색인을 활용한 정보관리이다. 디지털 파일에 색인을 저장할 경우 추가, 삭제, 변경 등이 쉽다는 점에서 정보관리에 효율적이다.

답 ②

PART ① 의사소통능력 정답 및 해설 P.212

의사소통능력 대표유형

의사소통은 직장생활에서 조직과 팀의 효율성과 효과성을 성취할 목적으로 이루어지는 구성원 간의 정보와 지식 전달 과정으로, 의사소통능력은 업무능력의 기본이 된다. 크게 어휘, 어법, 독해 유형으로 구분되며 공문, 보도자료, 상품설명서, 약관 등의 실용문과 함께 정치·경제·사회·과학·문화·예술 등 다양한 분야의 지문이 출제된다.

1

다음의 밑줄 친 단어의 의미와 동일하게 쓰인 것은?

> 기획재정부는 26일 OO센터에서 '2017년 지방재정협의회'를 열고 내년도 예산안 편성 방향과 지역 현안 사업을 논의했다. 이 자리에는 17개 광역자치단체 부단체장과 기재부 예산실장 등 500여 명이 참석해 2018년 예산안 편성 방향과 약 530건의 지역 현안 사업에 대한 협의를 진행했다.
> 기재부 예산실장은 "내년에 정부는 일자리 창출, 4차 산업 혁명 대응, 저출산 극복, 양극화 완화 등 4대 핵심 분야에 예산을 집중적으로 투자할 계획이라며 이를 위해 신규 사업 관리 강화 등 10대 재정 운용 전략을 활용, 재정 투자의 효율성을 높여갈 것"이라고 밝혔다. 이어 각 지방자치단체에서도 정부의 예산 편성 방향에 부합하도록 사업을 신청해 달라고 요청했다.
> 기재부는 이날 논의한 지역 현안 사업이 각 부처의 검토를 <u>거쳐</u> 다음달 26일까지 기재부에 신청되면, 관계 기관의 협의를 거쳐 내년도 예산안에 반영한다.

① 학생들은 초등학교부터 중학교, 고등학교를 <u>거쳐</u> 대학에 입학하게 된다.

② 가장 어려운 문제를 해결했으니 이제 특별히 <u>거칠</u> 문제는 없다.

③ 이번 출장 때는 독일 베를린을 <u>거쳐</u> 오스트리아 빈을 다녀올 예정이다.

④ 오랜만에 뒷산에 올라 보니, 무성하게 자란 칡덩굴이 발에 <u>거친다</u>.

2

다음 단락을 논리적 흐름에 맞게 바르게 배열한 것은?

> (가) 자본주의 사회에서 상대적으로 부유한 집단, 지역, 국가는 환경적 피해를 약자에게 전가하거나 기술적으로 회피할 수 있는 가능성을 가진다.
>
> (나) 오늘날 환경문제는 특정한 개별 지역이나 국가의 문제에서 나아가 전 지구적 문제로 확대되었지만, 이로 인한 피해는 사회 · 공간적으로 취약한 특정 계층이나 지역에 집중적으로 나타나는 환경적 불평등을 야기하고 있다.
>
> (다) 인간사회와 자연환경 간의 긴장관계 속에서 발생하고 있는 오늘날 환경위기의 해결 가능성은 논리적으로 뿐만 아니라 역사적으로 과학기술과 생산조직의 발전을 규정하는 사회적 생산관계의 전환을 통해서만 실현될 수 있다.
>
> (라) 부유한 국가나 지역은 마치 환경문제를 스스로 해결한 것처럼 보이기도 하며, 나아가 자본주의 경제체제 자체가 환경문제를 해결(또는 최소한 지연)할 수 있는 능력을 갖춘 것처럼 홍보되기도 한다.

① (가) - (나) - (라) - (다)

② (나) - (가) - (다) - (라)

③ (나) - (가) - (라) - (다)

④ (나) - (라) - (가) - (다)

3

다음 글에서 언급한 스마트 팩토리의 특징으로 옳지 않은 것은?

최근 스포츠 브랜드인 아디다스에서 소비자가 원하는 디자인, 깔창, 굽 모양 등의 옵션을 적용하여 다품종 소량생산 할 수 있는 스피드 팩토리를 선보였고, 그밖에도 제조업을 비롯해 다양한 산업에서 스마트 팩토리를 도입하면서 미래형 제조 시스템인 스마트 팩토리에 대한 관심이 커지고 있다. 과연 스마트 팩토리 무엇이며 어떤 기술로 구현되고 이점은 무엇일까?

스마트 팩토리란 ICT기술을 기반으로 제품의 기획, 설계, 생산, 유통, 판매의 전 과정을 자동화, 지능화하여 최소 비용과 최소 시간으로 다품종 대량생산이 가능한 미래형 공장을 의미한다. 스마트 팩토리가 구현되기 위해서는 다양한 기술이 적용되는데, 먼저 클라우드 기술은 인터넷에 연결되어 축적된 데이터를 저장하고 IoT 기술은 각종 사물에 컴퓨터 칩과 통신 기능을 내장해 인터넷에 연결한다. 또한 데이터를 분석하는 빅데이터 기술, AI를 기반으로 스스로 학습하고 의사결정을 할 수 있는 차세대 로봇기술과 기계가 자가 학습하는 인공지능 기술을 비롯해 수많은 첨단 기술을 필요로 한다.

스마트 팩토리의 핵심 구현 요소는 디지털화, 연결화, 스마트화이다. 디지털화는 공장 내 사물들 간에 소통이 가능하도록 물리적 아날로그 신호를 디지털 신호로 변환하는 것으로 디지털화를 하면 무한대로 데이터를 복사할 수 있어 데이터 편집이 쉬워지고 데이터 통신이 자유롭게 이루어진다. 연결화는 사람을 포함한 모든 사물, 즉 공장 안에 존재하는 부품, 완제품, 설비, 공장, 건물, 기기를 연결하는 것으로, 이더넷이나 유무선 통신으로 설비를 연결해 생산 현황과 이상 유무를 관리한다. 작업자가 제조 라인에 서면 공정은 작업자의 역량, 경험 같은 것을 참고하여 합당한 공정을 수행하도록 지도해 주는 것이 연결화의 예라고 할 수 있다. 스마트화는 사물이 사람과 같이 스스로 판단하고 행동하는 것을 말하는 것으로 지능화, 자율화와 같은 의미이다. 수집된 데이터를 분석하여 스스로 판단하는 스마트화는 스마트 팩토리의 필수 전제조건이다.

스마트 팩토리의 이점은 제조 단계별로 구분해 볼 수 있다. 먼저 기획·설계 단계에서는 제품 성능 시뮬레이션을 통해 제작기간을 단축시키고, 맞춤형 제품을 개발할 수 있다는 이점이 있다. 다음으로 생산 단계에서는 설비 – 자재 – 시스템 간 통신으로 다품종 대량생산, 에너지와 설비 효율 제고의 효과가 있다. 그리고 유통·판매 단계에서는 모기업과 협력사 간 실시간 연동을 통해 재고 비용을 감소시키고 품질, 물류 등 많은 분야를 협력할 수 있다.

① 스마트 팩토리는 최소 비용과 최소 시간으로 다품종 대량생산을 추구한다.

② 스마트 팩토리가 구현되기 위해서는 클라우드 기술, IoT기술, 인공지능 기술 등이 요구된다.

③ 디지털화는 공장 내 사물들 간에 소통이 가능하도록 디지털 신호를 물리적 아날로그 신호로 변환하는 것이다.

④ 스마트화는 사물이 사람과 같이 스스로 판단하고 행동하는 것으로 스마트 팩토리의 필수 전제조건이다.

4

다음은 N사의 단독주택용지 수의계약 공고문 중 일부이다. 공고문의 내용을 바르게 이해한 것은?

[○○ 블록형 단독주택용지(1필지) 수의계약 공고]

1. 공급대상토지

면적 (m²)	세대수 (호)	평균규모 (m²)	용적률 (%)	공급가격 (천원)	계약보증금 (원)	사용가능 시기
25,479	63	400	100% 이하	36,944,550	3,694,455,000	즉시

2. 공급일정 및 장소

일정	2019년 1월 11일 오전 10시부터 선착순 수의계약 (토 · 일요일 및 공휴일, 업무시간 외는 제외)
장소	N사 ○○지역본부 1층

3. 신청자격

아래 두 조건을 모두 충족한 자

– 실수요자 : 공고일 현재 주택법에 의한 주택건설사업자로 등록한 자

– 3년 분할납부(무이자) 조건의 토지매입 신청자

  ※ 납부 조건 : 계약체결 시 계약금 10%, 중도금 및 잔금 90%(6개월 단위 6회 납부)

4. 계약체결 시 구비서류

– 법인등기부등본 및 사업자등록증 사본 각 1부

– 법인인감증명서 1부 및 법인인감도장(사용인감계 및 사용인감)

– 대표자 신분증 사본 1부(위임 시 위임장 1부 및 대리인 신분증 제출)

– 주택건설사업자등록증 1부

– 계약금 납입영수증

① 계약이 체결되면 즉시 해당 토지에 단독주택을 건설할 수 있다.

② 계약체결 후 첫 번째 내야 할 중도금은 5,250,095,000원이다.

③ 규모 400㎡의 단독주택용지를 일반 수요자에게 분양하는 공고이다.

④ 계약에 대한 보증금이 공급가격보다 더 높아 실수요자에게 부담을 줄 우려가 있다.

5

다음 회의록의 내용을 보고 올바른 판단을 내리지 못한 것을 고르면?

	인사팀 4월 회의록		
회의일시	2019년 4월 30일 14:00~15:30	회의장소	대회의실(예약)
참석자	팀장, 남 과장, 허 대리, 김 대리, 이 사원, 명 사원		
회의안건	• 직원 교육훈련 시스템 점검 및 성과 평가 • 차기 교육 프로그램 운영 방향 논의		
진행결과 및 협조 요청	〈총평〉 • 1사분기에는 지난해보다 학습목표시간을 상향조정(직급별 10~20시간)하였음에도 평균 학습시간을 초과하여 달성하는 등 상시학습문화가 정착됨 　－1인당 평균 학습시간: 지난해 4사분기 22시간 → 올해 1사분기 35시간 • 다만, 고직급자와 계약직은 학습 실적이 목표에 미달하였는바, 앞으로 학습 진도에 대하여 사전 통보하는 등 학습목표 달성을 적극 지원할 필요가 있음 　－고직급자: 목표 30시간, 실적 25시간, 계약직: 목표 40시간, 실적 34시간 〈운영방향〉 • 전 직원 일체감 형성을 위한 비전공유와 '매출 증대, 비용 절감' 구현을 위한 핵심과제 등 주요사업 시책교육 추진 • 직원이 가치창출의 원천이라는 인식하에 생애주기에 맞는 직급별 직무역량교육 의무화를 통해 인적자본 육성 강화 • 자기주도적 상시학습문화 정착에 기여한 학습관리시스템을 현실에 맞게 개선하고, 조직 간 인사교류를 확대		

① 올 1사분기에는 지난해보다 1인당 평균 학습시간이 50% 이상 증가하였다.

② 전체적으로 1사분기의 교육시간 이수 등의 성과는 우수하였다.

③ 2사분기에는 일부 직원들에 대한 교육시간이 1사분기보다 더 증가할 전망이다.

④ 2사분기에는 각 직급에 보다 적합한 교육이 시행될 것이다.

문제해결능력 대표유형

문제란 업무를 수행함에 있어 답을 요구하는 질문이나 의논하여 해결해야 하는 사항으로, 문제해결을 위해서는 전략적이고 분석적인 사고는 물론 발상의 전환과 효율적인 자원활용 등 다양한 능력이 요구된다. 따라서 명제나 추론 같은 일반적인 논리추론 유형과 함께 수리, 자원관리 등이 융합된 문제해결 유형이나 실무이해를 바탕으로 하는 유형의 문제도 다수 출제된다.

1

다음 조건을 바탕으로 할 때 정 대리가 이번 달 중국 출장 출발일로 정하기에 가장 적절한 날은 언제인가? (전체 일정은 모두 이번 달 안에 속해 있다.)

- 이번 달은 1일이 월요일인 달이다.
- 3박 4일 일정이며 출발일과 도착일이 모두 휴일이 아니어야 한다.
- 현지에서 복귀하는 비행편은 매주 화, 목요일에만 있다.
- 이번 달 셋째 주 화요일에 있을 부서의 중요한 회의에 반드시 참석해야 하며, 회의 후에 출장을 가려 한다.

① 12일　　　　　　　　　　　　　② 15일
③ 17일　　　　　　　　　　　　　④ 22일

2

다음은 유진이가 학교에 가는 요일에 대한 설명이다. 이들 명제가 모두 참이라고 가정할 때, 유진이가 학교에 가는 요일은?

- ㉠ 목요일에 학교에 가지 않으면 월요일에 학교에 간다.
- ㉡ 금요일에 학교에 가지 않으면 수요일에 학교에 가지 않는다.
- ㉢ 수요일에 학교에 가지 않으면 화요일에 학교에 간다.
- ㉣ 월요일에 학교에 가면 금요일에 학교에 가지 않는다.
- ㉤ 유진이는 화요일에 학교에 가지 않는다.

① 월, 수　　　　　　　　　　　　② 월, 수, 금
③ 수, 목, 금　　　　　　　　　　④ 수, 금

3

다음은 ○○항공사의 항공이용에 관한 조사 설계의 일부분이다. 본 설문조사의 목적으로 가장 적합하지 않은 것은?

---

1. 조사 목적

```
                                                                          
```

2. 과업 범위
• 조사 대상 : 서울과 수도권에 거주하고 있으며 최근 3년 이내 여행 및 출장 목적의 해외방문 경험이 있고 향후 1년 이내 해외로 여행 및 출장 의향이 있는 만 20~60세 이상의 성인 남녀
• 조사 방법 : 구조화된 질문지를 이용한 온라인 설문조사
• 표본 규모 : 총 1,000명

3. 조사 내용
• 시장 환경 파악 : 여행 출장 시장 동향 (출국 목적, 체류기간 등)
• 과거 해외 근거리 당일 왕복항공 이용 실적 파악 : 이용 빈도, 출국 목적, 목적지 등
• 향후 해외 근거리 당일 왕복항공 잠재 수요 파악 : 이용의향 빈도, 출국 목적 등
• 해외 근거리 당일 왕복항공 이용을 위한 개선 사항 파악 : 해외 근거리 당일 왕복항공을 위한 개선사항 적용 시 해외 당일 여행 계획 또는 의향
• 배경정보 파악 : 인구사회학적 특성 (성별, 연령, 거주 지역 등)

4. 결론 및 기대효과

---

① 단기 해외 여행의 수요 증가 현황과 관련 항공 시장 파악
② 해외 당일치기 여객의 수요에 부응할 수 있는 노선 구축 근거 마련
③ 해외 근거리 당일 왕복항공을 이용한 실적 및 행태 파악
④ 근거리 국가로 여행 또는 출장을 위해 당일 왕복항공을 이용할 의향과 수용도 파악

4

다음은 L공사의 국민임대주택 예비입주자 통합 정례모집 관련 신청자격에 대한 사전 안내이다. 甲~戊 중 국민임대주택 예비입주자로 신청할 수 있는 사람은? (단, 함께 살고 있는 사람은 모두 세대별 주민등록표 상에 함께 등재되어 있고, 제시되지 않은 사항은 모두 조건을 충족한다고 가정한다)

□ 2019년 5월 정례모집 개요

구분	모집공고일	대상지역
2019년 5월	2019. 5. 7(화)	수도권
	2019. 5. 15(수)	수도권 제외한 나머지 지역

□ 신청자격

입주자모집공고일 현재 무주택세대구성원으로서 아래의 소득 및 자산보유 기준을 충족하는 자

※ 무주택세대구성원이란?

다음의 세대구성원에 해당하는 사람 전원이 주택(분양권 등 포함)을 소유하고 있지 않은 세대의 구성원을 말합니다.

세대구성원(자격검증대상)	비고
• 신청자	
• 신청자의 배우자	신청자와 세대 분리되어 있는 배우자도 세대구성원에 포함
• 신청자의 직계존속 • 신청자의 배우자의 직계존속	신청자 또는 신청자의 배우자와 세대별 주민등록표상에 함께 등재되어 있는 사람에 한함
• 신청자의 직계비속 • 신청자의 직계비속의 배우자	
• 신청자의 배우자의 직계비속	신청자와 세대별 주민등록표상에 함께 등재되어 있는 사람에 한함

※ 소득 및 자산보유 기준

구분	소득 및 자산보유 기준		
	가구원수	월평균소득기준	참고사항
소득	3인 이하 가구	3,781,270원 이하	• 가구원수는 세대구성원 전원을 말함(외국인 배우자와 임신 중인 경우 태아 포함) • 월평균소득액은 세전금액으로서 세대구성원 전원의 월평균소득액을 모두 합산한 금액임
	4인 가구	4,315,641원 이하	
	5인 가구	4,689,906원 이하	
	6인 가구	5,144,224원 이하	
	7인 가구	5,598,542원 이하	
	8인 가구	6,052,860원 이하	
자산	• 총자산가액 : 세대구성원 전원이 보유하고 있는 총자산가액 합산기준 28,000만 원 이하		
	• 자동차 : 세대구성원 전원이 보유하고 있는 전체 자동차가액 2,499만 원 이하		

① 甲의 아내는 주택을 소유하고 있지만, 甲과 세대 분리가 되어 있다.

② 아내의 부모님을 모시고 살고 있는 乙 가족의 월평균소득은 500만 원이 넘는다.

③ 丙은 재혼으로 만난 아내의 아들과 함께 살고 있는데, 아들은 전 남편으로부터 물려받은 아파트 분양권을 소유하고 있다.

④ 어머니를 모시고 사는 丁은 아내가 셋째 아이를 출산하면서 丁 가족의 월평균소득으로는 1인당 80만 원도 돌아가지 않게 되었다.

5

서원 그룹의 K부서에서는 자기 부서의 정책을 홍보하기 위해 책자를 제작해 배포하는 프로젝트를 진행하였다. 프로젝트 진행 과정이 다음과 같을 때, 프로젝트 결과에 대한 평가로 항상 옳은 것을 모두 고르면?

> 이번에 K부서에서는 자기 부서의 정책을 홍보하기 위해 책자를 제작해 배포하였다. 이 홍보 사업에 참여한 K부서의 팀은 A와 B 두 팀이다. 두 팀은 각각 500권의 정책홍보 책자를 제작하였다. 그러나 책자를 어떤 방식으로 배포할 것인지에 대해 두 팀 간에 차이가 있었다. A팀은 자신들이 제작한 K부서의 모든 정책홍보책자를 서울이나 부산에 배포한다는 지침에 따라 배포하였다. 한편, B팀은 자신들이 제작한 K부서 정책홍보책자를 서울에 모두 배포하거나 부산에 모두 배포한다는 지침에 따라 배포하였다. 사업이 진행된 이후 배포된 결과를 살펴보기 위해서 서울과 부산을 조사하였다. 조사를 담당한 한 직원은 A팀이 제작·배포한 K부서 정책홍보책자 중 일부를 서울에서 발견하였다.
> 한편, 또 다른 직원은 B팀이 제작·배포한 K부서 정책홍보책자 중 일부를 부산에서 발견하였다. 그리고 배포 과정을 검토해 본 결과, 이번에 A팀과 B팀이 제작한 K부서 정책 홍보책자는 모두 배포되었다는 것과, 책자가 배포된 곳과 발견된 곳이 일치한다는 것이 확인되었다.

> ㉠ 부산에는 500권이 넘는 K부서 정책홍보책자가 배포되었다.
> ㉡ 서울에 배포된 K부서 정책홍보책자의 수는 부산에 배포된 K부서 정책홍보책자의 수보다 적다.
> ㉢ A팀이 제작한 K부서 정책홍보책자가 부산에서 발견되었다면, 부산에 배포된 K부서 정책홍보책자의 수가 서울에 배포된 수보다 많다.

① ㉠

② ㉢

③ ㉠, ㉡

④ ㉡, ㉢

정보능력 대표유형

정보(Information)란 자료를 특정한 목적과 문제해결에 도움이 되도록 가공한 것으로, 지식정보사회에서 정보는 기업 생존에 중요한 요소로 자리하고 있다. 정보능력에서 빈출되는 대표유형으로는 컴퓨터활용능력 측정을 위한 소프트웨어 활용, 자료(Data)의 규칙을 찾아 정보 파악하기, 간단한 코딩 시스템의 이해 등이 있다.

1

S정보통신에 입사한 당신은 시스템 모니터링 업무를 담당하게 되었다. 다음의 시스템 매뉴얼을 확인한 후 제시된 상황에서 적절한 입력코드를 고르면?

〈S정보통신 시스템 매뉴얼〉

□ 항목 및 세부사항

항목	세부사항
Index@@ of Folder@@	• 오류 문자 : Index 뒤에 나타나는 문자 • 오류 발생 위치 : Folder 뒤에 나타나는 문자
Error Value	• 오류 문자와 오류 발생 위치를 의미하는 문자에 사용된 알파벳을 비교하여 오류 문자 중 오류 발생 위치의 문자와 일치하지 않는 알파벳의 개수 확인
Final Code	• Error Value를 통하여 시스템 상태 판단

□ 판단 기준 및 처리코드(Final Code)

판단 기준	처리코드
일치하지 않는 알파벳의 개수 = 0	Qfgkdn
0 < 일치하지 않는 알파벳의 개수 ≤ 3	Wxmt
3 < 일치하지 않는 알파벳의 개수 ≤ 5	Atnih
5 < 일치하지 않는 알파벳의 개수 ≤ 7	Olyuz
7 < 일치하지 않는 알파벳의 개수 ≤ 10	Cenghk

```
                            〈상황〉
    System is processing requests...
    System Code is X.
    Run...

    Error Found!
    Index GHWDYC of Folder APPCOMPAT

    Final Code? _____
```

① Qfgkdn   ② Wxmt

③ Atnih   ④ Olyuz

2

다음의 시트에서 수식 '=DSUM(A1:D7, 4, B1:B2)'를 실행하였을 때 결과 값은?

	A	B	C	D
1	성명	부서	3/4분기	4/4분기
2	김하나	영업부	20	15
3	유진영	총무부	30	35
4	고금순	영업부	15	20
5	이영훈	총무부	10	15
6	김영대	총무부	20	10
7	채수빈	영업부	15	20

① 45   ② 50

③ 55   ④ 60

▌3~4▐ 다음 물류 창고 책임자와 각 창고 내 재고상품의 코드 목록을 보고 이어지는 질문에 답하시오.

책임자	재고상품 코드번호	책임자	재고상품 코드번호
정보연	2008011F033321754	심현지	2001052G099918513
이규리	2011054L066610351	김준후	2002121D011120789
김원희	2006128T055511682	유연석	2013016Q044412578
이동성	2009060B022220123	강희철	2012064L100010351
신병임	2015039V100029785	송지혜	2016087S088824567

[재고상품 코드번호 예시]

2016년 11월에 4,586번째로 입고된 경기도 戊출판사에서 발행한 「소형선박조종사 자격증 한 번에 따기」 도서 코드
2016111E055524586

<u>201611</u>	<u>1E</u>	<u>05552</u>	<u>4586</u>
입고연월	지역코드 + 고유번호	분류코드 + 고유번호	입고순서

입고연월	발행 출판사			도서 종류		
	지역코드		고유번호	분류코드		고유번호
• 200611 −2006년 11월 • 201007 −2010년 7월 • 201403 −2014년 3월	0	서울	A 甲출판사	01	가정·살림	111 임신/출산
			B 乙출판사			112 육아
	1	경기도	C 丙출판사	02	건강·취미	221 다이어트
			D 丁출판사			222 스포츠
			E 戊출판사	03	경제·경영	331 마케팅
			F 己출판사			332 재테크
	2	강원도	G 庚출판사			333 CEO
			H 辛출판사	04	대학 교재	441 경상계열
	3	충청 남도	I 壬출판사			442 공학계열
			J 癸출판사	05	수험·자격	551 공무원
	4	충청 북도	K 子출판사			552 자격증
			L 丑출판사	06	어린이	661 예비 초등
	5	경상 남도	M 寅출판사			662 초등
			N 卯출판사	07	자연 과학	771 나노과학
			O 辰출판사			772 생명과학
	6	경상 북도	P 巳출판사			773 뇌과학
			Q 午출판사	08	예술	881 미술
	7	전라 남도	R 未출판사			882 음악
			S 申출판사	09	여행	991 국내여행
	8	전라 북도	T 酉출판사			991 해외여행
			U 戌출판사	10	IT·모바일	001 게임
	9	제주도	V 亥출판사			002 웹사이트

3

재고상품 중 2010년도에 8,491번째로 입고된 충청남도 쫓출판사에서 발행한 「뇌과학 첫걸음」 도서의 코드로 알맞은 것은 무엇인가?

① 2010113J077718491
② 2010093J077738491
③ 2010083I077738491
④ 2011123J077738491

4

다음 중 발행 출판사와 입고순서가 동일한 도서를 담당하는 책임자들로 짝지어진 것은?

① 정보연 – 김준후
② 이규리 – 강희철
③ 이동성 – 송지혜
④ 심현지 – 유연석

5

다음의 알고리즘에서 인쇄되는 S는?

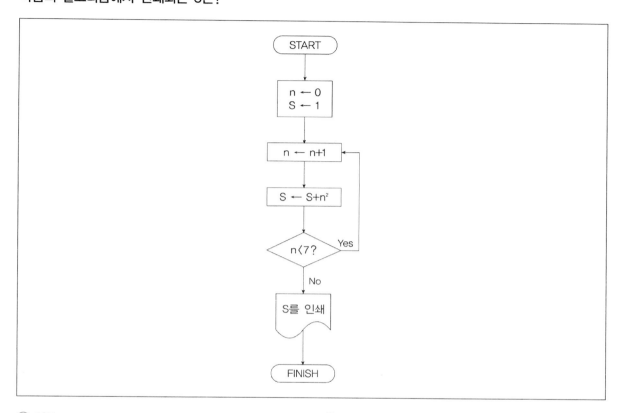

① 137

② 139

③ 141

④ 143

PART

III

NCS 예상문제

01 의사소통능력

02 문제해결능력

03 정보능력

1 다음 글을 읽고 이 글에 대한 이해로 가장 적절한 것은?

법의 본질에 대해서는 많은 논의들이 있어 왔다. 그 오래된 것들 가운데 하나가 사회에 형성된 관습에서 그 본질을 파악하려는 견해이다. 관습이론에서는 이런 관습을 확인하고 제천명하는 것이 법이 된다고 본다. 곧 법이란 제도화된 관습이라고 보는 것이다. 관습을 제천명하는 역할은 원시 사회라면 족장 같은 권위자가, 현대 법체계에서는 사법기관이 수행할 수 있다. 입법기관에서 이루어지는 제정법 또한 관습을 확인한 결과이다. 예를 들면 민법의 중혼 금지 조항은 일부일처제의 사회적 관습에서 유래하였다고 설명한다. 나아가 사회의 문화와 관습에 어긋나는 법은 성문화되어도 법으로서의 효력이 없으며, 관습을 강화하는 법이어야 제대로 작동할 수 있다고 주장한다. 성문법이 관습을 변화시킬 수 없다는 입장을 취하는 것이다.

법을 사회구조의 한 요소로 보고 그 속에서 작용하는 기능에서 법의 본질을 찾으려는 구조이론이 있다. 이 이론에서는 관습이론이 법을 단순히 관습이나 문화라는 사회적 사실에서 유래한다고 보는데 대해 규범을 정의하는 개념으로 규범을 설명하는 오류라 지적한다. 구조이론에서는 교환의 유형, 권력의 상호관계, 생산과 분배의 방식, 조직의 원리들이 모두 법의 모습을 결정하는 인자가 된다. 이처럼 법은 구조화의 결과물이며, 이 구조를 유지하고 운영할 수 있는 합리적 방책이 필요하기에 도입한 것이다. 따라서 구조이론에서는 상이한 법 현상을 사회 구조의 차이에 따른 것으로 설명한다. 1921년 팔레스타인 지역에 세워진 모샤브 형태의 정착촌 A와 키부츠 형태의 정착촌 B는 초지와 인구의 규모가 비슷한 데다, 토지 공유를 바탕으로 동종의 작물을 경작하였고, 정치적 성향도 같았다. 그런데도 법의 모습은 서로 판이했다. A에서는 공동체 규칙을 강제하는 사법위원회가 성문화된 절차에 따라 분쟁을 처리하고 제재를 결정하였지만, B에는 이러한 기구도, 성문화된 규칙이나 절차도 없었다. 구조이론은 그 차이를 이렇게 분석한다. B에서는 공동 작업으로 생산된 작물을 공동 소유하는 형태를 지니고 있어서 구성원들 사이의 친밀성이 높고 집단 규범의 위반자를 곧바로 직접 제재할 수 있었다. 하지만 작물의 사적 소유가 인정되는 A에서는 구성원이 독립적인 생활 방식을 바탕으로 살아가기 때문에 비공식적인 규율로는 충분하지 않고 공식적인 절차와 기구가 필요했다.

법의 존재 이유가 사회 전체의 필요라는 구조이론의 전제에 의문을 제기하면서, 법과 제도로 유지되고 심화되는 불평등에 주목하여야 한다는 갈등이론도 등장한다. 갈등이론에서 법은 사회적 통합을 위한 합의의 산물이 아니라, 지배 집단의 억압 구조를 유지·강화하여 자신들의 이익을 영위하려는 하나의 수단이라고 주장한다. 19세기 말 미국에서는 아동의 노동을 금지하는 아동 노동 보호법을 만들려고 노력하여 20세기 초에 제정을 보았다. 이것은 문맹, 건강 악화, 도덕적 타락을 야기하는 아동 노동에 대한 개혁 운동이 수십 년간 지속된 결과이다. 이에 대해 관습이론에서는 아동과 가족생활을 보호하여야 한다는 미국의 전통적 관습을 재확인하는 움직임이라고 해석할 것이다. 구조이론에서는 이러한 법 제정을 사회구조가 균형을 이루는 과정으로 설명하려 할 것이다 하지만 갈등이론에서는 법 제정으로 말미암아 값싼 노동력에 근거하여 생존하는 소규모 기업이 대거 실종되었다는 점, 개혁 운동의 많은 지도자들이 대기업 사장의 부인들이었고 운동 기금도 대기업의 기부에 많이 의존하였다는 점을 지적한다.

이론 상호 간의 비판도 만만찮다. 관습이론은 비합리적이거나 억압적인 사회·문화적 관행을 합리화해 준다는 공격을 받는다. 구조이론은 법의 존재 이유가 사회적 필요에서 나온다는 단순한 가정을 받아들이는 것일 뿐이고, 갈등이론은 편향적 시각으로 흐를 수 있을 것이라고 비판받는다.

① 관습이론은 지배계급의 이익을 위한 억업적 체계를 합리화한다는 비판을 받는다.
② 구조이론은 법이 그런 모습을 띠는 이유보다는 법이 발생하는 기원을 알려 주려 한다.
③ 구조이론은 규범을 정의하는 개념으로 규범을 설명하기 때문에 논리적 문제가 있다고 공격을 받는다.
④ 갈등이론은 사회관계에서의 대립을 해소하는 역할에서 법의 기원을 찾는다.
⑤ 갈등이론은 법 현상에 대한 비판적 접근을 통해 전체로서의 사회적 이익을 유지하는 기능적 체계를 설명한다.

2 다음 제시된 글의 내용과 일치하는 것을 모두 고른 것은?

> 유물(遺物)을 등록하기 위해서는 명칭을 붙인다. 이 때 유물의 전반적인 내용을 알 수 있도록 하는 것이 바람직하다. 따라서 명칭에는 그 유물의 재료나 물질, 제작기법, 문양, 형태가 나타난다. 예를 들어 도자기에 청자상감운학문매병(青瓷象嵌雲鶴文梅瓶)이라는 명칭이 붙여졌다면, '청자'는 재료를, '상감'은 제작기법은, '운학문'은 문양을, '매병'은 그 형태를 각각 나타낸 것이다. 이러한 방식으로 다른 유물에 대해서도 명칭을 붙이게 된다.
>
> 유물의 수량은 점(點)으로 계산한다. 작은 화살촉도 한 점이고 커다란 철불(鐵佛)도 한 점으로 처리한다. 유물의 파편이 여럿인 경우에는 일괄(一括)이라 이름 붙여 한 점으로 계산하면 된다. 귀걸이와 같이 쌍(雙)으로 된 것은 한 쌍으로 하고, 하나인 경우에는 한 짝으로 하여 한 점으로 계산한다. 귀걸이 한 쌍은, 먼저 그 유물번호를 적고 그 뒤에 각각 (2-1), (2-2)로 적는다. 뚜껑이 있는 도자기나 토기도 한 점으로 계산하되, 번호를 매길 때는 귀걸이의 예와 같이 하면 된다.
>
> 유물을 등록할 때는 그 상태를 잘 기록해 둔다. 보존상태가 완전한 경우도 많지만, 일부가 손상된 유물도 많다. 예를 들어 유물의 어느 부분이 부서지거나 깨졌지만 그 파편이 남아 있는 상태를 파손(破損)이라고 하고, 파편이 없는 경우를 결손(缺損)이라고 표기한다. 그리고 파손된 것을 붙이거나 해서 손질했을 때 이를 수리(修理)라 하고, 결손된 부분을 모조해 원상태로 재현했을 때는 복원(復原)이라는 용어를 사용한다.

> ㉠ 도자기 뚜껑의 일부가 손상되어 파편이 떨어진 유물의 경우, 뚜껑은 파편과 일괄하여 한 점이지만 도자기 몸체와는 별개이므로 전체가 두 점으로 계산된다.
> ㉡ 조선시대 방패의 한 귀퉁이가 부서져나가 그 파편을 찾을 수 없다면, 수리가 아닌 복원의 대상이 된다.
> ㉢ 위 자료에 근거해 볼 때, 청자화훼당초문접시(青瓷花卉唐草文皿)는 그 명칭에 비추어 청자상감운학문매병과 동일한 재료 및 문양을 사용하였으나, 그 제작기법과 형태에 있어서 서로 다른 것으로 추정된다.
> ㉣ 박물관이 소장하고 있는 한 쌍의 귀걸이 중 한 짝이 소실되는 경우에도 그 박물관 전체 유물의 수량이 줄어들지는 않을 것이다.
> ㉤ 일부가 결손된 철불의 파편이 어느 지방에서 발견되어 그 철불을 소장하던 박물관에서 함께 소장하게 된 경우, 그 박물관이 소장하는 전체 유물의 수량은 늘어난다.

① ㉠   ② ㉡㉢

③ ㉡㉣   ④ ㉠㉢㉤

⑤ ㉡㉣㉤

3 다음 글을 비판하는 내용으로 적절하지 못한 것은?

> 사이버공간은 관계의 네트워크이다. 사이버공간은 광섬유와 통신위성 등에 의해 서로 연결된 컴퓨터들의 물리적인 네트워크로 구성되어 있다. 그러나 사이버공간이 물리적인 연결만으로 이루어지는 것은 아니다. 사이버공간을 구성하는 많은 관계들은 오직 소프트웨어를 통해서만 실현되는 순전히 논리적인 연결이기 때문이다. 양쪽 차원 모두에서 사이버공간의 본질은 관계적이다.
>
> 인간 공동체 역시 관계의 네트워크에 의해 결정된다. 가족끼리의 혈연적인 네트워크, 친구들 간의 사교적인 네트워크, 직장 동료들 간의 직업적인 네트워크 등과 같이 인간 공동체는 여러 관계들에 의해 중첩적으로 연결되어 있다.
>
> 사이버공간과 마찬가지로 인간의 네트워크도 물리적인 요소와 소프트웨어적 요소를 모두 가지고 있다. 예컨대 건강관리 네트워크는 병원 건물들의 물리적인 집합으로 구성되어 있지만, 동시에 환자를 추천해주는 전문가와 의사들 간의 비물질적인 네트워크에 크게 의존한다.
>
> 사이버공간을 유지하려면 네트워크 간의 믿을 만한 연결을 유지하는 것이 결정적으로 중요하다. 다시 말해, 사이버공간 전체의 힘은 다양한 접속점들 간의 연결을 얼마나 잘 유지하느냐에 달려 있다. 이것은 인간 공동체의 힘 역시 접속점 즉 개인과 개인, 다양한 집단과 집단 간의 견고한 관계 유지에 달려 있다는 점을 보여준다. 사이버공간과 마찬가지로 인간의 사회 공간도 공동체를 구성하는 네트워크의 힘과 신뢰도에 결정적으로 의존한다.

① 사이버공간의 익명성이 인간 공동체에 위협이 될 수도 있음을 지적한다.
② 유의미한 비교를 하기에는 양자 간의 차이가 너무 크다는 것을 보여준다.
③ 네트워크의 개념이 양자의 비교 근거가 될 만큼 명확하지 않다는 것을 보여준다.
④ 사이버공간과 인간 공동체 간에 있다고 주장된 유사성이 실제로는 없음을 보여준다.
⑤ 사이버공간과 인간 공동체의 공통점으로 거론된 네트워크라는 속성이 유비추리를 뒷받침할 만한 적합성을 갖추지 못했음을 보여준다.

4 다음 글의 내용과 상충하는 것을 모두 고른 것은?

17, 18세기에 걸쳐 각 지역 양반들에 의해 서원이나 사당 건립이 활발하게 진행되었다. 서원이나 사당 대부분은 일정 지역의 유력 가문이 주도하여 자신들의 지위를 유지하고 지역 사회에서 영향력을 행사하는 구심점으로 건립·운영되었다.

이러한 경향은 향리층에게도 파급되어 18세기 후반에 들어서면 안동, 충주, 원주 등에서 향리들이 사당을 신설하거나 중창 또는 확장하였다. 향리들이 건립한 사당은 양반들이 건립한 것에 비하면 얼마 되지 않는다. 하지만 향리들에 의한 사당 건립은 향촌사회에서 향리들의 위세를 짐작할 수 있는 좋은 지표이다.

향리들이 건립한 사당은 그 지역 향리 집단의 공동노력으로 건립한 경우도 있지만, 대부분은 향리 일족 내의 특정한 가계(家系)가 중심이 되어 독자적으로 건립한 것이었다. 이러한 사당은 건립과 운영에 있어서 향리 일족 내의 특정 가계의 이해를 반영하고 있는데, 대표적인 것으로 경상도 거창에 건립된 창충사(彰忠祠)를 들 수 있다.

창충사는 거창의 여러 향리 가운데 신씨가 중심이 되어 세운 사당이다. 영조 4년(1728) 무신란(戊申亂)을 진압하다가 신씨 가문의 다섯 향리가 죽는데, 이들을 추모하기 위해 무신란이 일어난 지 50년이 되는 정조 2년(1778)에 건립되었다. 처음에는 죽은 향리의 자손들이 힘을 모아 사적으로 세웠으나, 10년 후인 정조 12년에 국가에서 제수(祭需)를 지급하는 사당으로 승격하였다.

원래 무신란에서 죽은 향리 중 신씨는 일곱 명이며, 이들의 공로는 모두 비슷하였다. 하지만 두 명의 신씨는 사당에 모셔지지 않았고, 관직이 추증되지도 않았다. 창충사에 모셔진 다섯 명의 향리는 모두 그 직계 자손의 노력에 의한 것이었고, 국가로부터의 포상도 이들의 노력에 의한 것이었다. 반면 두 명의 자손들은 같은 신씨임에도 불구하고 가세가 빈약하여 향촌사회에서 조상을 모실 만큼 힘을 쓸 수 없었다. 향리사회를 주도해 가는 가계는 독점적인 위치를 확고하게 구축하려고 노력하였으며, 사당의 건립은 그러한 노력의 산물이었다.

㉠ 창충사는 양반 가문이 세운 사당이다.
㉡ 양반보다 향리가 세운 사당이 더 많다.
㉢ 양반뿐 아니라 향리가 세운 서원도 존재하였다.
㉣ 창충사에 모셔신 신씨 가문의 향리는 다섯 명이다.

① ㉠㉡
② ㉠㉣
③ ㉢㉣
④ ㉠㉡㉢
⑤ ㉡㉢㉣

5 다음 글을 읽고 추론할 수 없는 내용은?

> 흑체복사(blackbody radiation)는 모든 전자기파를 반사 없이 흡수하는 성질을 갖는 이상적인 물체인 흑체에서 방출하는 전자기파 복사를 말한다. 20℃의 상온에서 흑체가 검게 보이는 이유는 가시영역을 포함한 모든 전자기파를 반사 없이 흡수하고 또한 가시영역의 전자기파를 방출하지 않기 때문이다. 하지만 흑체가 가열되면 방출하는 전자기파의 특성이 변한다. 가열된 흑체가 방출하는 다양한 파장의 전자기파에는 가시영역의 전자기파도 있기 때문에 흑체는 온도에 따라 다양한 색을 띨 수 있다.
>
> 흑체를 관찰하기 위해 물리학자들은 일정한 온도가 유지 되고 완벽하게 밀봉된 공동(空洞)에 작은 구멍을 뚫어 흑체를 실현했다. 공동이 상온일 경우 공동의 내벽은 전자기파를 방출하는데, 이 전자기파는 공동의 내벽에 부딪혀 일부는 반사되고 일부는 흡수된다. 공동의 내벽에서는 이렇게 전자기파의 방출, 반사, 흡수가 끊임없이 일어나고 그 일부는 공동 구멍으로 방출되지만 가시영역의 전자기파가 없기 때문에 공동 구멍은 검게 보인다. 또 공동이 상온일 경우 이 공동 구멍으로 들어가는 전자기파는 공동 안에서 이리저리 반사되다 결국 흡수되어 다시 구멍으로 나오지 않는다. 즉 공동 구멍의 특성은 모든 전자기파를 흡수하는 흑체의 특성과 같다.
>
> 한편 공동이 충분히 가열되면 공동 구멍으로부터 가시영역의 전자기파도 방출되어 공동 구멍은 색을 띨 수 있다. 이렇게 공동 구멍에서 방출되는 전자기파의 특성은 같은 온도에서 이상적인 흑체가 방출하는 전자기파의 특성과 일치한다. 물리학자들은 어떤 주어진 온도에서 공동 구멍으로부터 방출되는 공동 복사의 전자기파 파장별 복사에너지를 정밀하게 측정하여, 전자기파의 파장이 커짐에 따라 복사에너지 방출량이 커지다가 다시 줄어드는 경향을 보인다는 것을 발견하였다.

① 흑체의 온도를 높이면 흑체가 검지 않게 보일 수도 있다.

② 공동의 온도가 올라감에 따라 복사에너지 방출량은 커지다가 줄어든다.

③ 공동을 가열하면 공동 구멍에서 다양한 파장의 전자기파가 방출된다.

④ 흑체가 전자기파를 방출할 때 파장에 따라 복사에너지 방출량이 달라진다.

⑤ 상온으로 유지되는 공동 구멍이 검게 보인다고 공동 내벽에서 방출되는 전자기파가 없는 것은 아니다.

6 다음 글에 나타난 아우구스티누스의 주장에 대한 비판으로 가장 적절하지 않은 것은?

> 신은 전지(全知)·전능(全能)·전선(全善)한 존재라고 여겨진다. 만일 신이 전지하다면 세상에 존재하는 악에 대해 알고 있을 것이고, 그리고 전선하다면 이러한 악을 제거하길 원할 것이고, 또한 전능하다면 그렇게 할 수 있을 것이다. 그렇다면 도대체 왜 세상에 악이 존재하는 것일까? 중세 철학자 아우구스티누스는 이러한 악의 문제를 해결하기 위해 다음과 같이 주장한다. "의지는 스스로 의지하지 않는 한 결코 악해지지 않는다. 의지의 결함은 외부의 악에 의한 것이 아니라 그 자체가 악이다. 이는 신이 부여한 좋은 본성을 저버지고 나쁜 것을 선택했기 때문이다. 탐욕은 황금에 내재되어 있는 악이 아니라, 정의에 어긋나게 황금을 과도하게 사랑하는 사람에게 내재된 악이다. 사치는 아름답고 멋진 대상 자체에 내재된 악이 아니라, 보다 높은 차원의 기쁨을 주는 대상으로 우리를 인도해 주는 절제를 망각하고 과도하게 감각적 즐거움을 탐닉하는 마음의 잘못이다. 그리고 삼위일체에 의해 세상의 모든 사물은 최상의 상태로, 평등하게, 그리고 변하지 않는 선으로 창조됐다. 어떤 대상은 개별적으로 분리해 볼 때 마치 아름다운 그림 속의 어두운 색과 같이 그 자체는 추해 보일 수 있지만, 전체적으로 볼 때 멋진 질서와 아름다움을 갖고 있는 전체 우주의 일부분을 구성하기 때문에, 선한 것이다."

① 다른 사람의 악행의 결과로 고통받는 사람들이 많다.

② 갓 태어난 아기가 선천적 질병으로 죽는 경우가 비일비재하다.

③ 세상에 존재하는 악은 세상을 조화롭고 아름답게 하기에 적당한 정도라고 보기 어렵다.

④ 지진, 홍수, 가뭄과 같은 자연재해에 아무런 책임이 없는 사람들이 이러한 자연재해 때문에 고통받는 경우가 많다.

⑤ 많은 악행에도 불구하고 온갖 권력과 쾌락을 누리다가 죽는 사람들이 있다는 것은 선과 악의 대결에서 항상 선이 승리하는 것만은 아님을 보여 준다.

7 다음 A ~ F에 대한 평가로 적절하지 못한 것은?

어느 때부터 인간으로 간주할 수 있는가와 관련된 주제는 인문학뿐만 아니라 자연과학에서도 흥미로운 주제이다. 특히 태아의 인권 취득과 관련하여 이러한 주제는 다양하게 논의되고 있다. 과학적으로 볼 때, 인간은 수정 후 시간이 흐름에 따라 수정체, 접합체, 배아, 태아의 단계를 거쳐 인간의 모습을 갖추게 되는 수준으로 발전한다. 수정 후에 태아가 형성되는 데까지는 8주 정도가 소요되는데 배아는 2주 경에 형성된다. 10달의 임신 기간은 태아 형성기, 두뇌의 발달 정도 등을 고려하여 4기로 나뉘는데, 1 ~ 3기는 3개월 단위로 나뉘고 마지막 한 달은 4기에 해당한다. 이러한 발달 단계의 어느 시점에서부터 그 대상을 인간으로 간주할 것인지에 대해서는 다양한 견해들이 있다.

A에 따르면 태아가 산모의 뱃속으로부터 밖으로 나올 때 즉 태아의 신체가 전부 노출이 될 때부터 인간에 해당한다. B에 따르면 출산의 진통 때부터는 태아가 산모로부터 독립해 생존이 가능하기 때문에 그때부터 인간에 해당한다. C는 태아가 형성된 후 4개월 이후부터 인간으로 간주한다. 지각력이 있는 태아는 보호받아야 하는데 지각력이 있어서 필수 요소인 전뇌가 2기부터 발달하기 때문이다. D에 따르면 정자와 난자가 합쳐졌을 때, 즉 수정체부터 인간에 해당한다. 그 이유는 수정체는 생물학적으로 인간으로 태어날 가능성을 갖고 있기 때문이다. E에 따르면 합리적 사고를 가능하게 하는 뇌가 생기는 시점 즉 배아에 해당하는 때부터 인간에 해당한다. F는 수정될 때 영혼이 생기기 때문에 수정체부터 인간에 해당한다고 본다.

① A가 인간으로 간주하는 대상은 B도 인간으로 간주한다.
② C가 인간으로 간주하는 대상은 E도 인간으로 간주한다.
③ D가 인간으로 간주하는 대상은 E도 인간으로 간주한다.
④ D가 인간으로 간주하는 대상은 F도 인간으로 간주하지만, 그렇게 간주하는 이유는 다르다.
⑤ 접합체에도 영혼이 존재할 수 있다는 연구결과를 얻더라도 F의 견해는 설득력이 떨어지지 않는다.

8 다음 글을 읽고 추측할 수 있는 연구와 그 결과에 대한 해석이 바르게 짝지어지지 않은 것은?

운석은 소행성 혹은 다른 행성 등에서 떨어져 나온 물체가 지구 표면에 떨어진 것으로 우주에 관한 주요 정보원이다. 1984년 미국의 탐사대가 남극 지역에서 발견하여 ALH84001(이하 ALH)이라고 명명한 주먹 크기의 운석도 그것의 한 예이다. 여러 해에 걸친 분석 끝에 1996년 NASA는 ALH가 화성에서 기원하였으며, 그 속에서 초기 생명의 흔적으로 추정할 수 있는 미세 구조물이 발견되었다는 발표를 하였다.

이 운석이 화성에서 왔다는 증거는 ALH에서 발견된 산소 동위 원소들 간의 구성비였다. 이 구성비는 지구의 암석에서 측정되는 것과는 달랐지만, 화성에서 온 운석으로 알려진 스닉스(SNCs)에서 측정된 것과는 일치했다.

성분 분석 결과에 의하면 스닉스는 화산 활동에서 만들어진 화산암으로, 산소 동위 원소 구성비가 지구의 것과 다르기 때문에 지구의 물질은 아니다. 소행성은 형성 초기에 급속히 냉각되어 화산 활동이 불가능하기 때문에, 지구에 화산암 운석을 보낼 수 있는 천체는 표면이 고체인 금성, 화성, 달 정도다. 그런데 방사성 동위 원소로 측정한 결과 스닉스는 약 10억 년 전에 형성된 것으로 밝혀졌다. 지질학적 분석 결과 그 시기까지 달에는 화산 활동이 없었기 때문에 화산암이 생성될 수가 없었다. 금성과 화성에는 화산 폭발이 있었지만 계산 결과 어떤 화산 폭발도 이들 행성의 중력권 밖으로 파편을 날려 보낼 만큼 강력하지는 않았다. 커다란 운석의 행성 충돌만이 행성의 파편을 우주로 날려 보낼 수 있었을 것이다. 그러나 금성은 농밀한 대기와 큰 중력으로 인해 파편 이탈이 쉽지 않으므로 화성이 유력한 후보로 남게 된다. 그런데 스닉스에서 발견된 모(母)행성 대기의 기체 일부가 바이킹 화성탐사선이 분석한 화성의 대기와 구성 성분이 일치했다. 따라서 스닉스는 화성에서 왔을 것이며, ALH 역시 화성에서 기원했을 것이다. ALH에서 발견된 이황화철(FeS_2)도 화성의 운석에서 흔히 발견되는 성분이다.

ALH의 기원이 밝혀진 이후 이 운석에 대한 본격적인 분석이 시작되었다. 먼저 루비듐(Rb)과 스트론듐(Sr)을 이용한 방사성 연대 측정을 통해 ALH의 나이가 화성과 비슷한 45억 년임이 판명되었다. ALH가 화성을 언제 떠났는지는 우주 복사선 효과를 통해 알 수 있었다. 운석이 우주 공간에 머물 때는 태양과 은하로부터 오는 복사선의 영향으로 새로운 동위 원소인 헬륨3, 네온21 등이 생성되는데, 그들의 생성률과 구성비를 측정하면 운석이 우주 공간에 머문 기간을 추정할 수 있다. ALH는 1,600만 년을 우주 공간에서 떠돌았다. ALH가 지구에 떨어진 시점은 ALH에 포함된 또 다른 동위 원소인 탄소14를 사용해 계산하였다. 측정 결과 ALH는 13,000년 전에 남극에 떨어진 것으로 밝혀졌다.

ALH의 표면에는 갈라진 틈이 있었고, 이 안에서 $20\,\mu m \sim 250\,\mu m$ 크기의 둥근 탄산염 알갱이들이 발견되었다. 탄산염은 물에 의해 생성되거나 생물체의 활동으로부터 만들어질 수 있다. 어느 쪽이든 생명의 존재를 시사한다. 이 탄산염이 혹시 지구로부터 유입되었을 가능성이 있어 연대 측정을 해 본 결과 36억 년 전에 형성된 것이었다. 생물체가 분해될 때 생성되는 탄소 화합물인 '여러고리방향족탄화수소(PAH)'도 검출되었다. PAH 역시 외부 오염 가능성이 제기되었는데, ALH에서 PAH의 분포를 조사할 결과 안쪽으로 갈수록 농도가 증가하였다. 이것으로 외부 오염 가능성을 배제할 수 있었다. 탄산염 안에서 발견된 자철석 결정도 박테리아 내부에서 만들어지는 자철석 입자들이 모여 생성된 것과 그 형태가 흡사했다. 생물체의 존재에 대한 증거는 전자 현미경 분석에서 나왔다. 지구의 박테리아와 형태가 비슷하지만 크기는 매우 작은 25nm~100nm 정도의 미세 구조물들이 탄산염 알갱이에 붙어 있는 것을 확인한 것이다. 연구진은 이상의 분석을 종합해 볼 때, 이것을 36억 년 전 화성에 살았던 미생물이 화석화한 것으로 추정할 수 있다는 결론을 내렸다.

	연구	결과 해석
①	달에 대한 지질학적 분석	스닉스가 달에서 오지 않았다.
②	금성의 중력과 대기 밀도 측정	스닉스가 금성에서 오지 않았다.
③	스닉스의 암석 성분 분석	스닉스가 소행성에서 오지 않았다.
④	스닉스에 포함된 산소 동위 원소 구성비 분석	스닉스가 지구의 것이 아니다.
⑤	스닉스의 형성 연대 측정	스닉스가 우주에서 10억 년 동안 떠돌았다.

9 다음 글에서 추론할 수 있는 내용으로 옳은 것만을 고른 것은?

예술과 도덕의 관계, 더 구체적으로는 예술작품의 미적 가치와 도덕적 가치의 관계는 동서양을 막론하고 사상사의 중요한 주제들 중 하나이다. 그 관계에 대한 입장들로는 '극단적 도덕주의', '온건적 도덕주의', '자율성주의'가 있다. 이 입장들은 예술작품이 도덕적 가치판단의 대상이 될 수 있느냐는 물음에 각기 다른 대답을 한다.

극단적 도덕주의 입장은 모든 예술작품을 도덕적 가치판단의 대상으로 본다. 이 입장은 도덕적 가치를 가장 우선적인 가치이자 가장 포괄적인 가치로 본다. 따라서 모든 예술 작품은 도덕적 가치에 의해서 긍정적으로 또는 부정적으로 평가된다. 또한 도덕적 가치는 미적 가치를 비롯한 다른 가치들보다 우선한다. 이러한 입장을 대표하는 사람이 바로 톨스토이다. 그는 인간의 형제애에 관한 정서를 전달함으로써 인류의 심정적 통합을 이루는 것이 예술의 핵심적 가치라고 보았다.

온건적 도덕주의는 오직 일부 예술작품만이 도덕적 판단의 대상이 된다고 보는 입장이다. 따라서 일부의 예술작품들에 대해서만 긍정적인 또는 부정적인 도덕적 가치판단이 가능하다고 본다. 이 입장에 따르면, 도덕적 판단의 대상이 되는 예술작품의 도덕적 가치와 미적 가치는 서로 독립적으로 성립하는 것이 아니다. 그것들은 서로 내적으로 연결되어 있기 때문에 어떤 예술작품이 가지는 도덕적 장점이 그 예술작품의 미적 장점이 된다. 또한 어떤 예술작품의 도덕적 결함은 그 예술작품의 미적 결함이 된다.

자율성주의는 어떠한 예술작품도 도덕적 가치판단의 대상이 될 수 없다고 보는 입장이다. 이 입장에 따르면, 도덕적 가치와 미적 가치는 서로 자율성을 유지한다. 즉, 도덕적 가치와 미적 가치는 각각 독립적인 영역에서 구현되고 서로 다른 기준에 의해 평가된다는 것이다. 결국 자율성주의는 예술작품에 대한 도덕적 가치판단을 범주착오에 해당하는 것으로 본다.

㉠ 자율성주의는 극단적 도덕주의와 온건한 도덕주의가 모두 범주착오를 범하고 있다고 볼 것이다.
㉡ 극단적 도덕주의는 모든 도덕적 가치가 예술작품을 통해 구현된다고 보지만 자율성주의는 그렇지 않을 것이다.
㉢ 온건한 도덕주의에서 도덕적 판단의 대상이 되는 예술작품들은 모두 극단적 도덕주의에서도 도덕적 판단의 대상이 될 것이다.

① ㉠
② ㉡
③ ㉠㉢
④ ㉡㉢
⑤ ㉠㉡㉢

10 다음에 설명된 '자연적'의 의미를 바르게 적용한 것은?

> 미덕은 자연적인 것이고 악덕은 자연적이지 않은 것이라는 주장보다 더 비철학적인 것은 없다. 자연이라는 단어가 다의적이기 때문이다. '자연적'이라는 말의 첫 번째 의미는 '기적적'인 것의 반대로서, 이런 의미에서는 미덕과 악덕 둘 다 자연적이다. 자연법칙에 위배되는 현상인 기적을 제외한 세상의 모든 사건이 자연적이다. 둘째로, '자연적'인 것은 '흔하고 일상적'인 것을 의미하기도 한다. 이런 의미에서 미덕은 아마도 가장 '비자연적'일 것이다. 적어도 흔하지 않다는 의미에서의 영웅적인 덕행은 짐승 같은 야만성만큼이나 자연적이지 못할 것이다. 세 번째 의미로서, '자연적'은 '인위적'에 반대된다. 행위라는 것 자체가 특정 계획과 의도를 지니고 수행되는 것이라는 점에서, 미덕과 악덕은 둘 다 인위적인 것이라 할 수 있다. 그러므로 '자연적이다', '비자연적이다'라는 잣대로 미덕과 악덕의 경계를 그을 수 없다.

① 수재민을 돕는 것은 첫 번째와 세 번째 의미에서 자연적이다.
② 논개의 살신성인적 행위는 두 번째와 세 번째 의미에서 자연적이지 않다.
③ 내가 산 로또 복권이 당첨되는 일은 첫 번째와 두 번째 의미에서 자연적이지 않다.
④ 벼락을 두 번이나 맞고도 살아남은 사건은 첫 번째와 두 번째 의미에서 자연적이다.
⑤ 개가 낯선 사람을 보고 짖는 것은 두 번째 의미에서는 자연적이지 않지만, 세 번째 의미에서는 자연적이다.

11 다음 글을 읽고 빈칸에 들어갈 알맞은 진술로 가장 적합한 것은?

> '실은 몰랐지만 넘겨짚어 시험의 정답을 맞힌' 경우와 '제대로 알고 시험의 정답을 맞힌' 경우를 구별할 수 있을까? 또 무작정 외워서 쓴 경우와 제대로 이해하고 쓴 경우는 어떤가? 전자와 후자는 서로 다르게 평가받아야 할까, 아니면 동등한 평가를 받는 것이 마땅한가?
>
> 선택형 시험의 평가는 오로지 답안지에 표기된 선택지가 정답과 일치하는가의 여부에만 달려 있다. 이는 위의 첫 번째 물음이 항상 긍정으로 대답되지는 않으리라는 사실을 말해준다. 그러나 만일 시험관이 답안지를 놓고 응시자와 면담할 기회가 주어진다면, 시험관은 응시자에게 그가 정답지를 선택한 근거를 물음으로써 그가 과연 문제에 관해 올바른 정보와 추론 능력을 가지고 있었는지 검사할 수 있을 것이다.
>
> 예를 들어 한 응시자가 '대한민국의 수도가 어디냐?'는 물음에 대해 '서울'이라고 답했다고 하자. 그렇게 답한 이유가 단지 '부모님이 사시는 도시라 이름이 익숙해서'였을 뿐, 정작 대한민국의 지리나 행정에 관해서는 아는 바 없다는 사실이 면접을 통해 드러났다고 하자. 이 경우에 시험관은 이 응시자가 대한민국의 수도에 관한 올바른 정보를 갖고 있다고 인정하기 어려울 것이다. 이 예는 응시자가 올바른 답을 제시하는데 필요한 정보가 부족한 경우이다.
>
> 그렇다면, 어떤 사람이 문제의 올바른 답을 추론해내는 데 필요한 모든 정보를 갖고 있었고 실제로도 정답을 제시했다는 것이, 그가 문제에 대한 올바른 추론 능력을 가지고 있다고 할 필요충분조건이라고 할 수 있는가?
>
> 어느 도난사건을 함께 조사한 홈즈와 왓슨이 사건의 모든 구체적인 세부사항, 예컨대 범행 현장에서 발견된 흙발자국의 토양 성분 등에 관한 정보뿐 아니라 올바른 결론을 내리는 데 필요한 모든 일반적 정보, 예컨대 영국의 지역별 토양의 성분에 관한 정보 등을 똑같이 갖고 있었고, 실제로 동일한 용의자를 범인으로 지목했다고 하자. 이 경우 두 사람의 추론을 동등하게 평가해야 하는가? 그렇지 않다. 예컨대 왓슨은 모든 정보를 완비하고 있었음에도 불구하고, 이름에 모음의 수가 가장 적다는 엉터리 이유로 범인을 지목했다고 하자. 이런 경우에도 우리는 왓슨의 추론에 박수를 보낼 수 있을까? 아니다. 왜냐하면 _____

① 왓슨은 일반적으로 타당한 개인적 경험을 토대로 추론했기 때문이다.

② 왓슨은 올바른 추론의 방법을 알고 있었음에도 불구하고 요행을 우선시했기 때문이다.

③ 왓슨은 추론에 필요한 전문적인 훈련을 받지 못해서 범인을 잘못 골랐기 때문이다.

④ 왓슨은 올바른 추론에 필요한 정보를 가지고 있긴 했지만 그 정보와 무관하게 범인을 지목했기 때문이다.

⑤ 왓슨은 올바른 추론에 필요한 논리적 능력은 갖추고 있음에도 불구하고 범인을 추론하는 데 필요한 관련 정보가 부족했기 때문이다.

12 다음 글의 관점 A ~ C에 대한 평가로 적절한 것만을 고른 것은?

> 위험은 우리의 안전을 위태롭게 하는 실제 사건의 발생과 진행의 총체라고 할 수 있다. 위험에 대해 사람들이 취하는 태도에 대해서는 여러 관점이 존재한다.
>
> 관점 A에 따르면, 위험 요소들은 보편타당한 기준에 따라 계산 가능하고 예측 가능하기 때문에 객관적이고 중립적인 것으로 인식될 수 있다. 그 결과, 각각의 위험에 대해 개인이나 집단이 취하게 될 태도 역시 사고의 확률에 대한 객관적인 정보에 의해서만 결정된다. 하지만 이 관점은 객관적인 발생가능성이 높지 않은 위험을 민감하게 받아들이는 개인이나 사회가 있다는 것을 설명하지 못한다.
>
> 한편 관점 B는 위험에 대한 태도가 객관적인 요소뿐만 아니라 위험에 대한 주관적 인지와 평가에 의해 좌우된다고 본다. 예를 들어 위험이 발생할 객관적인 가능성이 크지 않더라도, 그 위험의 발생을 스스로 통제할 수 없는 경우에 사람들은 더욱 민감하게 반응한다. 그뿐만 아니라 위험을 야기하는 사건이 자신에게 생소한 것이어서 그에 대한 지식이 부족할수록 사람들은 그 사건을 더 위험한 것으로 인식하는 경향이 있다. 하지만 이것은 동일한 위험에 대해 서로 다른 문화와 가치관을 가지고 있는 사회 또는 집단들이 다른 태도를 보이는 이유를 설명하지 못한다.
>
> 이와 관련해 관점 C는 위험에 대한 태도가 개인의 심리적인 과정에 의해서만 결정되는 것이 아니라, 개인이 속한 집단의 문화적 배경에도 의존한다고 주장한다. 예를 들어 숙명론이 만연한 집단은 위험을 통제 밖의 일로 여겨 위험에 대해서 둔감한 태도를 보이게 되며, 구성원의 안전 문제를 다른 무엇보다도 우선시하는 집단은 그렇지 않은 집단보다 위험에 더 민간함 태도를 보이게 될 것이다.

> ㄱ. 관점 A와 달리 관점 B는 위험에 대한 사람들의 태도가 객관적인 요소에 영향을 받지 않는다고 주장한다.
> ㄴ. 관점 B와 관점 C는 사람들이 동일한 위험에 대해서 다른 태도를 보이는 사례를 설명할 수 있다.
> ㄷ. 관점 A는 민주화 수준이 높은 사회일수록 사회 구성원들이 기후변화의 위험에 더 민감한 태도를 보인다는 것을 설명할 수 있지만, 관점 C는 그렇지 않다.

① ㄱ   ② ㄴ

③ ㄱㄷ   ④ ㄴㄷ

⑤ ㄱㄴㄷ

13 다음 글을 통해 추론할 수 있는 내용으로 가장 적절한 것은?

> 카발리는 윌슨이 모계 유전자인 mtDNA 연구를 통해 발표한 인류 진화 가설을 설득력 있게 확인시켜 줄 수 있는 실험을 제안했다. 만약 mtDNA와는 서로 다른 독립적인 유전자 가계도를 통해서도 같은 결론에 도달할 수 있다면 윌슨의 인류 진화에 대한 가설을 강화할 수 있다는 것이다.
>
> 이에 언더힐은 Y염색체를 인류 진화 연구에 이용하였다. 그가 Y염색체를 연구에 이용한 이유가 있다. 그것은 Y염색체가 하나씩 존재하는 특성이 있어 재조합을 일으키지 않고, 그 점은 연구 진행을 수월하게 하기 때문이다. 그는 Y염색체를 사용한 부계 연구를 통해 윌슨이 밝힌 연구 결과와 매우 유사한 결과를 도출했다. 언더힐의 가계도도 윌슨의 가계도와 마찬가지로 아프리카 지역의 인류 원조 조상에 뿌리를 두고 갈라져 나오는 수형도였다. 또 그 수형도는 인류학자들이 상상한 장엄한 떡갈나무가 아니라 윌슨이 분석해 놓은 약 15만 년밖에 안 된 키 작은 나무와 매우 유사하였다.
>
> 별개의 독립적인 연구로 얻은 두 자료가 인류의 과거를 똑같은 모습으로 그려낸다면 그것은 대단한 설득력을 지닌다. mtDNA와 같은 하나의 영역만이 연구된 상태에서는 그 결과가 시사적이기는 해도 결정적이지는 않다. 그 결과의 양상은 단지 DNA의 특정 영역에 일어난 특수한 역사만을 반영하는 것일 수도 있기 때문이다. 하지만 언더힐을 Y염색체에서 유사한 양상을 발견함으로써 그 불완전성은 크게 줄어들었다. 15만 년 전에 아마도 전염병이나 기후 변화로 인해 유전자 다양성이 급격하게 줄어드는 현상이 일어났을 것이다.

① 윌슨의 mtDNA 연구결과는 인류 진화 가설에 대한 결정적인 증거였다.
② 부계 유전자 연구와 모계 유전자 연구를 통해 얻은 각각의 인류 진화 수형도는 매우 비슷하다.
③ 윌슨과 언더힐의 연구결과는 현대 인류 조상의 기원에 대한 인류학자들의 견해를 뒷받침한다.
④ 언더힐은 우리가 갖고 있는 Y염색체 연구를 통해 인류가 아프리카에서 유래했다는 것을 부정했다.
⑤ 언더힐이 Y염색체를 인류 진화 연구에 이용한 것은 염색체 재조합으로 인해 연구가 쉬워졌기 때문이다.

14 다음 글의 내용과 부합하는 것은?

'청렴(淸廉)'은 현대 사회에서 좁게는 반부패와 동의어로 사용되며 넓게는 투명성과 책임성 등을 포괄하는 통합적 개념으로 사용되고 있다. 유학자들은 청렴을 효제와 같은 인륜의 덕목보다는 하위에 두었지만 군자라면 마땅히 지켜야 할 일상의 덕목으로 중시하였다. 조선의 대표적 유학자였던 이황과 이이는 청렴을 사회 규율이자 개인 처세의 지침으로 강조하였다. 특히 공적 업무에 종사하는 사람이라면 사회 규율로서의 청렴이 개인의 처세와 직결된다는 점에 유념해야 한다고 보았다.

청렴에 대한 논의는 정약용의 「목민심서」에서 본격적으로 나타난다. 정약용은 청렴이야말로 목민관이 지켜야 할 근본적인 덕목이며 목민관의 직무는 청렴이 없이는 불가능하다고 강조하였다. 정약용은 청렴을 당위의 차원에서 주장하는 기존의 학자들과 달리 행위자 자신에게 실질적 이익이 된다는 점을 들어 설득하고자 한다. 그는 청렴은 큰 이득이 남는 장사라고 말하면서, 지혜롭고 욕심이 큰 사람은 청렴을 택하지만 지혜가 짧고 욕심이 작은 사람은 탐욕을 택한다고 설명한다. 정약용은 "지자(知者)는 인(仁)을 이롭게 여긴다."라는 공자의 말을 빌려 "지혜로운 자는 청렴함을 이롭게 여긴다."라고 하였다. 비록 재물을 얻는 데 뜻이 있더라도 청렴함을 택하는 것이 결과적으로는 지혜로운 선택이라고 정약용은 말한다. 목민관의 작은 탐욕은 단기적으로 보면 눈앞의 재물을 취하여 이익을 얻을 수 있겠지만 궁극에는 개인의 몰락과 가문의 불명예를 가져올 수 있기 때문이다.

정약용은 청렴을 지키는 것은 두 가지 효과가 있다고 보았다. 첫째, 청렴은 다른 사람에게 긍정적 효과를 미친다. 목민관이 청렴할 경우 백성을 비롯한 공동체 구성원에게 좋은 혜택이 돌아갈 것이다. 둘째, 청렴한 행위를 하는 것은 목민관 자신에게도 좋은 결과를 가져다준다. 청렴은 그 자신의 덕을 높이는 것일 뿐 아니라 자신의 가문에 빛나는 명성과 영광을 가져다줄 것이다.

① 정약용은 청렴이 목민관이 반드시 지켜야 할 덕목임을 당위론 차원에서 정당화하였다.
② 정약용은 탐욕을 택하는 것보다 청렴을 택하는 것이 이롭다는 공자의 뜻을 계승하였다.
③ 정약용은 청렴한 사람은 욕심이 작기 때문에 재물에 대한 탐욕에 빠지지 않는다고 보았다.
④ 정약용은 청렴이 백성에게 이로움을 줄 뿐 아니라 목민관 자신에게도 이로운 행위라고 보았다.
⑤ 이황과 이이는 청렴을 개인의 처세에 있어 주요 지침으로 여겼으나 사회 규율로는 보지 않았다.

15 다음 글의 내용과 부합하지 않는 것은?

> 토크빌이 미국에서 관찰한 정치 과정 가운데 가장 놀랐던 것은 바로 시민들의 정치적 결사였다. 미국인들은 어려서부터 스스로 단체를 만들고 스스로 규칙을 제정하여 그에 따라 행동하는 것을 관습화해왔다. 이에 미국인들은 어떤 사안이 발생할 경우 국가기관이나 유력자의 도움을 받기 전에 스스로 단체를 결성하여 집합적으로 대응하는 양상을 보인다. 미국의 항구적인 지역 자치의 단위인 타운, 시티, 카운티조차도 주민들의 자발적인 결사로부터 형성된 단체였다.
>
> 미국인들의 정치적 결사는 결사의 자유에 대한 완벽한 보장을 기반으로 실현된다. 일단 하나의 결사로 뭉친 개인들은 언론의 자유를 보장받으면서 자신들의 집약된 견해를 널리 알린다. 이러한 견해에 호응하는 지지자들의 수가 점차 늘어날수록 이들은 더욱 열성적으로 결사를 확대해 간다. 그런 다음에는 집회를 개최하여 자신들의 힘을 표출한다. 집회에서 가장 중요한 요소는 대표자를 선출하는 기회를 만드는 것이다. 집회로부터 선출된 지도부는 물론 공식적으로 정치적 대의제의 대표는 아니다. 하지만 이들은 도덕적인 힘을 가지고 자신들의 의견을 반영한 법안을 미리 기초하여 그것이 실제 법률로 제정되게끔 공개적으로 입법부에 압력을 가할 수 있다.
>
> 토크빌은 이러한 정치적 결사가 갖는 의미에 대해 독특한 해석을 펼친다. 그에 따르면, 미국에서는 정치적 결사가 다수의 횡포에 맞서는 보장책으로서의 기능을 수행한다. 미국의 입법부는 미국 시민의 이익을 대표하며, 의회 다수당은 다수 여론의 지지를 받는다. 이를 고려하면 언제든 '다수의 이름으로' 소수를 배제한 입법권의 행사가 가능해짐에 따라 입법 활동에 대한 다수의 횡포가 나타날 수 있다. 토크빌은 이러한 다수의 횡포를 제어할 수 있는 정치 제도가 없는 상황에서 소수 의견을 가진 시민들의 정치적 결사는 다수의 횡포에 맞설 수 있는 유일한 수단이라고 보았다. 더불어 토크빌은 시민들의 정치적 결사가 소수자들이 다수의 횡포를 견제할 수 있는 수단으로 온전히 가능하기 위해서는 도덕의 권위에 호소해야 한다고 보았다. 왜냐하면 힘이 약한 소수자가 호소할 수 있는 것은 도덕의 권위뿐이기 때문이다.

① 미국의 항구적인 지역 자치인 타운은 주민들의 자발적인 결사로부터 시작되었다.

② 미국에서는 정치적 결사를 통해 실제 법률로 제정되게끔 입법부에 압력을 가할 수 있다.

③ 토크빌에 따르면, 다수의 횡포를 견제하기 위해서는 소수자들의 정치적 결사가 도덕의 권위에 맞서야 한다.

④ 토크빌에 따르면, 미국에서는 소수를 배제한 다수의 이름으로 입법권의 행사가 이루어질 수 있다.

⑤ 집회에서 가장 중요한 것은 대표자를 선출하는 기회를 만드는 것이지만 이 대표자는 정치적 대의제의 대표는 아니다.

16 다음 글을 통해 추론할 수 있는 것은?

'핸드오버'란 이동단말기가 이동함에 따라 기존 기지국에서 이탈하여 새로운 기지국으로 넘어 갈 때 통화가 끊기지 않도록 통화 신호를 새로운 기지국으로 넘겨주는 것을 말한다. 이런 핸드오 버는 이동단말기, 기지국, 이동전화교환국 사이의 유무선 연결을 바탕으로 실행된다. 이동단말기 가 기지국에 가까워지면 그 둘 사이의 신호가 점점 강해지는데 반해, 이동단말기와 기지국이 멀 어지면 그 둘 사이의 신호는 점점 약해진다. 이 신호의 세기가 특정값 이하로 떨어지게 되면 핸 드오버가 명령되어 이동단말기와 새로운 기지국 간의 통화 채널이 형성된다. 이 과정에서 이동전 화교환국과 기지국 간 연결에 문제가 발생하면 핸드오버가 실패하게 된다.

핸드오버는 이동단말기와 기지국 간 통화 채널 형성 순서에 따라 '형성 전 단절 방식'과 '단절 전 형성 방식'으로 구분될 수 있다. FDMA와 TDMA에서는 형성 전 단절 방식을, CDMA에서는 단절 전 형성 방식을 사용한다. 형성 전 단절 방식은 이동단말기와 새로운 기지국 간의 통화 채 널이 형성되기 전에 기존 기지국과의 통화 채널을 단절하는 것을 말한다. 이와 반대로 단절 전 형성 방식은 이동단말기와 기존 기지국 간의 통화 채널이 단절되기 전에 새로운 기지국과의 통 화 채널을 형성하는 방식이다. 이런 핸드오버 방식의 차이는 각 기지국이 사용하는 주파수 간 차 이에서 비롯된다. 만약 각 기지국이 다른 주파수를 사용하고 있다면, 이동단말기는 기존 기지국 과의 통화 채널을 미리 단절한 뒤 새로운 기지국에 맞는 주파수를 할당 받은 후 통화 채널을 형 성해야 한다. 그러나 각 기지국이 같은 주파수를 사용하고 있다면, 그런 주파수 조정이 필요 없 으며 새로운 통화 채널을 형성하고 나서 기존 통화 채널을 단절할 수 있다.

① 단절 전 형성 방식의 각 기지국은 서로 다른 주파수를 사용한다.
② 형성 전 단절 방식은 단절 전 형성 방식보다 더 빨리 핸드오버를 명령할 수 있다.
③ 이동단말기와 기존 기지국 간의 통화 채널이 단절되면 핸드오버가 성공한다.
④ CDMA에서는 하나의 이동단말기가 두 기지국과 동시에 통화 채널을 형성할 수 있지만 FDMA 에서는 그렇지 않다.
⑤ 이동단말기 A와 기지국 간 신호 세기가 이동단말기 B와 기지국 간 신호 세기보다 더 작다면 이동단말기 A에서는 핸드오버가 명령되지만 이동단말기 B에서는 핸드오버가 명령되지 않는다.

17 다음은 어떤 단어에 대한 창의적인 해석이다. 이에 해당하는 적절한 단어는?

> 자동차 내비게이션 속에 사는 여자의 이름.
> 경로를 이탈했습니다. 경로를 이탈했습니다. 경로를 이탈했습니다.
> 서너 번만 같은 말을 하고 나면 짜증이 날 법도 한데 한결같은 그 예쁘고 친절한 목소리로 경로를 재탐색하겠다고 한다.
> 인생길에도 같은 이름의 안내자가 필요하다.

① 적극성　　　　　　　　　② 인내
③ 성실　　　　　　　　　　④ 리더십
⑤ 창의

18 다음 글을 통해 알 수 있는 내용으로 적절하지 않은 것은?

> 지구의 여러 곳에서 장기간에 걸친 가뭄, 폭염, 홍수, 폭우 등과 같은 이상 기후가 발생하여 인간에게 큰 피해를 주고 있다. 이러한 이상 기후가 나타나는 원인 중에는 엘니뇨와 라니냐가 있다.
> 평상시에는 적도 부근의 동태평양에 있는 남아메리카 페루 연안으로부터 서쪽으로 무역풍이 지속적으로 분다. 이 무역풍은 동쪽에 있는 따뜻한 표층수를 서쪽 방향으로 운반하기 때문에 따뜻한 해수층의 두께는 서태평양 쪽에서는 두껍고 동태평양 쪽에서는 얇아진다. 이와 함께 남아메리카 페루 연안에서는 서쪽으로 쓸려 가는 표층수의 자리를 메우기 위해 차가운 심층 해수가 아래로부터 올라오는 용승이 일어나게 된다.
> 이 결과 적도 부근 동태평양 페루 연안의 해수면 온도는 같은 위도의 다른 해역보다 낮아지고, 적도 부근 서태평양에서의 표층 해수의 온도는 높아지게 된다. 표층 해수의 온도가 높아지면 해수가 증발하여 공기 중에 수증기의 양이 많아지고, 따뜻한 해수가 공기를 데워 상승 기류를 발생시켜 저기압이 발달하고 구름이 생성된다. 이로 인해 해수 온도가 높은 서태평양에 위치한 동남아시아와 오스트레일리아에는 강수량이 많아진다. 반대로 남아메리카의 페루 연안에는 하강 기류가 발생하여 고기압이 발달하고 맑고 건조한 날씨가 나타난다.

적도 부근 태평양의 무역풍은 2~6년 사이로 그 세기가 변하는데, 이에 따라 적도 부근 태평양의 기후 환경은 달라진다. 무역풍이 평상시보다 약해지면 태평양 동쪽의 따뜻한 표층수를 서쪽으로 밀어내는 힘이 약해진다. 이로 인해, 적도 부근 동태평양의 용승이 약해지며 해수면의 온도는 평상시보다 높아진다. 따뜻한 표층수가 동쪽에 머무르면, 적도 부근 서태평양은 평상시에 비해 해수면의 온도와 해수면의 높이가 낮아지고, 적도 부근 동태평양은 해수면의 온도와 해수면의 높이가 상승하는데 이 현상이 엘니뇨이다. 엘니뇨가 발생하면 인도네시아, 오스트레일리아 등에서는 평상시에 비해 강수량이 감소하여 가뭄이 발생하고, 대규모 산불이 일어나기도 한다. 반면에 페루, 칠레 등에서는 평상시보다 많은 강수량을 보이면서 홍수가 자주 발생하는 등 이상 기후가 나타나게 된다. 　　한편, 무역풍이 평상시보다 강해지면 적도 부근 동태평양의 해수면의 온도와 해수면의 높이가 평상시보다 더 낮아지고 적도 부근 서태평양의 해수면의 온도와 해수면의 높이가 평상시보다 더 높아진다. 이런 현상을 라니냐라고 한다. 라니냐가 발생하면 동남아시아와 오스트레일리아에서는 홍수가 잦아지거나 이상 고온 현상이 나타나기도 하고, 반대로 페루, 칠레 등에서는 평상시보다 더 건조해져 가뭄이 발생할 수 있다. 라니냐가 발생하면 적도 부근 동태평양의 기압은 평상시보다 상승하고 서태평양의 기압은 평상시보다 하강하여 두 지역의 기압차는 평상시보다 더 커진다.

① 적도 부근 서태평양에서 표층 해수의 온도가 높아지면 상승 기류가 발생한다.
② 평상시에 무역풍은 적도 부근 태평양의 표층수를 동쪽에서 서쪽 방향으로 이동시킨다.
③ 동태평양 페루 연안에서 용승이 일어나면 같은 위도의 다른 해역보다 페루 연안의 해수면 온도가 높아진다.
④ 평상시 적도 부근 서태평양에 저기압이 발달하면 적도 부근 서태평양에 위치한 동남아시아의 강수량이 많아진다.
⑤ 평상시에 적도 부근 동태평양의 따뜻한 표층수가 서쪽으로 이동하여 동태평양의 따뜻한 해수층의 두께가 얇아진다.

19 다음 글의 주제를 가장 잘 진술한 것은?

말이 생각의 그릇이라면 그 말을 아름답고 품위 있게 가꾸는 일은 인간의 행동을 바르게 가다듬는 교육의 첫걸음이다. 옛날 선조들이 말을 조심스럽게 가려 쓰는 것을 교육의 제 1과로 삼았던 것도 이 때문이다. 말이 거친 사람의 품성이 포악스럽고, 말을 가려 쓰는 사람의 행동거지가 분명하고 반듯한 것은 동서양을 막론한 고금의 진리이다.

5천 년 역사의 문화 민족이라는 긍지는 고유한 우리말과 이 말을 과학적으로 옮길 수 있는 문자를 가졌다는 자부심과 같은 맥락의 표현이다. 중국이나 만주, 일본 등 강성한 이웃 나라들 틈새에서 우리가 정치적 독립과 고유한 문화를 지키며 살 수 있었던 것은 우리의 말과 글의 힘이 밑받침이 되어 왔기 때문이란 주장은 과장이 아니다. 말이란 그 사회 공동체가 동질성을 가지게 하는 원천이다.

이러한 소중한 우리말 우리글은 예사로이 유지되고 발전되는 것이 아니다. 세종대왕의 한글 창제는 말할 나위 없고 구한말 이래 나라가 존망의 위기에 처했을 때 말과 글을 지키기 위한 선각자들의 피나는 노력은 민족 수난의 극복이라는 투쟁의 한 단원으로 기록되어 있다. 일제 강점 때 조선어학회 사건으로 이희승, 최현배 등 수많은 학자들이 옥고를 치르고 이윤재, 한징 등이 옥사한 예는 다른 나라 역사에서는 찾기 어려운 우리의 자랑스러운 언어 수호 운동의 기록이다.

올해 문화의 달 10월에 '이 달의 문화 인물'로 환산 이윤재를 뽑은 것은 시사하는 바가 크다. 오늘날 우리 국민들의 나태하고 방만한 생활 중에는 언어생활의 규범이 깨어져 고운말, 존댓말과 바른 어법이 실종된 현상을 첫손가락으로 꼽아야 한다. 외래어, 비속어가 남용되는가 하면 학교, 가정, 사회 어디서나 제대로 된 존댓말이나 바른 어법의 품위 있는 말솜씨를 찾아보기 어렵다. 이런 혼돈의 언어생활이 국민 정서를 거칠게 하고, 특히 청소년들의 분별없고 경망스런 행동을 부추기는 원인이 된다.

더욱이 우리는 최근 자주 대하게 되는 북한 주민들이나 연변 동포의 말이 같은 우리말이면서도 심한 이질감을 느끼게 되는 데에 놀라고 있다. 북한은 오래 전부터 평양말을 문화어라 해서 표준말로 쓰고 있으며, 연변 동포들이 이를 따라 썼기 때문이다. 전체주의 체제가 언어의 경직화, 규격화를 가져왔고 그로 인해 그들의 말이 더욱 이질화되었던 것이다. 이런 상태로 통일이 이루어진다면 가장 심각한 남북 간의 갈등은 바로 언어의 이질화일 가능성도 배제할 수 없다.

문화의 달에 특히 우리가 새겨야 할 것은 우리말 우리글을 소중하게 생각하고 이를 지키기 위해 애쓴 선열들의 노고에 감사하는 일이다. 그것은 가정, 학교, 사회에서 바르고 품의 있는 언어생활을 가르쳐 온 국민들이 프랑스 국민처럼 우리말에 대한 자랑과 긍지를 갖게 하는 일이 될 것이다. 후세 국민들을 지혜롭고 예절 바르게 키우고 민족 통일을 대비하는 첫째 과제가 바른말 쓰기 운동의 시작임을 한글날을 기해 감히 제언한다.

① 고유한 언어와 문자를 가진 민족은 문화 민족이다.
② 우리말을 수호하기 위해 많은 선각자들이 희생되었다.
③ 통일에 대비하여 언어의 이질화를 막기 위한 노력이 필요하다.
④ 통일에 대비하고 후세를 바르게 키우려면 바른말 쓰기부터 가르쳐야 한다.
⑤ 국제적으로 어려운 시기에 우리말 우리글에 대한 자긍심은 크나큰 힘이 된다.

20 다음 글의 내용과 가장 부합하는 진술은?

> 여행을 뜻하는 서구어의 옛 뜻에 고역이란 뜻이 들어 있다는 사실이 시사하듯이 여행은 금리생활자들의 관광처럼 속 편한 것만은 아니다. 그럼에도 불구하고 고생스러운 여행이 보편적인 심성에 호소하는 것은 일상의 권태로부터의 탈출과 해방의 이미지를 대동하고 있기 때문일 것이다. 술 익는 강마을의 저녁노을은 '고약한 생존의 치욕에 대한 변명'이기도 하지만 한편으로는 그 치욕으로부터의 자발적 잠정적 탈출의 계기가 되기도 한다. 그리고 그것은 결코 가볍고 소소한 일이 아니다. 직업적 나그네와는 달리 보통 사람들은 일상생활에 참여하고 잔류하면서 해방의 순간을 간접 경험하는 것이다. 인간 삶의 난경은, 술 익는 강마을의 저녁노을을 생존의 치욕을 견디게 할 수 있는 매혹으로 만들어 주기도 하는 것이다.

① 여행은 고생으로부터의 해방이다.
② 금리생활자들이 여행을 하는 것은 고약한 생존의 치욕에 대한 변명을 위해서이다.
③ 윗글에서 '보편적인 심성'이라는 말은 문맥으로 보아 여행은 고생스럽다는 생각을 가리키는 것이다.
④ 사람들은 여행에서 일시적인 해방을 맛본다.
⑤ 여행은 금리생활자들의 관광처럼 편안하고 고된 일상으로부터의 탈출과 해방을 안겨준다.

21 다음 서식을 보고 빈칸에 들어갈 알맞은 단어를 고른 것은?

納品(장착) 확인서

1. 제   품   명 : 슈퍼터빈(연료과급기)
2. 회   사   명 : 서원각
3. 사업자등록번호 : 123-45-67890
4. 주   소 : 경기도 고양시 일산서구 가좌동 846
5. 대   표   자 : 정 확 한
6. 공 급 받 는 자 : (주) 소정 코리아
7. 납품(계약)단가 : 일금 이십육만원정(₩ 260,000)
8. 납품(계약)금액 : 일금 이백육십만원정(₩ 2,600,000)
9. 장착차량 현황

차종	연식	차량번호	사용연료	규격(size)	수량	비고
스타렉스			경유	72mm	4	
카니발			경유		2	
투싼			경유	56mm	2	
야무진			경유		1	
이스타나			경유		1	
합계					10	₩2,600,000

 귀사 제품 슈퍼터빈을 테스트한 결과 연료절감 및 매연저감에 효과가 있으므로 당사 차량에 대해 (　　) 장착하였음을 확인합니다.

        납 품 처 : (주)소정 코리아
     사업자등록번호 : 987-65-43210
        상   호 : (주)소정 코리아
        주   소 : 서울시 강서구 가양동 357-9
        대   표   자 : 장 착 해

① 일절   ② 일체
③ 전혀   ④ 반품
⑤ 환불

22 다음 제시된 내용을 토대로 관광회사 직원들이 추론한 내용으로 가장 적합한 것은?

세계여행관광협의회(WTTC)에 따르면 2016년 전 세계 국내총생산(GDP) 총합에서 관광산업이 차지한 직접 비중은 2.7%이다. 여기에 고용, 투자 등 간접적 요인까지 더한 전체 비중은 9.1%로, 금액으로 따지면 6조 3,461억 달러에 이른다. 직접 비중만 놓고 비교해도 관광산업의 규모는 자동차 산업의 2배이고 교육이나 통신 산업과 비슷한 수준이다. 아시아를 제외한 전 대륙에서는 화학 제조업보다도 관광산업의 규모가 큰 것으로 나타났다.

서비스 산업의 특성상 고용을 잣대로 삼으면 그 차이는 더욱 더 벌어진다. 지난해 전세계 관광산업 종사자는 9,800만 명으로 자동차 산업의 6배, 화학 제조업의 5배, 광업의 4배, 통신 산업의 2배로 나타났다. 간접 고용까지 따지면 2억 5,500만 명이 관광과 관련된 일을 하고 있어, 전 세계적으로 근로자 12명 가운데 1명이 관광과 연계된 직업을 갖고 있는 셈이다. 이러한 수치는 향후 2~3년간은 계속 유지될 것으로 보인다. 실제 백만 달러를 투입할 경우, 관광산업에서는 50명분의 일자리가 추가로 창출되어 교육 부문에 이어 두 번째로 높은 고용 창출효과가 있는 것으로 조사되었다.

유엔세계관광기구(UNWTO)의 장기 전망에 따르면 관광산업의 성장은 특히 한국이 포함된 동북아시아에서 두드러질 것으로 예상된다. UNWTO는 2010년부터 2030년 사이 이 지역으로 여행하는 관광객이 연평균 9.7% 성장하여 2030년 5억 6,500명이 동북아시아를 찾을 것으로 전망했다. 전 세계 시장에서 차지하는 비율도 현 22%에서 2030년에는 30%로 증가할 것으로 예측했다.

그런데 지난해 한국의 관광산업 비중(간접 분야 포함 전체 비중)은 5.2%로 세계 평균보다 훨씬 낮다. 관련 고용자수(간접 고용 포함)도 50만 3,000여 명으로 전체의 2%에 불과하다. 뒤집어 생각하면 그만큼 성장의 여력이 크다고 할 수 있다.

① 상민 : 2016년 전 세계 국내총생산(GDP) 총합에서 관광산업이 차지한 직접 비중을 금액으로 따지면 2조 달러가 넘는다.
② 대현 : 2015년 전 세계 통신 산업의 종사자는 자동차 산업의 종사자의 약 3배 정도이다.
③ 동근 : 2017년 전 세계 근로자 수는 20억 명을 넘지 못한다.
④ 수진 : 한국의 관광산업 수준이 간접 고용을 포함하는 고용 수준에서 현재의 세계 평균 수준 비율과 비슷해지려면 3백억 달러 이상을 관광 산업에 투자해야 한다.
⑤ 영수 : 2020년에는 동북아시아를 찾는 관광객의 수가 연간 약 2억 8,000명을 넘을 것이다.

23 다음 글을 읽고 알 수 있는 내용으로 가장 적절한 것은?

> 어떤 시점에 당신만이 느끼는 어떤 감각을 지시하여 'W'라는 용어의 의미로 삼는다고 하자. 그 이후에 가끔 그 감각을 느끼게 되면, "W라고 불리는 그 감각이 나타났다."고 당신은 말할 것이다. 그렇지만 그 경우에 당신이 그 용어를 올바로 사용했는지 그렇지 않은지를 어떻게 결정할 수 있는가? 만에 하나 첫 번째 감각을 잘못 기억할 수도 있을 것이고, 혹은 실제로는 단지 희미하고 어렴풋한 유사성밖에 없는데도 첫 번째 감각과 두 번째 감각 사이에 밀접한 유사성이 있는 것으로 착각할 수도 있다. 더구나 그것이 착각인지 아닌지를 판단할 근거가 없다. 만약 "W"라는 용어의 의미가 당신만이 느끼는 그 감각에만 해당한다면, "W"라는 용어의 올바른 사용과 잘못된 사용을 구분할 방법은 어디에도 없게 될 것이다. 올바른 적용에 관해 결론을 내릴 수 없는 용어는 아무런 의미도 갖지 않는다.

① 본인만이 느끼는 감각을 지시하는 용어는 아무 의미도 없다.
② 어떤 용어도 구체적 사례를 통해서 의미를 얻게 될 수 없다.
③ 감각을 지시하는 용어는 사용하는 사람에 따라 상대적인 의미를 갖는다.
④ 감각을 지시하는 용어의 의미는 그것이 무엇을 지시하는가와 아무 상관이 없다.
⑤ 감각을 지시하는 용어의 의미는 다른 사람들과 공유하는 의미로 확장될 수 있다.

24 다음 글을 읽고 이 글을 뒷받침할 수 있는 주장으로 가장 적합한 것은?

> X선 사진을 통해 폐질환 진단법을 배우고 있는 의과대학 학생을 생각해 보자. 그는 암실에서 환자의 가슴을 찍은 X선 사진을 보면서, 이 사진의 특징을 설명하는 방사선 전문의의 강의를 듣고 있다. 그 학생은 가슴을 찍은 X선 사진에서 늑골뿐만 아니라 그 밑에 있는 폐, 늑골의 음영, 그리고 그것들 사이에 있는 아주 작은 반점들을 볼 수 있다. 하지만 처음부터 그럴 수 있었던 것은 아니다. 첫 강의에서는 X선 사진에 대한 전문의의 설명을 전혀 이해하지 못했다. 그가 가리키는 부분이 무엇인지, 희미한 반점이 과연 특정질환의 흔적인지 전혀 알 수가 없었다. 전문의가 상상력을 동원해 어떤 가상적 이야기를 꾸며내는 것처럼 느껴졌을 뿐이다. 그러나 몇 주 동안 이론을 배우고 실습을 하면서 지금은 생각이 달라졌다. 그는 문제의 X선 사진에서 이제는 늑골 뿐 아니라 폐와 관련된 생리적인 변화, 흉터나 만성 질환의 병리학적 변화, 급성질환의 증세와 같은 다양한 현상들까지도 자세하게 경험하고 알 수 있게 될 것이다. 그는 전문가로서 새로운 세계에 들어선 것이고, 그 사진의 명확한 의미를 지금은 대부분 해석할 수 있게 되었다. 이론과 실습을 통해 새로운 세계를 볼 수 있게 된 것이다.

① 관찰은 배경지식에 의존한다.
② 과학에서의 관찰은 오류가 있을 수 있다.
③ 과학 장비의 도움으로 관찰 가능한 영역은 확대된다.
④ 관찰정보는 기본적으로 시각에 맺혀지는 상에 의해 결정된다.
⑤ X선 사진의 판독은 과학데이터 해석의 일반적인 원리를 따른다.

25 다음 글을 이해한 내용으로 적절하지 않은 것은?

스프링클러는 물을 약제로 사용하여 화재 초기에 화세를 제어할 목적으로 천장에 설치되는 고정식 소화 설비로, 수원과 연결된 배관, 가압 송수 장치, 제어 장치, 헤드로 구성되어 있다. 스프링클러가 설치된 건물에서 화재가 발생하면, 정상 상태에서는 방수구를 막고 있던 헤드의 감열체가 온도를 감지하고 헤드로부터 이탈하면서 연소물과 그 주변에 물이 분사되어 화세를 제어할 수 있게 된다.

스프링클러가 화세를 제어하는 원리는 물의 냉각 작용을 통해 연소물로부터 열을 흡수하여 온도를 발화점 미만으로 떨어뜨리는 것이다. 어떤 물질 1kg의 온도를 1℃ 올리는 데 드는 열량을 비열이라 하고 액체가 기화하여 기체로 될 때 흡수하는 열을 증발 잠열이라고하는데, 물은 끓는점이 100℃, 비열이 1kcal/kg·℃, 증발 잠열이 539kcal/kg로서 다른 어느 물질보다도 큰 열 흡수 능력을 가지고 있다. 20℃의 물 1kg이 완전히 증기로 변할 때, 물은 온도를 끓는점까지 올리기 위한 80kcal의 열량에 이를 증기로 변하게 하기 위한 539kcal의 열량을 더하여 총 619kcal를 흡수할 수 있게 된다. 화재가 일어나 분당 6,000kcal의 열량이 방출되고 있어 물의 냉각 작용만을 통해 화세를 제어하고자 한다면, 20℃의 물을 분당 10kg 내보내면 물이 증발하면서 총 6,190kcal를 흡수할 수 있으므로 연소물로부터 방출되는 열량을 흡수하여 화세를 제어하고 불을 끌 수 있게 된다.

스프링클러가 화세를 제어하는 또 다른 원리는 물의 증기 팽창을 통해 공기 중 물질의 농도를 희석시키거나 연소물에 얇은 막을 형성하여 산소를 차단하는 것이다. 20℃ 물의 비부피는 0.001m³/kg이고 100℃ 증기의 비부피는 1,673m³/kg로서 물이 증기가 되면서 부피가 약 1,600배 이상 팽창된다. 이러한 증기 팽창은 공기 중 산소의 농도와 가연물이 되는 가연성 증기의 농도를 희석시켜 연소를 억제하는 효과를 준다. 증기 팽창에 의한 작용을 극대화하기 위해서는 물의 증발 효율을 높여야 하는데 이를 위해서는 물 입자의 크기를 작게 만들어 단위 부피당 표면적을 크게 하는 것이 필요하다. 그리고 물방울의 입자를 더욱 작은 미립자로 분무할 경우에는 매우 얇은 막의 형성을 뜻하는 에멀전(emulsion) 효과가 발생한다. 유류 화재와 같이 물이 소화제로서 적합하지 않은 상황에서도 미세한 물 입자를 이용한 분무는, 물이 유류 표면에 얇은 막을 형성할 수 있도록 해 준다. 이렇게 형성된 얇은 막은 산소를 차단하여 질식소화의 효과를 발휘하게 한다. 이러한 원리를 바탕으로 스프링클러가 화재 초기에 화세를 제어하게 되면, 연소의 진행으로 인해 쌓인 가연성 가스가 폭발하여 화재 공간 전체가 화염에 휩싸이는 데 이르는 시간을 지연시킬 수 있다. 또한 실내 거주자가 화재에 견딜 수 있는 상황을 만들어 주기 때문에 피난 시간을 확보할 수 있게 된다. 그리고 스프링클러가 온도를 감지하여 자동으로 작동하는 특성은 야간이나 유동 인원이 적은 공간에서도 화재 감지 및 경보, 소화를 할 수 있게 해 준다는 점에서 의의를 지닌다.

① 물 입자의 단위 부피당 표면적이 클수록 증발 효율이 높다.

② 25℃의 물 1kg이 증기로 변하면 총 614kcal의 열량을 흡수할 수 있다.

③ 연소물에서 방출되는 열량보다 물이 흡수하는 열량이 더 크면 화세를 제어할 수 있다.

④ 스프링클러가 화재 초기에 화세를 제어하면 실내 거주자의 피난 시간을 확보할 수 있다.

⑤ 스프링클러를 통해 방출되는 물의 온도가 낮아지면 연소물로부터 흡수할 수 있는 열량이 적어진다.

26 다음 글을 읽고 이 글에서 설명하고 있는 '사전조치'의 개념과 다른 내용은?

> 개인이나 사회는 장기적으로 최선인 일을 의지박약, 감정, 충동, 고질적 습관, 중독 그리고 단기적 이익추구 등의 이유로 인해 수행하지 못하는 경우가 많다. 예컨대 많은 사람들이 지금 담배를 끊는 것이 자신의 건강을 위해서 장기적으로 최선이라고 판단함에도 불구하고 막상 담배를 피울 수 있는 기회에 접하게 되면 의지박약으로 인해 담배를 피우는 경우가 많다. 이런 경우 개인이나 사회는 더 합리적으로 행동하기 위해서 행위자가 가질 수 있는 객관적인 기회를 제한하거나 선택지를 줄임으로써 의지박약이나 충동 또는 단기적 이익 등에 따라 행동하는 것을 방지할 수 있다. 이런 조치를 '사전조치'라 한다.

① 알코올 중독자가 금주를 목적으로 인근 수십 킬로미터 안에 술을 파는 곳이 없는 깊은 산속으로 이사를 하였다.

② 술에 취할 때마다 헤어진 애인에게 전화를 하는 남학생이 더 이상 그녀에게 전화를 하지 않기 위해 자신의 핸드폰 번호를 변경하였다.

③ 가정 내에서 TV를 통한 미성년자의 등급 외 상영물 시청을 제한하기 위해 TV에 성인물 시청 시 비밀번호를 입력하도록 하는 장치를 설치하였다.

④ 군것질 버릇이 있는 영화배우가 최근 캐스팅된 영화 촬영을 앞두고 몸 관리를 위해 매니저에게 자신의 숙소에 있는 모든 군것질 거리를 치우도록 하였다.

⑤ 국회는 향후 집권당과 정부가 선거에서 유권자의 표를 구할 목적으로 단기적으로만 효과를 발휘하는 통화금융정책을 시행할 위험을 막기 위해서 이자율과 통화량에 대한 결정권을 독립된 중앙은행에 이양하는 법률을 제정하였다.

27 어느 날 팀장이 다음 자료를 보여주면서 "올해 렌터카 회사와 계약을 하는데, 그 쪽에서 요금표를 보내 주었다."며 "6개월을 사용하면 어떻게 되는지 자네가 검토해서 퇴근 전에 구두로 보고해 달라."고 하신다. 귀하가 팀장에게 보고할 내용으로 가장 적합한 것은 무엇인가?

요금제	기본요금	추가요금
A	1개월 150,000원	초과 1개월당 100,000원
B	3개월 170,000원	초과 1개월당 200,000원

① 암산으로 계산해 보니 A요금은 600,000원, B요금은 800,000원이 나옵니다.
② 이면지에 계산해 보니 A요금이나 B요금이나 6개월 사용하면 똑같습니다.
③ 요금제를 검토해 보니 A요금이 B요금보다 저렴해서 A요금제를 추천합니다.
④ 계산기로 계산해 보니 A요금이 B요금보다 비싸서 B요금제로 추천합니다.
⑤ 박 대리한테 물어보니 A요금이나 B요금이나 비슷하다고 합니다.

28 다음 글을 논리적으로 바르게 배열한 것은?

> (가) 오늘날까지 인류가 알아낸 지식은 한 개인이 한 평생 체험을 거듭할지라도 그 몇 만분의 일도 배우기 어려운 것이다.
> (나) 가령, 무서운 독성을 가진 콜레라균을 어떠한 개인이 먹어 보아서 그 성능을 증명하려 하면, 그 사람은 그 지식을 얻기 전에 벌써 죽어 버리고 말게 될 것이다.
> (다) 지식은 그 종류와 양이 무한하다.
> (라) 또 지식 중에는 체험으로써 배우기에는 너무 위험한 것도 많다.
> (마) 그러므로 체험만으로써 모든 지식을 얻으려는 것은 매우 졸렬한 방법일 뿐 아니라, 거의 불가능한 일이라 하겠다.

① (다)(가)(라)(나)(마)
② (다)(라)(가)(나)(마)
③ (가)(다)(나)(마)(라)
④ (가)(나)(라)(마)(다)
⑤ (가)(다)(마)(나)(라)

29 귀하는 정기간행물을 발간하는 중소기업에서 편집디자이너로 일하고 있다. 걸핏하면 "이건 당신의 책임 아니냐"고 질책하는 팀장으로 인해 스트레스가 쌓인 귀하는 어느 날 편집디자이너의 작업명세서라는 것을 뒤져 보았더니 다음과 같은 책임이 있는 것으로 나왔다. 용기를 얻은 귀하는 자료를 근거로 팀장에게 소명하려고 하는데, 다음 중 귀하가 할 주장으로 가장 적절한 것은?

직무 수행에 있어서의 책임과 한계

1. 컴퓨터 및 주변기기를 항상 최적의 상태로 유지관리하고, 소프트웨어의 오류에 의한 간단한 기기 고장은 보수하여야 한다.
2. 자재 및 소모품에 관한 관리를 철저히 하여 원가절감을 기하고, 제품의 불량이 발생할 경우 불량 원인을 분석하여 재발방지를 위한 대책을 세워야 한다.
3. 인쇄 공정 별 책임자의 작업 지시에 따라 수행하는 작업내용과 진행상황을 서류나 구두로 보고하고, 인쇄원고의 보관관리는 물론 기밀유지의 책임이 있다.
4. 컴퓨터, 주변기기, 각종 공구 등을 사용할 때 부주의로 인한 안전사고가 일어나지 않도록 각자가 조심하여야 하고, 공정 진행상의 주의 소홀로 야기되는 공정 지연 등이 되지 않도록 노력하여야 한다.
5. 오탈자에 대한 최종 교정책임을 진다.
6. 사진이 잘못 게재된 것에 대한 책임을 진다.

---

① 보세요. 초상권을 침해한 것은 사진사 잘못이지, 그게 왜 제 책임입니까?
② 보세요. 글 쓴 사람이 오탈자를 잡아야지, 제가 그런 것까지 할 여유가 어디 있습니까?
③ 보세요. 인쇄소로 넘겼으면 끝난 거지. 왜 제가 작업 진행까지 파악해야 합니까?
④ 보세요. 컴퓨터가 파손되었다고 저한테 말씀하시면 너무한 것 아닙니까?
⑤ 보세요. 소프트웨어의 업데이트 오류까지 제가 일일이 확인해야 합니까?

30 다음 글의 (   ) 안에 들어갈 말을 순서대로 바르게 나열한 것은?

차용증서

제1조 : 채권자 "갑"은 20○○년 ○○월 ○○일에 금 ○○만 원을 채무자 "을"에게 빌려주고 채
　　　　무자 "을"은 이것을 차용하였다.

제2조 : 차용금의 변제기한은 20○○년 ○○월 ○○일로 한다.

제3조 : 1) 이자는 월 ○○푼의 비율로 하고 매월 ○○일까지 지불하기로 한다.

　　　　2) 원리금의 변제를 지체했을 때에는 채무자는 일변 ○○리의 비율에 의한 지연손실금
　　　　　 을 (㉠)해서 지불해야 한다.

제4조 : 채무의 변제는 채권자 현재의 주소 또는 지정장소에 지참 또는 송금하여 지불한다.

제5조 : 채무자 "을"이 다음의 어느 하나에 해당하는 경우에 있어서는 채권자 "갑"으로부터의 통
　　　　지, 최고 등이 없이도 당연히 기한의 이익을 잃고 채무 전부를 즉시 변제한다.

　　　　① 본 건 이자의 지불을 ○○개월분 이상 (㉡)했을 때

　　　　② 다른 채무 때문에 강제집행, 집행보전처분을 받거나, 파산 또는 경매의 신청이 있었
　　　　　 을 때

제6조 : 채무자 "을"은 그 채무불이행 시에는 그의 전 재산에 대해 곧 강제집행에 따를 것을 (
　　　　㉢)했다.

	㉠	㉡	㉢
①	가산	체납	승낙
②	가산	지체	승낙
③	가산	체납	거부
④	감산	지체	승낙
⑤	감산	체납	거부

31 다음 글을 통해 알 수 없는 것은?

> 동아시아 삼국에 외국인이 집단적으로 장기 거주함에 따라 생활의 편의와 교통통신을 위한 근대적 편의시설이 갖춰지기 시작하였다. 이른바 문명의 이기로 불린 전신, 우편, 신문, 전차, 기차 등이 그것이다. 민간인을 독자로 하는 신문은 개항 이후 새롭게 나타난 신문물 가운데 하나이다. 신문(新聞) 혹은 신보(新報)라는 이름부터가 그렇다. 물론 그 전에도 정부 차원에서 관료들에게 소식을 전하는 관보가 있었지만 오늘날 우리가 사용하는 의미에서의 신문은 여기서부터 비롯된다.
>
> 1882년 서양 선교사가 창간한 「The Universal Gazette」의 한자 표현이 '천하신문'인 데서 알 수 있듯, 선교사들은 가제트를 '신문'으로 번역했다. 이후 신문이란 말은 "마카오의 신문지를 참조하라."거나 "신문관을 설립하자"는 식으로 중국인들이 자발적으로 활발하게 사용하기 시작했다.
>
> 상업이 발달한 중국 상하이와 일본 요코하마에서는 각각 1851년과 1861년 영국인에 의해 영자신문이 창간되어 유럽과 미국 회사들에 필요한 정보를 제공했고, 이윽고 이를 모델로 하는 중국어, 일본어 신문이 창간되었다. 상하이 최초의 중국어 신문은 영국의 민간회사 자림양행에 의해 1861년 창간된 「상하이신보」다. 거기에는 선박의 출입일정, 물가정보, 각종 광고 등이 게재되어 중국인의 필요에 부응했다. 이 신문은 'ㅇㅇ신보'라는 용어의 유래가 된 신문이다. 중국에서 자국인에 의해 발행된 신문은 1874년 상인 황타오에 의해 창간된 중국어 신문 「순후안일보」가 최초이다. 이것은 오늘날 '△△일보'라는 용어의 유래가 된 신문이다.
>
> 한편 요코하마에서는 1864년 미국 영사관 통역관이 최초의 일본어 신문 「카이가이신문」을 창간하면서 일본 국내외 뉴스와 광고를 게재했다. 1871년 처음으로 일본인에 의해 일본어 신문인 「요코하마마이니치신문」이 창간되었고, 이후 일본어 신문 창간의 붐이 있었다.
>
> 개항 자체가 늦었던 조선에서는 정부 주도하에 1883년 외교를 담당하던 통리아문 박문국에서 최초의 근대적 신문 「한성순보」를 창간했다. 그러나 한문으로 쓰인 「한성순보」와는 달리 그 후속으로 1886년 발행된 「한성주보」는 국한문혼용을 표방했다. 한글로 된 최초의 신문은 1896년 독립협회가 창간한 「독립신문」이다. 1904년 영국인 베델과 양기탁 등에 의해 「대한매일신보」가 영문판 외에 국한문 혼용판과 한글 전용판을 발간했다. 그밖에 인천에서 상업에 종사하는 사람들을 위한 정보를 알려주는 신문 등 다양한 종류의 신문이 등장했다.

① 중국 상하이와 일본 요코하마에서 창간된 영자신문은 서양 선교사들이 주도적으로 참여하였다.

② 개항 이전에는 관료를 위한 관보는 있었지만, 민간인 독자를 대상으로 하는 신문은 없었다.

③ 'ㅇㅇ신보'나 '△△일보'란 용어는 민간이 만든 신문들의 이름에서 기인한다.

④ 일본은 중국보다 자국인에 의한 자국어 신문을 먼저 발행하였다.

⑤ 개항 이후 외국인의 필요에 의해 발행된 신문이 있었다.

32 다음 글을 통해 알 수 있는 내용이 아닌 것은?

오늘날 인류가 왼손보다 오른손을 선호하는 경향은 어디서 비롯되었을까? 무기를 들고 싸우는 결투에서 오른손잡이는 왼손잡이 상대를 만나 곤혹을 치르곤 한다. 왼손잡이 적수가 무기를 든 왼손은 뒤로 감춘 채 오른손을 내밀어 화해의 몸짓을 보이다가 방심한 틈에 공격을 할 수도 있다. 그러나 이런 상황이 왼손에 대한 폭넓고 뿌리 깊은 반감을 다 설명해 준다고는 생각하지 않는다. 예컨대 그런 종류의 겨루기와 거의 무관했던 여성들의 오른손 선호는 어떻게 설명할 것인가?

오른손을 귀하게 여기고 왼손을 천대하는 현상은 어쩌면 산업화 이전 사회에서 배변 후 사용할 휴지가 없었다는 사실과 관련이 있을 법하다. 인류 역사에서 대부분의 기간 동안 배변 후 뒤처리를 담당한 것은 맨손이었다. 맨손으로 배변 뒤처리를 하는 것은 불쾌할뿐더러 병균을 옮길 위험을 수반하는 일이었다. 이런 위험의 가능성을 낮추는 간단한 방법은 음식을 먹거나 인사할 때 다른 손을 사용하는 것이었다. 기술 발달 이전의 사회에서는 대개 왼손을 배변 뒤처리에, 오른손을 먹고 인사하는 일에 사용했다. 이런 전통에서 벗어난 행동을 보면 사람들은 기겁하지 않을 수 없었다. 오른손과 왼손의 역할 분담에 관한 관습을 따르지 않는 어린아이는 벌을 받았을 것이다.

나는 이런 배경이 인간 사회에서 널리 나타나는 '오른쪽'에 대한 긍정과 '왼쪽'에 대한 반감을 어느 정도 설명해 줄 수 있으리라고 생각한다. 그러나 이 설명은 왜 애초에 오른손이 먹는 일에, 그리고 왼손이 배변 처리에 사용되었는지 설명해 주지 못한다. 확률로 말하자면 왼손이 배변 처리를 담당하게 될 확률은 1/2이다. 그렇다면 인간 사회 가운데 절반 정도는 왼손잡이 사회였어야 할 것이다. 그러나 동서양을 막론하고 왼손잡이 사회는 확인된 바 없다. 세상에는 왜 온통 오른손잡이 사회들뿐인지에 대한 근본적인 설명은 다른 곳에서 찾아야 할 것 같다.

한쪽 손을 주로 쓰는 경향은 뇌의 좌우반구의 기능 분화와 관련되어 있는 것으로 보인다. 보고된 증거에 따르면, 왼손잡이는 읽기와 쓰기, 개념적·논리적 사고 같은 좌반구 기능에서 오른손잡이보다 상대적으로 미약한 대신 상상력, 패턴 인식, 창의력 등 전형적인 우반구 기능에서는 상대적으로 기민한 경우가 많다.

비비원숭이의 두개골 화석을 연구함으로써 오스트랄로피테쿠스가 어느 손을 즐겨 썼는지를 추정할 수 있다. 이들이 비비원숭이를 몽둥이로 때려서 입힌 상처의 흔적이 남아 있기 때문이다. 연구에 따르면 오스트랄로피테쿠스는 약 80%가 오른손잡이였다. 이는 현대인과 거의 일치한다. 사람이 오른손을 즐겨 쓰듯 다른 동물들도 앞발 중에 더 선호하는 쪽이 있는데, 포유류에 속하는 동물들은 대개 왼발을 즐겨 쓰는 것으로 나타났다. 이들 동물에서도 뇌의 좌우반구 기능은 인간과 본질적으로 다르지 않으며, 좌우반구의 신체 제어에서 좌우 교차가 일어난다는 점도 인간과 다르지 않다.

왼쪽과 오른쪽의 대결은 인간이라는 종의 먼 과거까지 거슬러 올라간다. 나는 이성 대 직관의 힘겨루기, 뇌의 두 반구 사이의 힘겨루기가 오른손과 왼손의 힘겨루기로 표면화된 것이 아닐까 생각한다. 즉 오른손이 원래 왼손보다 더 능숙했기 때문이 아니라 뇌의 좌반구가 인간의 행동을 지배하는 권력을 갖게 되었기 때문에 오른손 선호에 이르렀다는 생각이다. 그리고 이것이 사실이라면 직관적 사고에 대한 논리적 비판은 거시적 관점에서 그 타당성을 의심해 볼 만하다. 어쩌면 뇌의 우반구 역시 좌반구의 권력을 못마땅하게 여기고 있는지도 모른다. 다만 논리적인 언어로 반론을 펴지 못할 뿐.

① 위생에 관한 관습은 명문화된 규범 없이도 형성될 수 있다.

② 직관적 사고보다 논리적 사고가 인간의 행위를 더 강하게 지배해 왔다고 볼 수 있다.

③ 인류를 제외한 대부분의 포유류의 경우에는 뇌의 우반구가 좌반구와의 힘겨루기에서 우세하다고 볼 수 있다.

④ 먹는 손과 배변을 처리하는 손이 다르게 된 이유는 먹는 행위와 배변 처리 행위에 요구되는 뇌 기능이 다르기 때문이다.

⑤ 왼손을 천대하는 관습이 가져다 주는 이익이 있다고 해서 오른손잡이가 왼손잡이보다 압도적으로 많은 이유가 설명되는 것은 아니다.

33 다음 글을 통해 알 수 없는 내용은?

> 희생제의란 신 혹은 초자연적 존재에게 제물을 바침으로써 인간 사회에서 발생하는 중요한 문제를 해결하려는 목적으로 이루어지는 의례를 의미한다. 이 제의에서는 제물이 가장 중요한 구성 요소인데, 이때 제물은 제사를 올리는 인간들과 제사를 받는 대상 사이의 유대 관계를 맺게 해주어 상호 소통할 수 있도록 매개하는 역할을 수행한다.
>
> 희생제의의 제물, 즉 희생제물의 대명사로 우리는 '희생양'을 떠올린다. 이는 희생제물이 대게 동물일 것이라고 추정하게 하지만, 희생제물에는 인간도 포함된다. 인간 집단은 안위를 위협하는 심각한 위기 상황을 맞게 되면, 이를 극복하고 사회 안정을 회복하기 위해 처녀나 어린아이를 제물로 바쳤다. 이러한 사실은 인신공희(人身供犧) 설화를 통해 찾아볼 수 있다. 이러한 설화에서 인간들은 신이나 괴수에게 처녀나 어린아이를 희생제물로 바쳤다.
>
> 희생제의는 원시사회의 산물로 머문 것이 아니라 아주 오랫동안 동서양을 막론하고 여러 문화권에서 지속적으로 행해져 왔다. 이에 희생제의의 기원이나 형식을 밝히기 위한 종교현상학적 연구들이 시도되어 왔다. 그리고 인류학적 연구에서는 희생제의에 나타난 인간과 문화의 본질에 대한 탐색이 있어 왔다. 인류학적 관점의 대표적인 학자인 지라르는 「폭력과 성스러움」, 「희생양」 등을 통해 인간 사회의 특징, 사회 갈등과 그 해소 등의 문제를 '희생제의'와 '희생양'으로 설명했다.
>
> 인간은 끊임없이 타인과 경쟁하고 갈등하는 존재이다. 이러한 인간들 간의 갈등은 공동체 내에서 무차별적이면서도 심각한 갈등 양상으로 치닫게 되고 극도의 사회적 긴장 관계를 유발한다. 이때 다수의 사회 구성원들은 사회 갈등을 희생양에게 전이시켜 사회 갈등을 해소하고 안정을 되찾고자 하였다는 것이 지라르 논의의 핵심이다.
>
> 희생제의에서 희생제물로서 처녀나 어린아이가 선택되는 경우가 한국뿐 아니라 많은 나라에서도 발견된다. 처녀와 어린아이에게는 인간 사회의 세속적이고 부정적인 속성이 깃들지 않았다는 관념이 오래 전부터 지배적이었기 때문이다. 그러나 지라르는 근본적으로 이들이 희생제물로 선택된 이유를, 사회를 주도하는 주체인 성인 남성들이 스스로 일으킨 문제를 자신들이 해결하지 않고 사회적 역할 차원에서 자신들과 대척점에 있는 타자인 이들을 희생양으로 삼았기 때문인 것으로 설명하였다.

① 종교현상학적 연구는 인간 사회의 특성과 사회 갈등 형성 및 해소를 희생제의와 희생양의 관계를 통해 설명한다.

② 지라르에 의하면 다수의 사회 구성원들은 사회 갈등을 희생양에게 전이시킴으로써 사회 안정을 이루고자 하였다.

③ 희생제물을 통해 위기를 극복하고 사회의 안정을 회복하고자 한 의례 행위는 동양에 국한된 것이 아니다.

④ 지라르에 따르면 희생제물인 처녀나 어린아이들은 성인 남성들과 대척점에 있는 존재이다.

⑤ 인신공희 설화에서 희생제물인 어린아이들은 인간들과 신 혹은 괴수 간에 소통을 매개한다.

34 다음 글을 읽고 바르게 추론한 것을 고르면?

> 청소년기에 또래집단으로부터의 압력은 흡연의 대표적인 원인이다. 우리나라 청소년의 대부분이 친구의 권유를 통해 처음 담배를 접하게 된다는 통계 결과가 이를 뒷받침한다. 청소년기의 흡연은 심각한 문제인데 한 통계에 따르면 우리나라 고등학생의 40%가 흡연을 경험하며 성인 흡연자의 대부분이 흡연을 시작한 시기가 청소년기라고 한다.
>
> 한편, 흡연행동과 그에 따른 니코틴 중독을 야기하는 유전적 원인에 초점이 모아지고 있다. 흡연에 관한 쌍둥이 연구자료, 유전자 조사기법 등을 종합한 연구에 의하면 흡연자와 비흡연자를 결정하는 중요한 원인 중 하나는 도파민이라는 신경전달물질을 생산하는 유전자와 관련이 있는 것으로 알려지고 있다. 도파민은 뇌의 쾌락중추를 자극하는 역할을 하는데 이 도파민이 많이 분비되는 유전자형을 가진 사람이 그렇지 않은 사람에 비해 흡연을 적게 한다는 증거가 있다.

① 우리나라 성인 흡연자의 40%는 청소년기에 흡연을 시작하였다.

② 폐암 발생률을 감소시키기 위해 금연 교육프로그램을 개발하여야 한다.

③ 청소년의 흡연율을 낮추면 성인 흡연율도 장기적으로 낮아질 가능성이 높다.

④ 도파민 분비를 억제시키는 약물을 개발한다면 금연에 도움을 줄 수 있을 것이다.

⑤ 부모가 흡연을 할 경우 자녀에게 부모의 흡연사실을 감춘다면 그 자녀가 흡연할 확률을 낮추는 것이 가능하다.

35 다음 글에서 추론할 수 있는 내용만을 모두 고른 것은?

'도박사의 오류'라고 불리는 것은 특정 사건과 관련 없는 사건을 관련 있는 것으로 간주했을 때 발생하는 오류이다. 예를 들어, 주사위 세 개를 동시에 던지는 게임을 생각해 보자. 첫 번째 던지기 결과는 두 번째 던지기 결과에 어떤 영향도 미치지 않으며, 이런 의미에서 두 사건은 서로 상관이 없다. 마찬가지로 10번의 던지기에서 한 번도 6의 눈이 나오지 않았다는 것은 11번째 던지기에서 6의 눈이 나온다는 것과 아무런 상관이 없다. 그럼에도 불구하고, 우리는 "10번 던질 동안 한 번도 6의 눈이 나오지 않았으니, 이번 11번째 던지기에는 6의 눈이 나올 확률이 무척 높다."라고 말하는 경우를 종종 본다. 이런 오류를 '도박사의 오류 A'라고 하자. 이 오류는 지금까지 일어난 사건을 통해 미래에 일어날 특정 사건을 예측할 때 일어난다.

하지만 반대 방향도 가능하다. 즉, 지금 일어난 특정 사건을 바탕으로 과거를 추측하는 경우에도 오류가 발생한다. 다음 사례를 생각해보자. 당신은 친구의 집을 방문했다. 친구의 방에 들어가는 순간, 친구는 주사위 세 개를 던지고 있었으며 그 결과 세 개의 주사위에서 모두 6의 눈이 나왔다. 이를 본 당신은 "방금 6의 눈이 세 개가 나온 놀라운 사건이 일어났다는 것에 비춰볼 때, 내가 오기 전에 너는 주사위 던지기를 무척 많이 했음에 틀림없다."라고 말한다. 당신은 방금 놀라운 사건이 일어났다는 것을 바탕으로 당신 친구가 과거에 주사위 던지기를 많이 했다는 것을 추론한 것이다. 하지만 이것도 오류이다. 당신이 방문을 여는 순간 친구가 던진 주사위들에서 모두 6의 눈이 나올 확률은 매우 낮다. 하지만 이 사건은 당신 친구가 과거에 주사위 던지기를 많이 했다는 것에 영향을 받은 것이 아니다. 왜냐하면 문을 열었을 때 처음으로 주사위 던지기를 했을 경우에 문제의 사건이 일어날 확률과, 문을 열기 전 오랫동안 주사위 던지기를 했을 경우에 해당 사건이 일어날 확률은 동일하기 때문이다. 이 오류는 현재에 일어난 특정 사건을 통해 과거를 추측할 때 일어난다. 이를 '도박사의 오류 B'라고 하자.

㉠ 인태가 당첨 확률이 매우 낮은 복권을 구입했다는 사실로부터 그가 구입한 그 복권은 당첨되지 않을 것이라고 추론하는 것은 도박사의 오류 A이다.

㉡ 은희가 오늘 구입한 복권에 당첨되었다는 사실로부터 그녀가 오랫동안 꽤 많은 복권을 구입했을 것이라고 추론하는 것은 도박사의 오류 B이다.

㉢ 승민이가 어제 구입한 복권에 당첨되었다는 사실로부터 그가 구입했던 그 복권의 당첨 확률이 매우 높았을 것이라고 추론하는 것은 도박사의 오류 A가 아니며 도박사의 오류 B도 아니다.

① ㉠

② ㉡

③ ㉠㉢

④ ㉡㉢

⑤ ㉠㉡㉢

36 다음 글을 읽고 가장 옳게 말한 사람은?

> 바이러스의 감염방식은 두 가지인데 바이러스는 그들 중 하나의 감염방식으로 감염된다. 첫 번째 감염방식은 뮤-파지 방식이라고 불리는 것이고, 다른 하나는 람다-파지라고 불리는 방식이다. 바이러스 감염 경로는 다양하다. 가령 뮤-파지 방식에 의해 감염되는 바이러스는 주로 호흡기와 표피에 감염되지만 중추신경계에는 감염되지 않는다. 반면 람다-파지 방식으로 감염되는 바이러스는 주로 중추신경계에 감염되지만 호흡기와 표피에 감염되는 종류도 있다.
>
> 바이러스의 형태는 핵산을 둘러싸고 있는 캡시드의 모양으로 구별하는데 이 형태들 중에서 많이 발견되는 것이 나선형, 원통형, 이십면체형이다. 나선형 바이러스는 모두 뮤-파지 방식으로 감염되고, 원통형 바이러스는 모두 람다-파지 방식으로 감염된다. 그러나 이십면체형 바이러스는 때로는 뮤-파지 방식으로, 때로는 람다-파지 방식으로 감염된다. 작년 가을 유행했던 바이러스 X는 이십면체형이 아닌 것으로 밝혀졌고, 람다-파지 방식으로 감염되었다. 올해 기승을 부리면서 우리를 위협하고 있는 바이러스 Y는 바이러스 X의 변종인데 그 형태와 감염방식은 X와 동일하다.

① 갑 : 바이러스 X는 원통형뿐이다.
② 을 : 바이러스 X는 호흡기에 감염되지 않는다.
③ 병 : 바이러스 Y는 호흡기에만 감염된다.
④ 정 : 바이러스 Y는 나선형이 아니다.
⑤ 무 : 나선형이면서 중추신경계에 감염되는 바이러스가 있다.

37 다음 글을 순서대로 바르게 배열한 것은?

> ㉠ 적응의 과정은 북쪽의 문헌이나 신문을 본다든지 텔레비전, 라디오를 시청함으로써 이루어
> 질 수 있는 극복의 원초적 단계이다.
> ㉡ 이질성의 극복을 위해서는 이질화의 원인을 밝히고 이를 바탕으로 해서 그것을 극복하는 단
> 계로 나아가야 한다. 극복의 문제도 단계를 밟아야 한다. 일차적으로는 적응의 과정이 필요
> 하다.
> ㉢ 남북의 언어가 이질화되었다고 하지만 사실은 그 분화의 연대가 아직 반세기에도 미치지 않
> 았고 맞춤법과 같은 표기법은 원래 하나의 뿌리에서 갈라진 만큼 우리의 노력 여하에 따라
> 서는 동질성의 회복이 생각 밖으로 쉬워질 수 있다.
> ㉣ 문제는 어휘의 이질화를 어떻게 극복할 것인가에 귀착된다. 우리가 먼저 밟아야 할 절차는
> 이질성과 동질성을 확인하는 일이다.

① ㉡-㉠-㉢-㉣

② ㉡-㉢-㉣-㉠

③ ㉢-㉣-㉡-㉠

④ ㉣-㉡-㉢-㉠

⑤ ㉣-㉢-㉡-㉠

38 다음 서식을 보고 ㉠과 ㉡에 들어갈 내용을 바르게 짝지은 것은?

거래명세표

견적명	컴퓨터 / 주변기기 납품
견적일자	2018년 8월 1일
㈜WK엔터테인먼트 (귀하)	

아래와 같이 견적합니다.

공급자	등록번호	123－45－67890		
	상호	㈜서원각	성명	다파라
	주소	경기 고양시 일산서구 가좌동 123		
	(㉠)	도매 및 소매업		
	업종	컴퓨터 및 주변장치, 소프트웨어 도매업		

공급가액 합계		일금 육백십이만원정 (₩ 6,120,000)			
품명	규격	수량	단가	공급가액	비고
모니터	A형	5	360,000	1,800,000	
본체	B형	5	(㉡)	2,600,000	
프린터	C형	2	360,000	720,000	
주변기기	D형	5	200,000	1,000,000	
합계		17	1,440,000	6,120,000	

특기사항
1. 부가세 포함
2. 계약금 10%
3. 본 견적서는 견적일부터 30일간 유효합니다.

① ㉠ 종목, ㉡ 280,000 ② ㉠ 사업, ㉡ 320,000
③ ㉠ 업체, ㉡ 450,000 ④ ㉠ 업태, ㉡ 520,000
⑤ ㉠ 기업, ㉡ 650,000

39 다음 글을 읽고 이에 대한 설명으로 옳지 않은 것은?

⑺ 남자는 여자보다 평균수명이 짧고 사망률도 전반적으로 높다. 남자는 각종 사고에 더 많이 노출되어 있고 살해당하거나 자살할 확률이 여자보다 거의 세 배나 높다. 동물과 마찬가지로 남자들이 짝을 얻기 위해 더 위험한 전략을 많이 구사하는 것이 그 원인이다. 이러한 경쟁 때문에 영원히 짝짓기에 실패하는 경우가 남자 쪽에 더 많이 나타난다. 어느 사회에서든 짝 없이 평생을 지내는 노총각이 노처녀보다 더 많다.

⑻ 미국에서 1960년대 후반과 1970년대에 있었던 성해방 풍조하에서는 여성들이 성을 마음껏 표현하고 남자들의 맹세를 심각하게 요구하지 않으면서 성관계에 동의하는 현상을 보였다. 이때는 베이비붐 세대의 여자들에 해당하는 연상의 남자 수가 적었던 시기이다. 남자 수가 적은 짝짓기 환경에서 여자들은 건강을 유지하기 위해 노력을 더 많이 하고 자신의 성적 재산을 남자를 유혹하기 위해 기꺼이 내놓기도 하며 외모를 더 나아 보이게 하기 위해 치열하게 경쟁한다.

⑼ 다수의 남자들이 소수의 여자들을 두고 경쟁해야 할 때는 상황이 여자에게 유리하게 바뀐다. 남자들은 매력적인 여자를 유혹하기 위해 재산을 모으려 노력하고 아버지가 되는 투자를 자청하게 되므로 결혼생활이 안정적으로 유지된다. 그러나 남자의 비율이 높다고 모든 상황이 여자에게 유리하게 되는 것은 아니다. 남자의 비율이 높으면 결혼한 여자들은 선택의 여지가 많아져서 가정을 떠나겠다는 위협이 더 큰 효력을 발휘하게 된다. 이는 남자들의 질투심을 자극하여 아내를 통제하기 위한 위협과 폭력, 그리고 자신의 짝을 유혹하려는 다른 남자에 대한 폭력을 증가시킨다.

⑽ 여자들은 지위가 높고 재산이 많은 남자를 선호하기 때문에 젊은 남자들은 보통 여자의 공급이 부족한 세계에 살게 된다. 그래서 젊은 남자들은 성폭력이나 구타, 살인과 같은 위험한 전략을 구사하는 경우가 많다. 남자들이 이러한 위험을 잘 극복하고 재산과 지위를 가지게 되면 성비는 남자 쪽에 유리하게 된다. 그들이 선택할 수 있는 잠재적인 여자들의 집합도 커지고 짝짓기 시장에서의 그들의 가치도 올라가게 된다. 그들은 일시적인 연애나 혼외정사, 그리고 반복적인 결혼이나 일부다처제의 형식을 통해 다양한 짝을 유혹할 수 있게 된다. 그러나 어떤 연령대이든 짝으로서의 바람직한 자질을 갖추지 못한 남자들은 이러한 혜택을 얻지 못하거나 짝짓기에서 완전히 배제되기도 한다.

① ⑺~⑽는 짝짓기를 위한 동성 간의 경쟁이 어떻게 전개되는지를 설명하고 있다.
② ⑻~⑽는 수요와 공급의 원리에 근거하여 사회현상을 해석하고 있다.
③ ⑺, ⑼, ⑽는 남자들이 짝짓기 경쟁에서 더 큰 위험에 노출됨을 말하고 있다.
④ ⑺, ⑽에서는 남자의 입장이, ⑻에서는 여자의 입장이 강조되고 있다.
⑤ ⑺, ⑼는 짝짓기 경쟁으로 인하여 성비의 불균형이 발생한다고 보고 있고, ⑻, ⑽는 성비이 불균형으로 인하여 짝짓기 경쟁이 발생한다고 보고 있다.

40 다음 글을 읽고 '이것'에 대한 설명으로 가장 적절한 것은?

> 미국 코넬 대학교 심리학과 연구팀은 본교 32명의 여대생을 대상으로 미국의 식품산업 전반에 대한 의견 조사를 실시하였다. '텔레비전에 등장하는 음식 광고가 10년 전에 비해 줄었는지 아니면 늘었는지'를 중심으로 여러 가지 질문을 던졌다. 모든 조사가 끝난 후 설문에 참가한 여대생들에게 다이어트 여부에 대한 추가 질문을 하였다. 식사량에 신경을 쓰고 있는지, 지방이 많은 음식은 피하려고 노력하고 있는지 등에 대한 질문들이었다. 현재 다이어트에 신경 쓰고 있는 여대생들은 그렇지 않은 여대생보다 텔레비전의 식품 광고가 더 늘었다고 인식한 분석 결과가 나타났다. 이들은 서로 다른 텔레비전 프로그램을 봤기 때문일까? 물론 그렇지 않다. 이유는 간단하다. 다이어트를 하는 여대생들은 음식에 대한 '<u>이것</u>'으로 세상을 보고 있었기 때문이다.
>
> 코넬 대학교 연구팀은 미국의 한 초등학교 교사와 교직원을 대상으로 아동들이 직면하고 있는 위험 요소가 5년 전에 비하여 증가했는지 감소했는지 조사했다. 그런 다음 응답자들에게 신상 정보를 물었는데, 그 중 한 질문이 첫 아이가 태어난 연도였다. 그 5년 사이에 첫 아이를 낳은 응답자와 그렇지 않은 응답자의 위험 지각 정도를 비교했다. 그 기간 동안에 부모가 된 교사와 직원들이, 그렇지 않은 사람들에 비해 아이들이 직면한 위험 요소가 훨씬 더 늘었다고 답했다. 부모가 되는 순간 세상을 위험한 곳으로 인식하기 시작하는 것이다. 그런 이유로 이들은 영화나 드라마에 등장하는 'F'로 시작하는 욕도 더 예민하게 받아들인다. 이 점에 대해 저널리스트 엘리자베스 오스틴은 이렇게 지적한다. "부모가 되고 나면 영화, 케이블 TV, 음악 그리고 자녀가 없는 친구들과의 대화 중에 늘 등장하는 비속어에 매우 민감해진다." 이처럼 우리가 매일 보고 듣는 말이나 그 내용은 개개인의 '<u>이것</u>'에 의해 결정된다.

① 자기 자신의 관심에 따라 세상을 규정하는 사고방식이다.
② 자기 자신에 의존하여 자신이 모든 것을 결정하려고 하는 욕구이다.
③ 특정한 부분에 순간적으로 집중하여 선택적으로 지각하는 능력이다.
④ 자기 자신의 경험과 인식이 정확하고 객관적이라고 믿는 입장이다.
⑤ 어떤 일에 깊이 몰입해서 자기 자신을 분명하게 자각하려는 태도이다.

1 한 마을에 약국이 A, B, C, D, E 다섯 군데가 있다. 다음의 조건에 따를 때 문을 연 약국에 해당하는 곳이 바르게 나열된 것은?

> • A와 B 모두 문을 열지는 않았다.
> • A가 문을 열었다면, C도 문을 열었다.
> • A가 문을 열지 않았다면, B가 문을 열었거나 C가 문을 열었다.
> • C는 문을 열지 않았다.
> • D가 문을 열었다면, B가 문을 열지 않았다.
> • D가 문을 열지 않았다면, E도 문을 열지 않았다.

① A   ② B

③ A, E   ④ D, E

⑤ B, D, E

2 윗마을에 사는 남자는 참말만 하고 여자는 거짓말만 한다. 아랫마을에 사는 남자는 거짓말만 하고 여자는 참말만 한다. 이 마을들에 사는 이는 남자거나 여자이다. 윗마을 사람 두 명과 아랫마을 사람 두 명이 다음과 같이 대화하고 있을 때, 반드시 참인 것은?

> 갑 : 나는 아랫마을에 살아.
> 을 : 나는 아랫마을에 살아. 갑은 남자야.
> 병 : 을은 아랫마을에 살아. 을은 남자야.
> 정 : 을은 윗마을에 살아. 병은 윗마을에 살아.

① 갑은 윗마을에 산다.   ② 갑과 을은 같은 마을에 산다.

③ 을과 병은 다른 마을에 산다.   ④ 을, 병, 정 가운데 둘은 아랫마을에 산다.

⑤ 이 대화에 참여하고 있는 이들은 모두 여자이다.

3 다음의 내용에 따라 두 번의 재배정을 한 결과, 병이 홍보팀에서 수습 중이다. 다른 신입사원과 최종 수습부서를 바르게 연결한 것은?

신입사원을 뽑아서 1년 동안의 수습 기간을 거치게 한 후, 정식사원으로 임명을 하는 한 회사가 있다. 그 회사는 올해 신입사원으로 2명의 여자 직원 갑과 을, 그리고 2명의 남자 직원 병과 정을 뽑았다. 처음 4개월의 수습기간 동안 갑은 기획팀에서, 을은 영업팀에서, 병은 총무팀에서, 정은 홍보팀에서 각각 근무하였다. 그 후 8개월 동안 두 번의 재배정을 통해서 신입사원들은 다른 부서에서도 수습 중이다. 재배정할 때마다 다음의 세 원칙 중 한 가지 원칙만 적용되었고, 같은 원칙은 다시 적용되지 않았다.

〈원칙〉
1. 기획팀에서 수습을 거친 사람과 총무팀에서 수습을 거친 사람은 서로 교체해야 하고, 영업팀에서 수습을 거친 사람과 홍보팀에서 수습을 거치 사람은 서로 교체한다.
2. 총무팀에서 수습을 거친 사람과 홍보팀에서 수습을 거친 사람만 서로 교체한다.
3. 여성 수습사원만 서로 교체한다.

① 갑 - 총무팀
② 을 - 영업팀
③ 을 - 총무팀
④ 정 - 영업팀
⑤ 정 - 총무팀

4 ㈎ ~ ㈑의 유형 구분에 사용되었을 두 가지 기준을 〈보기〉에서 고른 것으로 가장 적절한 것은?

한 범죄학자가 미성년자 대상 성범죄자의 프로파일을 작성하기 위해 성범죄자를 A 기준과 B 기준에 따라 네 유형으로 분류하였다.

A 기준	B 기준	
	㈎	㈏
	㈐	㈑

㈎ 유형은 퇴행성 성범죄자로, 평소에는 정상적으로 성인과 성적 교류를 하지만 실직이나 이혼 등과 같은 실패를 경험하는 경우에 어려움을 극복하는 기술이 부족하여 일시적으로 미성년 여자를 대상으로 성매매 등의 성적 접촉을 시도한다. 이들은 흔히 내향적이며 정상적인 결혼생활을 하고 있고 거주지가 일정하다.

㈏ 유형은 미성숙 성범죄자로, 피해자의 성별에 대한 선호를 보이지 않는다. 정신적, 심리적 문제를 가진 경우가 많고 주위 사람들로부터 따돌림을 당해서 대부분 홀로 생활한다. 이들의 범행은 주로 성폭행과 성추행의 형태로 나타나는데, 일시적이고 충동적인 면이 있다.

㈐ 유형은 고착성 성범죄자로, 선물이나 금전 등으로 미성년자의 환심을 사기 위해 장기간에 걸쳐 노력을 기울인다. 발달 과정의 한 시점에 고착되었기 때문에 10대 후반부터 미성년자를 성적 대상으로 삼는 행동을 보인다. 성인과의 대인관계를 어려워하며, 생활과 행동에서 유아적인 요소를 보이는 경우가 많다.

㈑ 유형은 가학성 성범죄자로, 공격적이고 반사회적인 성격을 가진다. 전과를 가진 경우가 많고, 피해자를 해치는 경우가 많으며, 공격적 행동을 통하여 성적 쾌감을 경험한다. 어린 미성년 남자를 반복적으로 범죄 대상으로 선택하는 경우가 많다.

㉠ 미성년자 선호 지속성   ㉡ 내향성
㉢ 공격성   ㉣ 성별 선호

① ㉠㉡   ② ㉠㉢
③ ㉡㉢   ④ ㉡㉣
⑤ ㉢㉣

5 다음 글을 읽고 이 글에 대한 설명으로 옳지 않은 것은?

> 소연이가 집에서 회사까지 출근을 하는 방법은 지하철을 이용하는 방법, 버스를 이용하는 방법, 자가용을 이용하는 것이다. 길이 전혀 막히지 않을 경우는 지하철을 이용하는 경우 40분, 버스를 이용하는 경우 30분, 자가용을 이용하는 경우 20분이 소요된다. 그리고 지하철 이용비용은 1,000원, 버스 이용비용은 1,200원, 자가용 이용비용은 5,000원이 든다. 이때 출근시간이 20분까지는 추가비용이 없지만 20분 초과부터는 1분이 추가될 때마다 추가비용 300원씩 든다고 가정한다.
>
> 그런데 차가 막힐 경우에는 지하철 비용과 소요시간은 변함이 없고, 버스는 비용은 변함없지만 소요시간이 50분으로 늘어나며, 자가용은 기름값도 추가로 3,000원 발생하고 소요시간도 40분으로 늘어나게 된다. 이때 출근시간에 막힐 확률은 월요일과 금요일 50%이고, 화요일과 수요일, 목요일은 30%이다. 그리고 가끔 특근을 하는 경우 토요일과 일요일은 차가 전혀 막히지 않는다.

① 토요일과 일요일에는 지하철을 타고 출근하는 것이 가장 비경제적이다.
② 월요일에는 지하철을 타고 출근하는 것이 가장 경제적이다.
③ 화요일은 버스를 타고 출근하는 것이 가장 경제적이다.
④ 토요일과 일요일을 제외한 평일에는 자가용을 타고 출근하는 것이 가장 비경제적이다.
⑤ 수요일에는 지하철을 타고 가는 것과 버스를 타고 가는 것 사이의 비용 차이가 1,200원 이상 발생한다.

6 다음 글에서 의열단 내의 변절자는 모두 몇 명인가?

> 일본 경찰의 지속적인 추적으로 인하여 다수의 의열단원이 체포되는 상황이 벌어졌다. 의열단의 단장인 약산 김원봉 선생은 의열단 내 변절자가 몇 명이나 되는지 알아보고자 세 명의 간부에게 물었다.
> 간부 1 : 서른 명 이상입니다.
> 간부 2 : 제 생각은 다릅니다. 서른 명보다는 적습니다.
> 간부 3 : 아닙니다. 적어도 한 명 이상입니다.
> 다만, 약산 김원봉 선생은 세 명의 간부는 모두 변절자가 아니지만, 오직 한 명만 상황을 정확히 파악하고 있다는 것을 알고 있다.

① 0명
② 1명
③ 3명
④ 5명
⑤ 30명 이상

7 다음 글의 내용이 참이라고 할 때 〈보기〉의 문장 중 반드시 참인 것만을 바르게 나열한 것은?

우리는 사람의 인상에 대해서 "선하게 생겼다." 또는 "독하게 생겼다."라는 판단을 할 뿐만 아니라 사람의 인상을 중요시한다. 오래 전부터 사람의 얼굴을 보고 그 사람의 길흉을 판단하는 관상의 원리가 있었다. 관상의 원리를 어떻게 받아들여야 할까?

관상의 원리가 받아들일 만하다면, 얼굴이 검붉은 사람은 육체적 고생을 하기 마련이다. 그런데 우리는 주위에서 얼굴이 검붉지만 육체적 고생을 하지 않고 편하게 살아가는 사람을 얼마든지 볼 수 있다. 관상의 원리가 받아들일 만하다면, 우리가 사람의 얼굴에 대해서 갖는 인상이란 한갓 선입견에 불과한 것이 아니다. 사람의 인상이 평생에 걸쳐 고정되어 있다고 할 수 있는 경우에만 관상의 원리는 받아들일 만하다. 또한 관상의 원리가 받아들일 만하지 않다면, 관상의 원리에 대한 과학적 근거를 찾으려는 노력은 헛된 것이다. 실제로 많은 사람들이 관상의 원리가 과학적 근거를 가질 것이라고 기대한다. 그런데 우리는 자주 관상가의 판단이 받아들일 만하다고 느끼고, 그런 느낌 때문에 관상의 원리가 과학적 근거를 가질 것이라고 기대하는 것이다. 관상의 원리가 실제로 과학적 근거를 갖는지의 여부는 논외로 하더라도, 관상의 원리에 대하여 과학적 근거가 있을 것이라고 기대하는 사람은 관상의 원리에 의존하는 것이 우리의 삶에 위안을 주는 필요조건 중의 하나라고 믿는다.

〈보기〉
㉠ 관상의 원리는 받아들일 만한 것이 아니다.
㉡ 우리가 사람의 얼굴에 대해서 갖는 인상이란 선입견에 불과하다.
㉢ 사람의 인상은 평생에 걸쳐 고정되어 있다고 할 수 있다.
㉣ 관상의 원리에 대한 과학적 근거를 찾으려는 노력은 헛된 것이다.
㉤ 관상의 원리가 과학적 근거를 갖는다고 기대하는 사람들은 우리가 관상의 원리에 의존하면 삶의 위안을 얻을 것이라고 믿는다.

① ㉠㉣
② ㉡㉤
③ ㉣㉤
④ ㉠㉡㉣
⑤ ㉡㉢㉤

8 다음에서 ㉠ ~ ㉢에 들어갈 말이 바르게 나열된 것은?

> 다음 세대에 유전자를 남기기 위해서는 반드시 암수가 만나 번식을 해야 한다. 그런데 왜 이성이 아니라 동성에게 성적으로 끌리는 사람들이 낮은 빈도로나마 꾸준히 존재하는 것일까? 진화심리학자들은 이 질문에 대해서 여러 가지 가설로 동성애 성향이 유전자를 통해 다음 세대로 전달된다고 설명한다. 그 중 캄페리오-치아니는 동성애 유전자가 X염색체에 위치하고, 동성애 유전자가 남성에게 있으면 자식을 낳아 유전자를 남기는 번식이 감소하지만, 동성애 유전자가 여성에게 있으면 여타 조건이 동일한 상황에서 자식을 많이 낳아 유전자를 많이 남기기 때문에 동성애 유전자가 계속 유전된다고 주장하였다. 인간은 23쌍의 염색체를 갖는데, 그 중 한 쌍이 성염색체로 남성은 XY염색체를 가지며 여성은 XX염색체를 가진다. 한 쌍의 성염색체는 아버지와 어머니로부터 각각 하나씩 받아서 쌍을 이룬다. 즉 남성 성염색체 XY의 경우 X염색체는 어머니로부터 Y염색체는 아버지로부터 물려받고, 여성 성염색체 XX는 아버지와 어머니로부터 각각 한 개씩의 X염색체를 물려받는다. 만약에 동성애 남성이라면 동성애 유전자가 X염색체에 있고 그 유전자는 어머니로부터 물려받은 것이다. 따라서 캄페리오-치아니의 가설이 맞다면 확률적으로 동성애 남성의 (㉠) 한 명이 낳은 자식의 수가 이성애 남성의 (㉡) 한 명이 낳은 자식의 수보다 (㉢)

	㉠	㉡	㉢
①	이모	이모	많다
②	고모	고모	많다
③	이모	고모	적다
④	고모	고모	적다
⑤	이모	이모	적다

9 다음 글에서 추론할 수 있는 내용만을 바르게 나열한 것은?

빌케와 블랙은 얼음이 녹는점에 있다 해도 이를 완전히 물로 녹이려면 상당히 많은 열이 필요함을 발견하였다. 당시 널리 퍼진 속설은 얼음이 녹는점에 이르면 즉시 녹는다는 것이었다. 빌케는 쌓여있는 눈에 뜨거운 물을 끼얹어 녹이는 과정에서 이 속설에 오류가 있음을 알게 되었다. 눈이 녹는점에 있음에도 불구하고 많은 양의 뜨거운 물은 눈을 조금밖에 녹이지 못했기 때문이다.

블랙은 1757년에 이 속설의 오류를 설명할 수 있는 실험을 수행하였다. 블랙은 따뜻한 방에 두 개의 플라스크 A와 B를 두었는데, A에는 얼음이, B에는 물이 담겨 있었다. 얼음과 물은 양이 같고 모두 같은 온도, 즉 얼음의 녹는점에 있었다. 시간이 지남에 따라 B에 있는 물의 온도는 계속해서 올라갔다. 하지만 A에서는 얼음이 녹으면서 생긴 물과 녹고 있는 얼음의 온도가 녹는점에서 일정하게 유지되었는데 이 상태는 얼음이 완전히 녹을 때까지 지속되었다. 얼음을 녹이는 데 필요한 열량은 같은 양의 물의 온도를 녹는점에서 화씨 140도까지 올릴 수 있는 정도의 열량과 같았다. 블랙은 이 열이 실제로 온도계에 변화를 주지 않기 때문에 이를 '잠열(潛熱)'이라 불렀다.

ㄱ A의 온도계로는 잠열을 직접 측정할 수 없었다.
ㄴ 얼음이 녹는점에 이르러도 완전히 녹지 않는 것은 잠열 때문이다.
ㄷ A의 얼음이 완전히 물로 바뀔 때까지, A의 얼음물 온도는 일정하게 유지된다.

① ㄱ

② ㄴ

③ ㄱㄷ

④ ㄴㄷ

⑤ ㄱㄴㄷ

10 생일파티를 하던 미경, 진희, 소라가 케이크를 먹었는지에 대한 여부를 다음과 같이 이야기하였는데 이 세 명은 진실과 거짓을 한 가지씩 이야기 하였다. 다음 중 옳은 것은?

> 미경 : 나는 케이크를 먹었고, 진희는 케이크를 먹지 않았다.
> 진희 : 나는 케이크를 먹지 않았고, 소라도 케이크를 먹지 않았다.
> 소라 : 나는 케이크를 먹지 않았고, 진희도 케이크를 먹지 않았다.

① 미경이가 케이크를 먹었다면 소라도 케이크를 먹었다.
② 진희가 케이크를 먹었다면 미경이는 케이크를 먹지 않았다.
③ 미경이가 케이크를 먹지 않았다면 소라는 케이크를 먹었다.
④ 소라가 케이크를 먹었다면 미경이도 케이크를 먹었다.
⑤ 소라가 케이크를 먹지 않았다면 진희도 케이크를 먹지 않았다.

11 다음의 사실이 전부 참일 때 항상 참인 것은?

> • 경제가 어려워진다면 긴축정책이 시행된다.
> • 물가가 오른다면 긴축정책을 시행하지 않는다.
> • 경제가 어려워지거나 부동산이 폭락한다.
> • 부동산이 폭락한 것은 아니다.

① 물가가 오른다.
② 경제가 어렵지 않다.
③ 물가가 오르지 않는다.
④ 긴축정책을 시행하지 않는다.
⑤ 부동산은 폭락할 수 있다.

12 다음 글의 내용이 참이라고 할 때 반드시 참인 것만을 모두 고른 것은?

> 인간은 누구나 건전하고 생산적인 사회에서 타인과 함께 평화롭게 살아가길 원한다. 도덕적이고 문명화된 사회를 가능하게 하는 기본적인 사회 원리를 수용할 경우에만 인간은 생산적인 사회에서 평화롭게 살 수 있다. 기본적인 사회 원리를 수용한다면, 개인의 권리는 침해당하지 않는다. 인간의 본성에 의해 요구되는 인간 생존의 기본 조건, 즉 생각의 자유와 자신의 이성적 판단에 따라 행동할 수 있는 자유가 인정되지 않는다면, 개인의 권리는 침해당한다.
>
> 물리적 힘의 사용이 허용되는 경우에만 개인의 권리는 침해당한다. 어떤 사람이 다른 사람의 삶을 빼앗거나 그 사람의 의지에 반하는 것을 강요하기 위해서는 물리적 수단을 사용할 수밖에 없기 때문이다. 이성적인 수단인 토론이나 설득을 사용하여 다른 사람의 의견이나 행동에 영향을 미친다면, 개인의 권리는 침해당하지 않는다.
>
> 인간이 생산적인 사회에서 평화롭게 사는 것은 매우 중요하다. 왜냐하면 인간이 생산적인 사회에서 평화롭게 살 수 있을 경우에만 인간은 지식 교환의 가치를 사회로부터 얻을 수 있기 때문이다.

> ㉠ 생각의 자유와 자신의 이성적 판단에 따라 행동할 수 있는 자유가 인정될 경우에만 인간은 생산적인 사회에서 평화롭게 살 수 있다.
> ㉡ 물리적 힘이 사용되는 것이 허용되지 않는다면, 인간은 생산적 사회에서 평화롭게 살 수 있다.
> ㉢ 물리적 힘이 사용되는 것이 허용된다면, 생각의 자유와 자신의 이성적 판단에 따라 행동할 수 있는 자유가 인정되지 않는다.
> ㉣ 개인의 권리가 침해당한다면, 인간은 지식 교환의 가치를 사회로부터 얻을 수 없다.

① ㉠㉢ ② ㉠㉣
③ ㉡㉢ ④ ㉡㉣
⑤ ㉢㉣

13 쓰레기를 무단 투기하는 사람을 찾기 위해 고심하던 아파트 관리인 세상씨는 다섯 명의 입주자 A, B, C, D, E를 면담했다. 이들은 각자 다음과 같이 이야기를 했다. 이 가운데 두 사람의 이야기는 모두 거짓인 반면, 세 명의 이야기는 모두 참이라고 한다. 다섯 명 가운데 한 명이 범인이라고 할 때 쓰레기를 무단 투기한 사람은 누구인가?

> A : 쓰레기를 무단 투기하는 것을 나와 E만 보았다. B의 말은 모두 참이다.
> B : 쓰레기를 무단 투기한 것은 D이다. D가 쓰레기를 무단 투기하는 것을 E가 보았다.
> C : D는 쓰레기를 무단 투기하지 않았다. E의 말은 참이다.
> D : 쓰레기를 무단 투기하는 것을 세 명의 주민이 보았다. B는 쓰레기를 무단 투기하지 않았다.
> E : 나와 A는 쓰레기를 무단 투기하지 않았다. 나는 쓰레기를 무단 투기하는 사람을 아무도 보지 못했다.

① A   ② B

③ C   ④ D

⑤ E

14 동건, 우성, 인성은 임의의 순서로 빨간색·파란색·노란색 지붕을 가진 집에 나란히 이웃하여 살고 있으며, 개·고양이·도마뱀이라는 서로 다른 애완동물을 기르며, 광부·농부·의사라는 서로 다른 직업을 갖고 있다. 알려진 정보가 다음과 같을 때 반드시 참이라고 할 수 없는 내용을 〈보기〉에서 모두 고른 것은?

⑦ 인성은 광부이다.
㉯ 가운데 집에 사는 사람은 개를 키우지 않는다.
㉰ 농부와 의사의 집은 서로 이웃해 있지 않다.
㉱ 노란 지붕 집은 의사의 집과 이웃해 있다.
㉲ 파란 지붕 집에 사람은 고양이를 키운다.
㉳ 우성은 빨간 지붕 집에 산다.

〈보기〉
㉠ 동건은 빨간 지붕 집에 살지 않고, 우성은 개를 키우지 않는다.
㉡ 노란 지붕 집에 사는 사람은 도마뱀을 키우지 않는다.
㉢ 동건은 파란 지붕 집에 살거나, 우성은 고양이를 키운다.
㉣ 동건은 개를 키우지 않는다.
㉤ 우성은 농부다.

① ㉠㉡
② ㉡㉢
③ ㉢㉣
④ ㉠㉡㉤
⑤ ㉠㉢㉤

15 다음으로부터 추론한 것으로 옳은 것만을 〈보기〉에서 모두 고른 것은?

경비업체 SEOWON은 보안 점검을 위탁받은 한 건물 내에서 20개의 점검 지점을 지정하여 관리하고 있다. 보안 담당자는 다음 〈규칙〉에 따라 20개 점검 지점을 방문하여 이상 여부를 기록한다.

〈규칙〉
• 첫 번째 점검에서는 1번 지점에서 출발하여 20번 지점까지 차례로 모든 지점을 방문한다.
• 두 번째 점검에서는 2번 지점에서 출발하여 한 개 지점씩 건너뛰고 점검한다. 즉 2번 지점, 4번 지점, …, 20번 지점까지 방문한다.
• 세 번째 점검에서는 3번 지점에서 출발하여 두 개 지점씩 건너뛰고 점검한다. 즉 3번 지점, 6번 지점, …, 18번 지점까지 방문한다.
• 이런 식으로 방문이 이루어지다가 20번째 점검에서 모든 점검이 완료된다.

〈보기〉
㉠ 20번 지점은 총 6회 방문하게 된다.
㉡ 2회만 방문한 지점은 총 8개이다.
㉢ 한 지점을 최대 8회 방문할 수 있다.

① ㉠   ② ㉢
③ ㉠㉡   ④ ㉡㉢
⑤ ㉠㉡㉢

16 5명(A ~ E)이 다음 규칙에 따라 게임을 하고 있다. 4→1→1의 순서로 숫자가 호명되어 게임이 진행되었다면 네 번째 술래는?

- A→B→C→D→E 순으로 반시계방향으로 동그랗게 앉아있다.
- 한 명의 술래를 기준으로, 술래는 항상 숫자 3을 배정받고, 반시계방향으로 술래 다음 사람이 숫자 4를, 그 다음 사람이 숫자 5를, 술래 이전 사람이 숫자 2를, 그 이전 사람이 숫자 1을 배정받는다.
- 술래는 1 ~ 5의 숫자 중 하나를 호명하고, 호명된 숫자에 해당하는 사람이 다음 술래가 된다. 새로운 술래를 기준으로 다시 위의 조건에 따라 숫자가 배정되며 게임이 반복된다.
- 첫 번째 술래는 A다.

① A
② B
③ C
④ D
⑤ E

17 지하철 10호선은 총 6개의 주요 정거장을 경유한다. 주어진 조건이 다음과 같을 경우, C가 4번째 정거장일 때, E 바로 전의 정거장이 될 수 있는 것은?

- 지하철 10호선은 순환한다.
- 주요 정거장을 각각 A, B, C, D, E, F라고 한다.
- E는 3번째 정거장이다.
- B는 6번째 정거장이다.
- D는 F의 바로 전 정거장이다.
- C는 A의 바로 전 정거장이다.

① F
② E
③ D
④ B
⑤ A

18 다음 제시된 조건을 보고, 만일 영호와 옥숙을 같은 날 보낼 수 없다면, 목요일에 보내야 하는 남녀사원은 누구인가?

> 영업부의 박 부장은 월요일부터 목요일까지 매일 남녀 각 한 명씩 두 사람을 회사 홍보 행사 담당자로 보내야 한다. 영업부에는 현재 남자 사원 4명(길호, 철호, 영호, 치호)과 여자 사원 4명(영숙, 옥숙, 지숙, 미숙)이 근무하고 있으며, 다음과 같은 제약 사항이 있다.
>
> ㉠ 매일 다른 사람을 보내야 한다.
> ㉡ 치호는 철호 이전에 보내야 한다.
> ㉢ 옥숙은 수요일에 보낼 수 없다.
> ㉣ 철호와 영숙은 같이 보낼 수 없다.
> ㉤ 영숙은 지숙과 미숙 이후에 보내야 한다.
> ㉥ 치호는 영호보다 앞서 보내야 한다.
> ㉦ 옥숙은 지숙 이후에 보내야 한다.
> ㉧ 길호는 철호를 보낸 바로 다음 날 보내야 한다.

① 길호와 영숙
② 영호와 영숙
③ 치호와 옥숙
④ 길호와 옥숙
⑤ 영호와 미숙

19 다음은 유진이가 학교에 가는 요일에 대한 설명이다. 이들 명제가 모두 참이라고 가정할 때, 유진이가 학교에 가는 요일은?

> ㉠ 목요일에 학교에 가지 않으면 월요일에 학교에 간다.
> ㉡ 금요일에 학교에 가지 않으면 수요일에 학교에 가지 않는다.
> ㉢ 수요일에 학교에 가지 않으면 화요일에 학교에 간다.
> ㉣ 월요일에 학교에 가면 금요일에 학교에 가지 않는다.
> ㉤ 유진이는 화요일에 학교에 가지 않는다.

① 월, 수
② 월, 수, 금
③ 수, 목, 금
④ 수, 금
⑤ 목, 금

20 다음 조건을 읽고 반드시 참이 되는 것을 고른 것은?

- A, B, C, D, E, F, G, H 8명이 놀이동산의 롤러코스터를 타는데 롤러코스터는 총 8칸으로 되어 있다.
- 각 1칸에 1명이 탈 수 있다.
- D는 반드시 4번째 칸에 타야 한다.
- B와 C는 같이 붙어 타야 한다.
- D는 H보다 뒤에 E보다는 앞쪽에 타야 한다.

① F가 D보다 앞에 탄다면 B는 F와 D 사이에 타게 된다.
② G가 D보다 뒤에 탄다면 B와 C는 D보다 앞에 타게 된다.
③ H가 두 번째 칸에 탄다면 C는 D보다 뒤에 타게 된다.
④ B가 D의 바로 뒤 칸에 탄다면 E는 맨 마지막 칸에 타게 된다.
⑤ C가 두 번째 칸에 탄다면 H는 첫 번째 칸에 탄다.

21 다음을 근거로 판단할 때, 도형의 모양을 옳게 짝지은 것은?

　　5명의 학생은 5개 도형 A~E의 모양을 맞히는 게임을 하고 있다. 5개의 도형은 모두 서로 다른 모양을 가지며 각각 삼각형, 사각형, 오각형, 육각형, 원 중 하나의 모양으로 이루어진다. 학생들에게 아주 짧은 시간 동안 5개의 도형을 보여준 후 도형의 모양을 2개씩 진술하게 하였다. 학생들이 진술한 도형의 모양은 다음과 같고, 모두 하나씩만 정확하게 맞혔다.

〈진술〉

甲 : C = 삼각형,　D = 사각형
乙 : B = 오각형,　E = 사각형
丙 : C = 원,　　　D = 오각형
丁 : A = 육각형,　E = 사각형
戊 : A = 육각형,　B = 삼각형

① A=육각형, D=사각형
② B=오각형, C=삼각형
③ A=삼각형, E=사각형
④ C=오각형, D=원
⑤ D=오각형, E=육각형

22 A, B, C, D, E 5명의 입사성적을 비교하여 높은 순서로 순번을 매겼더니 다음과 같은 사항을 알 게 되었다. 입사성적이 두 번째로 높은 사람은?

- 순번 상 E의 앞에는 2명 이상의 사람이 있고 C보다는 앞이었다.
- D의 순번 바로 앞에는 B가 있다.
- A의 순번 뒤에는 2명이 있다.

① A   ② B
③ C   ④ D
⑤ E

23 김대리는 모스크바 현지 영업소로 출장을 갈 계획이다. 현지시각 4일 오후 2시 모스크바에서 회의가 예정되어 있어 모스크바 공항에 적어도 오전 11시 이전에는 도착하고자 한다. 인천에서 모스크바까지 8시간이 걸리며, 시차는 인천이 모스크바보다 6시간이 더 빠르다. 김대리는 인천에서 늦어도 몇 시에 출발하는 비행기를 예약하여야 하는가?

① 3일 09 : 00   ② 3일 19 : 00
③ 4일 09 : 00   ④ 4일 11 : 00
⑤ 5일 02 : 00

24 경찰서에서 목격자 세 사람이 범인에 관하여 다음과 같이 진술하였다.

> A : 은이가 범인이거나 영철이가 범인입니다.
> B : 영철이가 범인이거나 숙이가 범인입니다.
> C : 은이가 범인이 아니거나 또는 숙이가 범인이 아닙니다.

경찰에서는 이미 이 사건이 한 사람의 단독 범행인 것을 알고 있었다. 그리고 한 진술은 거짓이고 나머지 두 진술은 참이라는 것이 나중에 밝혀졌다. 그러나 안타깝게도 어느 진술이 거짓인지는 밝혀지지 않았다면 다음 중 반드시 거짓인 것은?

① 은이가 범인이다.
② 영철이가 범인이다.
③ 숙이가 범인이다.
④ 숙이는 범인이 아니다.
⑤ 은이가 범인이 아니면 영철이도 범인이 아니다.

25 갑, 을, 병, 정, 무 다섯 사람은 일요일부터 목요일까지 5일 동안 각각 이틀 이상 아르바이트를 한다. 다음 조건을 모두 충족시켜야 할 때, 다음 중 항상 옳지 않은 것은?

> ㉠ 가장 적은 수가 아르바이트를 하는 요일은 수요일뿐이다.
> ㉡ 갑은 3일 이상 아르바이트를 하는데 병이 아르바이트를 하는 날에는 쉰다.
> ㉢ 을과 정 두 사람만이 아르바이트 일수가 같다.
> ㉣ 병은 평일에만 아르바이트를 하며, 연속으로 이틀 동안만 한다.
> ㉤ 무는 갑이나 병이 아르바이트를 하는 요일에 항상 아르바이트를 한다.

① 어느 요일이든 아르바이트 인원수는 확정된다.
② 갑과 을, 병과 무의 아르바이트 일수를 합한 값은 같다.
③ 두 사람만이 아르바이트를 하는 요일이 확정된다.
④ 어떤 요일이든 아르바이트를 하는 인원수는 짝수이다.
⑤ 수요일에는 2명, 나머지 요일에는 4명으로 인원수는 확정된다.

26 다음 글의 내용이 참일 때 최종 선정되는 단체는 어디인가?

문화체육관광부는 우수 문화예술 단체 A, B, C, D, E 중 한 곳을 선정하여 지원하려 한다. 문화체육관광부의 금번 선정 방침은 다음 두 가지이다. 첫째, 어떤 형태로든 지원을 받고 있는 단체는 최종 후보가 될 수 없다. 둘째, 최종 선정 시 올림픽 관련 단체를 엔터테인먼트 사업(드라마, 영화, 가요) 단체보다 우선한다.

A 단체는 자유무역협정을 체결한 필리핀에 드라마 콘텐츠를 수출하고 있지만 올림픽과 관련한 사업은 하지 않는다. B 단체는 올림픽의 개막식 행사를, C 단체는 올림픽의 폐막식 행사를 각각 주관하는 단체이다. E 단체는 오랫동안 한국 음식문화를 세계에 보급해 온 단체이다. A와 C 단체 중 적어도 한 단체가 최종 후보가 되지 못한다면, 대신 B와 E 중 적어도 한 단체는 최종 후보가 된다. 반면 게임 개발로 각광을 받는 단체인 D가 최종 후보가 된다면, 한국과 자유무역협정을 체결한 국가와 교역을 하는 단체는 모두 최종 후보가 될 수 없다.

후보 단체들 중 가장 적은 부가가치를 창출한 단체는 최종 후보가 될 수 없고, 최종 선정은 최종 후보가 된 단체 중에서만 이루어진다.

문화체육관광부의 조사 결과, 올림픽의 개막식 행사를 주관하는 모든 단체는 이미 보건복지부로부터 지원을 받고 있다. 그리고 위 문화예술 단체 가운데 한국 음식문화 보급과 관련된 단체의 부가가치 창출이 가장 저조하였다.

① A
② B
③ C
④ D
⑤ E

27 형사와 범인이 있다. 형사는 항상 참말을 하고 범인은 항상 거짓말을 한다. A, B 두 사람은 각기 형사일수도 있고 범인일 수도 있다. A가 다음과 같이 말했다면 A와 B는 각기 어떤 사람인가?

> 나는 범인이거나 혹은 B는 형사이다.

① 형사와 범인   ② 범인과 형사
③ 둘 다 형사   ④ 둘 다 범인
⑤ 알 수 없음

28 A, B, C, D, E 다섯 명 중 출장을 가는 사람이 있다. 출장을 가는 사람은 반드시 참을 말하고, 출장에 가지 않는 사람은 반드시 거짓을 말한다. 다음과 같이 각자 말했을 때 항상 참인 것은?

> A : E가 출장을 가지 않는다면, D는 출장을 간다.
> B : D가 출장을 가지 않는다면, A는 출장을 간다.
> C : A는 출장을 가지 않는다.
> D : 2명 이상이 출장을 간다.
> E : C가 출장을 간다면 A도 출장을 간다.

① 최소 1명, 최대 3명이 출장을 간다.
② C는 출장을 간다.
③ E는 출장을 가지 않는다.
④ A와 C는 같이 출장을 가거나, 둘 다 출장을 가지 않는다.
⑤ A가 출장을 가면 B도 출장을 간다.

29 다음 글의 내용이 참일 때 반드시 참인 것은?

A국은 B국의 동태를 살피도록 세 명의 사절을 파견하였다. 세 명의 사절은 각각 세 가지 주장을 했는데, 각 사절들의 주장 중 둘은 참이고 나머지 하나는 거짓이다.

사절 1
- B국은 군수물자를 확보할 수 있다면 전쟁을 일으킬 것이다.
- B국은 문화적으로 미개하지만 우리나라의 문화에 관심을 많이 갖고 있다.
- B국은 종래의 봉건적인 지배권이 약화되어 있고 정치적으로도 무척 혼란스러운 상황이다.

사절 2
- B국이 전쟁을 일으킨다면 약하지 않았던 종래의 봉건적인 지배권이 한층 더 강화될 것이다.
- B국은 우리나라의 문화에 관심을 많이 갖고 있을 뿐만 아니라 독창적이고 훌륭한 문화를 발전시켜 왔다.
- B국에는 서양 상인들이 많이 들어와 활동하고 있으며 신흥 상업 도시가 발전되어 있지만, 종래의 봉건적인 지배권이 약화되었다고 보기 어렵다.

사절 3
- B국은 약하지 않았던 종래의 봉건적인 지배권을 한층 더 강화하고 있다.
- B국은 군수물자를 확보하고 있기는 하지만 전쟁을 일으킬 생각은 없는 것이 분명하다.
- B국의 신흥 상업 도시가 더욱 발전한다면 우리나라의 문화에도 더욱 큰 관심을 갖게 될 것이다.

① B국은 문화적으로 미개하다.
② B국은 정치적으로 안정되어 있다.
③ B국은 군수물자를 확보하고 있다.
④ B국은 A국의 문화에 관심이 없다.
⑤ B국은 전쟁을 일으킬 생각이 없다.

30 제시된 자료는 복리후생 제도 중 직원의 교육비 지원에 대한 내용이다. 다음 중 ㈎ ~ ㈑ 직원 4명의 총 교육비 지원 금액은 얼마인가?

〈교육비 지원 기준〉
• 임직원 본인의 대학 및 대학원 학비 : 100% 지원
• 임직원 가족의 대학 및 대학원 학비
 − 임직원의 직계 존비속 : 80% 지원
 − 임직원의 형제 및 자매 : 50% 지원 (단, 직계 존비속 지원이 우선되며, 해당 신청이 없을 경우에 한하여 지급함)
 − 교육비 지원 신청은 본인 포함 최대 2인에 한한다.

〈교육비 신청내용〉
㈎ 직원 − 본인 대학원 학비 3백만 원, 동생 대학 학비 2백만 원
㈏ 직원 − 딸 대학 학비 2백만 원
㈐ 직원 − 본인 대학 학비 3백만 원, 아들 대학 학비 4백만 원, 동생 대학원 학비 2백만 원
㈑ 직원 − 본인 대학원 학비 2백만 원, 딸 대학 학비 2백만 원, 아들 대학원 학비 2백만 원, 동생 대학원 학비 3백만 원

① 14,400,000원
② 15,400,000원
③ 16,400,000원
④ 17,400,000원
⑤ 18,400,000원

31 다음 주어진 표를 보고 단기계약을 체결한 은영이네가 납부해야 할 수도요금으로 옳은 것은?

요금단가

원/m³

구분	계	기본요금	사용요금
원수	233.7	70.0	163.7
정수	432.8	130.0	302.8
침전수	328.0	98.0	230.0

단기계약

구분		내용
계약기간		1년 이내, 계약량 변경(6회/년) 가능
요금		기본요금 + 사용요금
계산방법	기본요금	계약량×기본요금단가 ※ 사용량이 계약량을 초과하는 경우 기본요금은 월간사용량의 120% 한도액으로 적용
	사용요금	사용량×사용요금단가 ※ 월간계약량의 120%를 초과하여 사용한 경우 다음을 가산 사용요금단가×월간계약량의 120% 초과사용량

은영이네 수도사용량

- 원수 사용
- 월간계약량 100m³
- 월간사용량 125m³

① 22,552원   ② 26,876원

③ 29,681원   ④ 31,990원

⑤ 37,651원

32 영식이는 자신의 업무에 필요하다고 생각하여 국제인재개발원에서 수강할 과목을 선택하려고 한다. 영식이가 선택할 과목에 대해 주변의 지인 A ~ E가 다음과 같이 진술하였는데 이 중 한 사람의 진술은 거짓이고 나머지 사람들의 진술은 모두 참인 것으로 밝혀졌다. 영식이가 반드시 수강할 과목만으로 바르게 짝지어진 것은?

> A : 영어를 수강할 경우 중국어도 수강한다.
> B : 영어를 수강하지 않을 경우, 일본어도 수강하지 않는다.
> C : 영어와 중국어 중 적어도 하나를 수강한다.
> D : 일본어를 수강할 경우에만 중국어를 수강한다.
> E : 일본어를 수강하지만 영어는 수강하지 않는다.

① 일본어
② 영어
③ 일본어, 중국어
④ 일본어, 영어
⑤ 일본어, 영어, 중국어

33 갑, 을, 병, 정, 무 다섯 명이 자유형, 배영, 접영, 평영을 한 번씩 사용하여 400m를 수영하려 한다. 레인은 1번부터 5번 레인을 사용하며 100m마다 다른 수영 방식을 사용한다. 단, 각 레인마다 1명씩 배정이 되며, 이웃한 레인에 있는 사람들은 같은 구간에서 동일한 수영 방식을 사용할 수 없다. 다음 중 4번 레인을 사용하는 사람의 구간별 수영 방식을 순서대로 바르게 나열한 것은?

> • 2번과 4번 레인을 사용하는 사람들은 첫 번째 구간에서 같은 수영 방식을 사용하되, 자유형은 사용할 수 없다.
> • 을, 정은 네 번째 구간에서만 같은 수영 방식을 사용한다.
> • 갑은 3번 레인을 사용하고 두 번째 구간에서 자유형을 한다.
> • 을은 네 번째 구간에서 배영을 하고, 세 번째 구간에서는 갑과 같은 수영방식을 사용한다.
> • 무는 5번 레인을 사용하고, 첫 번째 구간에서는 평영, 네 번째 구간에서는 자유형을 한다.

① 접영 – 평영 – 배영 – 자유형
② 배영 – 접영 – 평영 – 자유형
③ 배영 – 평영 – 자유형 – 접영
④ 접영 – 평영 – 자유형 – 배영
⑤ 접영 – 배영 – 자유형 – 평영

34 다음 글의 내용과 날씨를 근거로 판단할 경우 종아가 여행을 다녀온 시기로 가능한 것은?

- 종아는 선박으로 '포항→울릉도→독도→울릉도→포항' 순으로 3박 4일의 여행을 다녀왔다.
- '포항→울릉도' 선박은 매일 오전 10시, '울릉도→포항' 선박은 매일 오후 3시에 출발하며, 편도 운항에 3시간이 소요된다.
- 울릉도에서 출발해 독도를 돌아보는 선박은 매주 화요일과 목요일 오전 8시에 출발하여 당일 오전 11시에 돌아온다.
- 최대 파고가 3m 이상인 날은 모든 노선의 선박이 운항되지 않는다.
- 종아는 매주 금요일에 술을 마시는데, 술을 마신 다음날은 멀미가 심해 선박을 탈 수 없다.
- 이번 여행 중 종아는 울릉도에서 호박엿 만들기 체험을 했는데, 호박엿 만들기 체험은 매주 월·금요일 오후 6시에만 할 수 있다.

날씨

(㈜ : 최대 파고)

日	月	火	水	木	金	土
16	17	18	19	20	21	22
㈜ 1.0m	㈜ 1.4m	㈜ 3.2m	㈜ 2.7m	㈜ 2.8m	㈜ 3.7m	㈜ 2.0m
23	24	25	26	27	28	29
㈜ 0.7m	㈜ 3.3m	㈜ 2.8m	㈜ 2.7m	㈜ 0.5m	㈜ 3.7m	㈜ 3.3m

① 19일(水) ~ 22일(土)   ② 20일(木) ~ 23일(日)
③ 23일(日) ~ 26일(水)   ④ 25일(火) ~ 28일(金)
⑤ 26일(水) ~ 29일(土)

35 다음 내용과 전투능력을 가진 생존자 현황을 근거로 판단할 경우 생존자들이 탈출할 수 있는 경우로 옳은 것은? (단, 다른 조건은 고려하지 않는다)

- 좀비 바이러스에 의해 라쿤 시티에 거주하던 많은 사람들이 좀비가 되었다. 건물에 갇힌 생존자들은 동, 서, 남, 북 4개의 통로를 이용해 5명씩 탈출을 시도한다. 탈출은 통로를 통해서만 가능하며, 한 쪽 통로를 선택하면 되돌아올 수 없다.
- 동쪽 통로에 11마리, 서쪽 통로에 7마리, 남쪽 통로에 11마리, 북쪽 통로에 9마리의 좀비들이 있다. 선택한 통로의 좀비를 모두 제거해야만 탈출할 수 있다.
- 남쪽 통로의 경우, 통로 끝이 막혀 탈출을 할 수 없지만 팀에 폭파전문가가 있다면 다이너마이트를 사용하여 막힌 통로를 뚫고 탈출할 수 있다.
- 전투란 생존자가 좀비를 제거하는 것을 의미하며 선택한 통로에서 일시에 이루어진다.
- 전투능력은 정상인 건강상태에서 해당 생존자가 전투에서 제거하는 좀비의 수를 의미하며, 질병이나 부상상태인 사람은 그 능력이 50%로 줄어든다.
- 전투력 강화제는 건강상태가 정상인 생존자들 중 1명에게만 사용할 수 있으며, 전투능력을 50% 향상시킨다. 사용 가능한 대상은 의사 혹은 의사의 팀 내 구성원이다.
- 생존자의 직업은 다양하며, 아이와 노인은 전투능력과 보유품목이 없고 건강상태는 정상이다.

전투능력을 가진 생존자 현황

직업	인원	전투능력	건강상태	보유품목
경찰	1명	6	질병	–
헌터	1명	4	정상	–
의사	1명	2	정상	전투력 강화제 1개
사무라이	1명	8	정상	–
폭파전문가	1명	4	부상	다이너마이트

탈출 통로	팀 구성 인원
① 동쪽 통로	폭파전문가 – 사무라이 – 노인 3명
② 서쪽 통로	헌터 – 경찰 – 아이 2명 – 노인
③ 남쪽 통로	헌터 – 폭파전문가 – 아이 – 노인 2명
④ 남쪽 통로	폭파전문가 – 헌터 – 의사 – 아이 2명
⑤ 북쪽 통로	경찰 – 의사 – 아이 2명 – 노인

36 다음 내용을 근거로 판단할 때 참말을 한 사람은 누구인가?

> A 동아리 학생 5명은 각각 B 동아리 학생들과 30회씩 가위바위보 게임을 하였다. 각 게임에서 이길 경우 5점, 비길 경우 1점, 질 경우 −1점을 받는다. 게임이 모두 끝나자 A 동아리 학생 5명은 자신들이 얻은 합산 점수를 다음과 같이 말하였다.
>
> 갑 : 내 점수는 148점이다.
> 을 : 내 점수는 145점이다.
> 병 : 내 점수는 143점이다.
> 정 : 내 점수는 140점이다.
> 무 : 내 점수는 139점이다.
>
> 이들 중 한 명만 참말을 하고 있다.

① 갑   ② 을
③ 병   ④ 정
⑤ 무

37 다음 글의 내용이 참일 때, 반드시 참인 것은?

> 전 세계적으로 금융위기로 인해 그 위기의 근원지였던 미국의 경제가 상당히 피해를 입었다. 미국에서는 경제 회복을 위해 통화량을 확대하는 양적완화 정책을 실시할 것인지를 두고 논란이 있었다. 미국의 양적완화는 미국 경제회복에 효과가 있겠지만, 국제 경제에 적지 않은 영향을 줄 수 있기 때문이다.
>
> 미국이 양적완화를 실시하면, 달러화의 가치가 하락하고 우리나라의 달러 환율도 하락한다. 우리나라의 달러 환율이 하락하면 우리나라의 수출이 감소한다. 우리나라 경제는 대외 의존도가 높기 때문에 경제의 주요 지표들이 개선되기 위해서는 수출이 감소하면 안 된다.
>
> 또 미국이 양적완화를 중단하면 미국 금리가 상승한다. 미국 금리가 상승하면 우리나라 금리가 상승하고, 우리나라 금리가 상승하면 우리나라에 대한 외국인 투자가 증가한다. 또한 우리나라 금리가 상승하면 우리나라의 가계부채 문제가 심화된다. 가계부채 문제가 심화되는 나라의 국내 소비는 감소한다. 국내 소비가 감소하면, 경제의 전망이 어두워진다.

① 우리나라의 수출이 증가했다면 달러화 가치가 하락했을 것이다.

② 우리나라의 가계부채 문제가 심화되었다면 미국이 양적완화를 중단했을 것이다.

③ 우리나라에 대한 외국인 투자가 감소하면 우리나라 경제의 전망이 어두워질 것이다.

④ 우리나라 경제의 주요 지표들이 개선되었다면 우리나라의 달러 환율이 하락하지 않았을 것이다.

⑤ 우리나라의 국내 소비가 감소하지 않았다면 우리나라에 대한 외국인 투자가 감소하지 않았을 것이다.

38 취업을 준비하고 있는 A, B, C, D, E 5명이 지원한 회사는 각각 신용보증기금, 한국전력공사, 서원각, 회계법인, 한국가스공사 중 한 곳이다. 5명이 모두 서류전형에 합격하여 NCS 직업기초 능력평가를 보러 가는데, 이때 지하철, 버스, 택시 중 한 가지를 타고 가려고 한다. 다음 중 옳지 않은 것은? (단, 한 가지 교통수단은 최대 2명만 이용할 수 있고, 한 사람도 이용하지 않는 교통 수단은 없다)

> ㉠ 버스는 신용보증기금, 한국전력공사, 서원각, 한국가스공사를 지원한 사람의 회사를 갈 수 있다.
> ㉡ A는 서원각을 지원했다.
> ㉢ E는 어떤 교통수단을 이용해도 지원한 회사에 갈 수 있다.
> ㉣ 지하철에는 D를 포함한 두 사람이 탄다.
> ㉤ B가 탈 수 있는 교통수단은 지하철뿐이다.
> ㉥ 버스와 택시가 지나가는 회사는 신용보증기금을 제외하고 중복되지 않는다.

① B와 D는 같이 지하철을 이용한다.
② E는 택시를 이용한다.
③ A는 버스를 이용한다.
④ E는 회계법인을 지원했다.
⑤ A는 서원각에 지원했다.

39 다음 글을 근거로 유추할 경우 옳은 내용만을 바르게 짝지은 것은?

◎ 9명의 참가자는 1번부터 9번까지의 번호 중 하나를 부여 받고, 동시에 제비를 뽑아 3명은 범인, 6명은 시민이 된다.

◎ '1번의 오른쪽은 2번, 2번의 오른쪽은 3번, …, 8번의 오른쪽은 9번, 9번의 오른쪽은 1번'과 같이 번호 순서대로 동그랗게 앉는다.

◎ 참가자는 본인과 바로 양 옆에 앉은 사람이 범인인지 시민인지 알 수 있다.

◎ "옆에 범인이 있다."라는 말은 바로 양 옆에 앉은 2명 중 1명 혹은 2명이 범인이라는 뜻이다.

◎ "옆에 범인이 없다."라는 말은 바로 양 옆에 앉은 2명 모두 범인이 아니라는 뜻이다.

◎ 범인은 거짓말만 하고, 시민은 참말만 한다.

ⓝ 1, 4, 6, 7, 8번의 진술이 "옆에 범인이 있다."이고, 2, 3, 5, 9번의 진술이 "옆에 범인이 없다."일 때, 8번이 시민임을 알면 범인들을 모두 찾아낼 수 있다.

ⓛ 만약 모두가 "옆에 범인이 있다."라고 진술한 경우, 범인이 부여받은 번호의 조합은 (1, 4, 7) / (2, 5, 8) / (3, 6, 9) 3가지이다.

ⓒ 한 명만이 "옆에 범인이 없다."라고 진술한 경우는 없다.

① ⓛ

② ⓒ

③ ⓝⓛ

④ ⓝⓒ

⑤ ⓝⓛⓒ

40 다음의 내용을 근거로 판단할 때 옳은 내용만을 바르게 짝지은 것은?

- 직원이 50명인 서원각은 야유회에서 경품 추첨 행사를 한다.
- 직원들은 1명당 3장의 응모용지를 받고, 1~100 중 원하는 수 하나씩을 응모용지별로 적어서 제출한다. 한 사람당 최대 3장까지 원하는 만큼 응모할 수 있고, 모든 응모용지에 동일한 수를 적을 수 있다.
- 사장이 1~100 중 가장 좋아하는 수 하나를 고르면 해당 수를 응모한 사람이 당첨자로 결정된다. 해당 수를 응모한 사람이 없으면 사장은 당첨자가 나올 때까지 다른 수를 고른다.
- 당첨 선물은 사과 총 100개이고, 당첨된 응모용지가 n장이면 응모용지 1장당 사과를 $\frac{100}{n}$개씩 나누어 준다.
- 만약 한 사람이 2장의 응모용지에 똑같은 수를 써서 당첨된다면 2장 몫의 사과를 받고, 3장일 경우는 3장 몫의 사과를 받는다.

ㄱ 직원 갑과 을이 함께 당첨된다면 갑은 최대 50개의 사과를 받는다.
ㄴ 직원 중에 갑과 을 두 명만이 사과를 받는다면 갑은 최소 25개의 사과를 받는다.
ㄷ 당첨된 수를 응모한 직원이 갑 밖에 없다면, 갑이 그 수를 1장 써서 응모하거나 3장 써서 응모하거나 같은 개수의 사과를 받는다.

① ㄱ   ② ㄷ
③ ㄱ, ㄴ   ④ ㄱ, ㄷ
⑤ ㄴ, ㄷ

1 바쁜 업무 일정을 마친 선영이는 혼자 제주도를 여행하기로 하고 제주공항에 도착해 간단한 점심을 먹고 숙소에 들어와서 날씨를 참조하며 다음 일정을 체크해 보고 있는 상황이다. 이에 대한 예측 및 분석으로 가장 옳지 않은 것을 고르면? (휴가일정 : 10월 13일~15일, 휴가지 도착시간 10월 13일 오전 10시 기준)

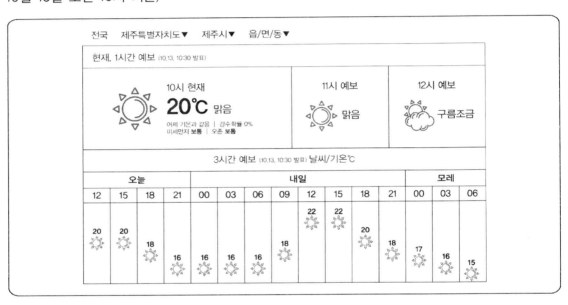

① 휴가 첫날인 오늘 오후 15시에 비해 밤 21시에는 4도 정도 떨어질 예정이다.

② 휴가 첫날은 온도의 높낮이에 관계없이 맑은 날씨로 인해 제주 해안을 볼 수 있다.

③ 휴가 마지막 날은 첫날에 비해 다소 구름이 낄 것이다.

④ 휴가가 끝나는 10월 13일의 미세먼지는 "아주 나쁨"이다.

⑤ 선영이가 일정검색을 하고 있는 현재 시간의 날씨는 맑고 비가 내릴 확률이 거의 없음을 알 수 있다.

2 귀하는 중견기업 영업관리팀 사원으로 매출분석업무를 담당하고 있다. 아래와 같이 엑셀 워크시트로 서울에 있는 강북, 강남, 강서, 강동 등 4개 매장의 '수량'과 '상품코드'별 단가를 이용하여 금액을 산출하고 있다. 귀하가 다음 중 [D2] 셀에서 사용하고 있는 함수식으로 옳은 것은 무엇인가? (금액 = 수량 × 단가)

자료

지역	상품코드	수량	금액
강북	AA-10	15	45,000
강남	BB-20	25	125,000
강서	AA-10	30	90,000
강동	CC-30	35	245,000

상품코드	단가
AA-10	3,000
BB-20	7,000
CC-30	5,000

① =C2*VLOOKUP(B2,$B$8:$C$10, 1, 1)

② =B2*HLOOKUP(C2,$B$8:$C$10, 2, 0)

③ =C2*VLOOKUP(B2,$B$8:$C$10, 2, 0)

④ =C2*HLOOKUP($B$8:$C$10, 2, B2)

⑤ =C2*HLOOKUP($B$8:$C$10, 2, 1)

3 다음 중 컴퓨터 보안 위협의 형태와 그 내용에 대한 설명이 올바르게 연결되지 않은 것은 어느 것인가?

① 피싱(Phishing) – 유명 기업이나 금융기관을 사칭한 가짜 웹 사이트나 이메일 등으로 개인의 금융정보와 비밀번호를 입력하도록 유도하여 예금 인출 및 다른 범죄에 이용하는 수법

② 스푸핑(Spoofing) – 악의적인 목적으로 임의로 웹 사이트를 구축해 일반 사용자의 방문을 유도한 후 시스템 권한을 획득하여 정보를 빼가거나 암호와 기타 정보를 입력하도록 속이는 해킹 수법

③ 디도스(DDoS) – 시스템에 불법적인 행위를 수행하기 위하여 다른 프로그램으로 위장하여 특정 프로그램을 침투시키는 행위

④ 스니핑(Sniffing) – 네트워크 주변을 지나다니는 패킷을 엿보면서 아이디와 패스워드를 알아내는 행위

⑤ 백 도어(Back Door) – 시스템의 보안 예방책을 침입하여 무단 접근하기 위해 사용되는 일종의 비상구

4 다음 자료는 '발전량' 필드를 기준으로 발전량과 발전량이 많은 순위를 엑셀로 나타낸 표이다. 태양광의 발전량 순위를 구하기 위한 함수식으로 'C3'셀에 들어가야 할 알맞은 것은 어느 것인가?

	A	B	C
1	<에너지원별 발전량(단위: Mwh)>		
2	에너지원	발전량	순위
3	태양광	88	2
4	풍력	100	1
5	수력	70	4
6	바이오	75	3
7	양수	65	5

① =ROUND(B3,$B$3:$B$7,0)

② =ROUND(B3,$B$3:$B$7,1)

③ =RANK(B3,$B$3:$B$7,1)

④ =RANK(B3,$B$2:$B$7,0)

⑤ =RANK(B3,$B$3:$B$7,0)

5 다음 워크시트에서처럼 주민등록번호가 입력되어 있을 때, 이 셀의 값을 이용하여 [C1] 셀에 성별을 '남' 또는 '여'로 표시하고자 한다. [C1] 셀에 입력해야 하는 수식은? (단, 주민등록번호의 8번째 글자가 1이면 남자, 2이면 여자이다)

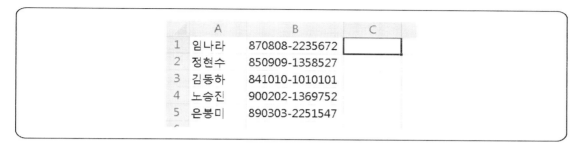

	A	B	C
1	임나라	870808-2235672	
2	정현수	850909-1358527	
3	김동하	841010-1010101	
4	노승진	900202-1369752	
5	은봉미	890303-2251547	

① =CHOOSE(MID(B1,8,1), "여", "남")

② =CHOOSE(MID(B1,8,2), "남", "여")

③ =CHOOSE(MID(B1,8,1), "남", "여")

④ =IF(RIGHT(B1,8)="1", "남", "여")

⑤ =IF(RIGHT(B1,8)="2", "남", "여")

▮6~10▮ 다음 완소그룹 물류창고의 책임자와 각 창고 내 보관된 제품의 코드 목록을 보고 물음에 답하시오.

책임자	제품코드번호	책임자	제품코드번호
권두완	17015N0301200013	노완희	17028S0100500023
공덕영	17051C0100200015	박근동	16123G0401800008
심근동	17012F0200900011	양균호	17026P0301100004
정용준	16113G0100100001	박동신	17051A0200700017
김영재	17033H0301300010	권현종	17071A0401500021

ex) 제품코드번호

2017년 3월에 성남 3공장에서 29번째로 생산된 주방용품 앞치마 코드

1703	–	1C	–	01005	–	00029
(생산연월)		(생산공장)		(제품종류)		(생산순서)

생산연월	생산공장				제품종류				생산순서
	지역코드		고유번호		분류코드		고유번호		
• 1611 – 2016년 11월 • 1706 – 2017년 6월	1	성남	A	1공장	01	주방용품	001	주걱	• 00001부터 시작하여 생산 순서대로 5자리의 번호가 매겨짐
			B	2공장			002	밥상	
			C	3공장			003	쟁반	
	2	구리	D	1공장			004	접시	
			E	2공장			005	앞치마	
			F	3공장			006	냄비	
	3	창원	G	1공장	02	청소도구	007	빗자루	
			H	2공장			008	쓰레받기	
			I	3공장			009	봉투	
	4	서산	J	1공장			010	대걸레	
			K	2공장	03	가전제품	011	TV	
			L	3공장			012	전자레인지	
	5	원주	M	1공장			013	가스레인지	
			N	2공장			014	컴퓨터	
	6	강릉	O	1공장	04	세면도구	015	치약	
			P	2공장			016	칫솔	
	7	진주	Q	1공장			017	샴푸	
			R	2공장			018	비누	
	8	합천	S	1공장			019	타월	
			T	2공장			020	린스	

6 완소그룹의 제품 중 2017년 5월에 합천 1공장에서 36번째로 생산된 세면도구 비누의 코드로 알맞은 것은?

① 17058S0401800036

② 17058S0401600036

③ 17058T0402000036

④ 17058T0401800036

⑤ 17058S0401500036

7 2공장에서 생산된 제품들 중 현재 물류창고에 보관하고 있는 가전제품은 모두 몇 개인가?

① 1개　　　　　　　　　　　　② 2개

③ 3개　　　　　　　　　　　　④ 4개

⑤ 5개

8　다음 중 창원 1공장에서 생산된 제품을 보관하고 있는 물류창고의 책임자들끼리 바르게 연결된 것은?

① 김영재 – 박동신　　　　　　② 정용준 – 박근동

③ 권두완 – 양균호　　　　　　④ 공덕영 – 권현종

⑤ 양균호 – 노완희

9 제품코드 17071A0401500021에 대한 설명으로 옳지 않은 것은?

① 권현종이 책임자이다.

② 2017년 7월에 생산되었다.

③ 성남 1공장에서 생산되었다.

④ 세면도구 칫솔이다.

⑤ 21번째로 생산된 제품이다.

10 창고 내에 있는 제품 중 성남 1공장에서 생산된 제품들이 모두 부품결함으로 인한 불량품이었다. 반품을 해야 하는 제품은 몇 개인가?

① 1개 　　　　　　　　　　　　　② 2개

③ 3개 　　　　　　　　　　　　　④ 4개

⑤ 5개

11 엑셀 사용 시 발견할 수 있는 다음과 같은 오류 메시지 중 설명이 올바르지 않은 것은 어느 것인가?

① #DIV/0! - 수식에서 어떤 값을 0으로 나누었을 때 표시되는 오류 메시지

② #N/A - 함수나 수식에 사용할 수 없는 데이터를 사용했을 경우 발생하는 오류 메시지

③ #NULL! - 잘못된 인수나 피연산자를 사용했을 경우 발생하는 오류 메시지

④ #NUM! - 수식이나 함수에 잘못된 숫자 값이 포함되어 있을 경우 발생하는 오류 메시지

⑤ #REF! - 셀 참조가 유효하지 않을 경우 발생하는 오류 메시지

┃12~14┃ 다음 자료는 J회사 창고에 있는 가전제품 코드 목록이다. 다음을 보고 물음에 답하시오.

SE－11－KOR－3A－1512	CH－08－CHA－2C－1308	SE－07－KOR－2C－1503
CO－14－IND－2A－1511	JE－28－KOR－1C－1508	TE－11－IND－2A－1411
CH－19－IND－1C－1301	SE－01－KOR－3B－1411	CH－26－KOR－1C－1307
NA－17－PHI－2B－1405	AI－12－PHI－1A－1502	NA－16－IND－1B－1311
JE－24－PHI－2C－1401	TE－02－PHI－2C－1503	SE－08－KOR－2B－1507
CO－14－PHI－3C－1508	CO－31－PHI－1A－1501	AI－22－IND－2A－1503
TE－17－CHA－1B－1501	JE－17－KOR－1C－1506	JE－18－IND－1C－1504
NA－05－CHA－3A－1411	SE－18－KOR－1A－1503	CO－20－KOR－1C－1502
AI－07－KOR－2A－1501	TE－12－IND－1A－1511	AI－19－IND－1A－1503
SE－17－KOR－1B－1502	CO－09－CHA－3C－1504	CH－28－KOR－1C－1308
TE－18－IND－1C－1510	JE－19－PHI－2B－1407	SE－16－KOR－2C－1505
CO－19－CHA－3A－1509	NA－06－KOR－2A－1401	AI－10－KOR－1A－1509

〈코드 부여 방식〉
[제품 종류]－[모델 번호]－[생산 국가]－[공장과 라인]－[제조연월]

〈예시〉
TE－13－CHA－2C－1501
2015년 1월에 중국 2공장 C라인에서 생산된 텔레비전 13번 모델

제품 종류 코드	제품 종류	생산 국가 코드	생산 국가
SE	세탁기	CHA	중국
TE	텔레비전	KOR	한국
CO	컴퓨터	IND	인도네시아
NA	냉장고	PHI	필리핀
AI	에어컨		
JE	전자레인지		
GA	가습기		
CH	청소기		

12 위의 코드 부여 방식을 참고할 때 옳지 않은 내용은?

① 창고에 있는 기기 중 세탁기는 모두 한국에서 제조된 것들이다.

② 창고에 있는 기기 중 컴퓨터는 모두 2015년에 제조된 것들이다.

③ 창고에 있는 기기 중 청소기는 있지만 가습기는 없다.

④ 창고에 있는 기기 중 2013년에 제조된 것은 청소기 뿐이다.

⑤ 창고에 텔레비전은 5대가 있다.

13 J회사에 다니는 Y씨는 가전제품 코드 목록을 파일로 불러와 검색을 하고자 한다. 검색의 결과로 옳지 않은 것은?

① 창고에 있는 세탁기가 몇 개인지 알기 위해 'SE'를 검색한 결과 7개임을 알았다.

② 창고에 있는 기기 중 인도네시아에서 제조된 제품이 몇 개인지 알기 위해 'IND'를 검색한 결과 10개임을 알았다.

③ 모델 번호가 19번인 제품을 알기 위해 '19'를 검색한 결과 4개임을 알았다.

④ 1공장 A라인에서 제조된 제품을 알기 위해 '1A'를 검색한 결과 6개임을 알았다.

⑤ 2015년 1월에 제조된 제품을 알기 위해 '1501'를 검색한 결과 3개임을 알았다.

14 2017년 4월에 한국 1공장 A라인에서 생산된 에어컨 12번 모델의 코드로 옳은 것은?

① AI − 12 − KOR − 2A − 1704

② AI − 12 − KOR − 1A −1704

③ AI − 11 − PHI − 1A − 1704

④ CH − 12 − KOR − 1A − 1704

⑤ CH − 11 − KOR − 3A − 1705

15 다음 표에 제시된 통계함수와 함수의 기능이 서로 잘못 짝지어진 것은 어느 것인가?

함수명	기능
㉠ AVERAGEA	텍스트로 나타낸 숫자, 논리값 등을 포함, 인수의 평균을 구함
㉡ COUNT	인수 목록에서 공백이 아닌 셀과 값의 개수를 구함
㉢ COUNTIFS	범위에서 여러 조건을 만족하는 셀의 개수를 구함
㉣ LARGE(범위, k번째)	범위에서 k번째로 큰 값을 구함
㉤ RANK	지정 범위에서 인수의 순위를 구함

① ㉠   ② ㉡

③ ㉢   ④ ㉣

⑤ ㉤

16 T회사에서 근무하고 있는 N씨는 엑셀을 이용하여 작업을 하고자 한다. 엑셀에서 바로 가기 키에 대한 설명이 다음과 같을 때 괄호 안에 들어갈 내용으로 알맞은 것은?

> 통합 문서 내에서 (㉠) 키는 다음 워크시트로 이동하고 (㉡) 키는 이전 워크시트로 이동한다.

	㉠	㉡
①	⟨Ctrl⟩ + ⟨Page Down⟩	⟨Ctrl⟩ + ⟨Page Up⟩
②	⟨Shift⟩ + ⟨Page Down⟩	⟨Shift⟩ + ⟨Page Up⟩
③	⟨Tab⟩ + ←	⟨Tab⟩ + →
④	⟨Alt⟩ + ⟨Shift⟩ + ↑	⟨Alt⟩ + ⟨Shift⟩ + ↓
⑤	⟨Ctrl⟩ + ⟨Shift⟩ + ⟨Page Down⟩	⟨Ctrl⟩ + ⟨Shift⟩ + ⟨Page Up⟩

17 다음의 알고리즘에서 인쇄되는 A는?

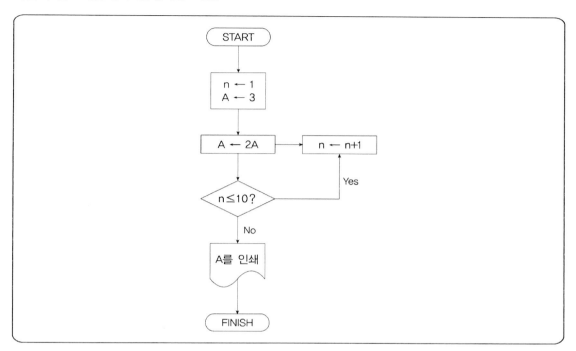

① $2^8 \cdot 3$

② $2^9 \cdot 3$

③ $2^{10} \cdot 3$

④ $2^{11} \cdot 3$

⑤ $2^{12} \cdot 3$

18 다음에서 설명하고 있는 것은 무엇인가?

1945년 폰노이만(Von Neumann, J)에 의해 개발되었다. 프로그램 데이터를 기억장치 안에 기억시켜 놓은 후 기억된 프로그램에 명령을 순서대로 해독하면서 실행하는 방식으로, 오늘날의 컴퓨터 모두에 적용되고 있는 방식이다.

① IC칩 내장방식   ② 송팩 방식
③ 적외선 방식   ④ 프로그램 내장방식
⑤ 네트워크 방식

19 다음에서 설명하고 있는 문자 자료 표현은 무엇인가?

• BCD코드의 확장코드이다.
• 8비트로 28(256)가지의 문자 표현이 가능하다.(zone : 4bit, digit : 4bit)
• 주로 대형 컴퓨터에서 사용되는 범용코드이다.

① 국가식별 코드   ② ASCII 코드
③ 가중치 코드   ④ EBCDIC 코드
⑤ 오류검출 코드

｜20~23｜ 글로벌기업인 K회사는 한국, 일본, 중국, 필리핀에 지점을 두고 있으며 주요 품목인 외장 하드를 생산하여 판매하고 있다. 다음 규정은 외장하드에 코드를 부여하는 방식이라 할 때, 다음을 보고 물음에 답하시오.

예시〉 외장하드
2015년 2월 12일에 한국 제3공장에서 제조된 스마트S 500GB 500번째 품목
→150212-1C-04001-00500

제조연월일	생산라인				제품종류				완성된 순서
	국가코드		공장 라인		분류코드		용량번호		
2017년 11월 11일 제조 →171111 2018년 12월 20일 제조 →181220	1	한국	A	제1공장	01	xs1	001	500GB	00001부터 시작하여 완성된 순서대로 번호가 매겨짐 1511번째 품목 →01511
			B	제2공장			002	1TB	
			C	제3공장			003	2TB	
			D	제4공장	02	xs2	001	500GB	
	2	일본	A	제1공장			002	1TB	
			B	제2공장			003	2TB	
			C	제3공장	03	oz	001	500GB	
			D	제4공장			002	1TB	
	3	중국	A	제1공장			003	2TB	
			B	제2공장	04	스마트S	001	500GB	
			C	제3공장			002	1TB	
			D	제4공장			003	2TB	
	4	필리핀	A	제1공장	05	HS	001	500GB	
			B	제2공장			002	1TB	
			C	제3공장			003	2TB	
			D	제4공장					

20 2017년 10월 9일에 필리핀 제1공장에서 제조된 xs1 모델로 용량이 2TB인 1584번째 품목 코드로 알맞은 것은?

① 1701093A0100201584

② 1710094B0200301584

③ 1710094D0100315840

④ 1710094A0100301584

⑤ 1710094B0100301584

21 상품코드 1812222D0500201799에 대한 설명으로 옳지 않은 것은?

① 2018년 12월 22일에 제조되었다.

② 완성된 품목 중 1799번째 품목이다.

③ 일본 제4공장에서 제조되었다.

④ 스마트S에 해당한다.

⑤ 용량은 1TB이다.

22 이 회사에 입사한지 1개월도 안된 신입사원은 상품 코드에 익숙해지기 위해 코드 읽는 연습을 하고 있는데 상사가 다가오더니 잘못된 부분이 있다며 수정해 주었다. 상사가 잘못 수정한 부분은?

1801193B0300101588
→2018년 1월 9일 제조
→ 일본 제2공장
→ oz 1TB
→ 15880번째 완성 품목

1701093A0100201584
→ 2017년 10월 9일 제조
→ 중국 제1공장
→ xs1 1TB
→ 1584번째 완성 품목

① 2018년 1월 9일 제조 → 2018년 1월 19일 제조
② 일본 제2공장 → 중국 제2공장
③ oz 1TB → oz 2TB
④ 15880번째 완성 품목 → 1588번째 완성 품목
⑤ 2017년 10월 9일 제조 → 2017년 1월 9일 제조

23 기계결함으로 인해 코드번호가 다음과 같이 잘못 찍혔다. 사원 J씨가 수동으로 수정하려고 할 때 올바르게 수정한 것은?

2018년 9월 7일 한국 제4공장에서 제조된 xs2 2TB 13698번째 품목
1809071D0200213698

① 제조연월일 : 180907 → 180917
② 생산라인 : 1D → 2D
③ 제품종류 : 02002 → 02003
④ 완성된 순서 : 13698 → 13699
⑤ 수정할 부분 없음

24 다음 중 컴퓨터의 기능에 관한 설명으로 옳지 않은 것은?

① 제어기능 : 주기억장치에 저장되어 있는 명령을 해독하여 필요한 장치에 신호를 보내어 자료 처리가 이루어지도록 하는 기능이다.

② 기억기능 : 처리 대상으로 입력된 자료와 처리결과로 출력된 정보를 기억하는 기능이다.

③ 연산기능 : 주기억장치에 저장되어 있는 자료들에 대하여 산술 및 논리연산을 행하는 기능이다.

④ 입력기능 : 자료를 처리하기 위해서 필요한 논리연산을 행하는 기능이다.

⑤ 출력기능 : 정보를 활용할 수 있도록 나타내 주는 기능이다.

25 다음 워크시트에서 [A1] 셀에 '111'를 입력하고 마우스로 채우기 핸들을 아래로 드래그 하여 숫자가 증가하도록 입력하려고 한다. 이 때 같이 눌러야 하는 키는 무엇인가?

	A
1	111
2	112
3	113
4	114
5	115
6	116
7	117
8	118
9	119
10	120

① F1   ② Ctrl

③ Alt   ④ Shift

⑤ Tab

26 다음 중 '클라우드 컴퓨팅'에 대한 적절한 설명이 아닌 것은?

① 사용자들이 복잡한 정보를 보관하기 위해 별도의 데이터 센터를 구축할 필요가 없다.

② 정보의 보관보다 정보의 처리 속도와 정확성이 관건인 네트워크 서비스이다.

③ 장소와 시간에 관계없이 다양한 단말기를 통해 정보에 접근할 수 있다.

④ 주소록, 동영상, 음원, 오피스 문서, 게임, 메일 등 다양한 콘텐츠를 대상으로 한다.

⑤ 클라우드 컴퓨팅을 활용하면 스마트 폰으로 이동 중에 시청하던 영상을 집에 도착하여 TV로 볼 수 있게 된다.

27 다음 내용에 해당하는 인터넷 검색 방식을 일컫는 말은 어느 것인가?

> 이 검색 방식은 검색엔진에서 문장 형태의 질의어를 형태소 분석을 거쳐 언제(when), 어디서 (where), 누가(who), 무엇을(what), 왜(why), 어떻게(how), 얼마나(how much)에 해당하는 5W 2H를 읽어내고 분석하여 각 질문에 답이 들어있는 사이트를 연결해 주는 검색엔진이다.

① 자연어 검색 방식　　　　　　② 주제별 검색 방식

③ 통합형 검색 방식　　　　　　④ 키워드 검색 방식

⑤ 연산자 검색 방식

28 많은 전문가들은 미래의 사회는 정보기술(IT), 생명공학(BT), 나노기술(NT), 환경기술(ET), 문화산업(CT), 우주항공기술(ST) 등을 이용한 정보화 산업이 주도해 나갈 것이라고 예언한다. 다음 중, 이와 같은 미래 정보화 사회의 6T 주도 환경의 모습을 설명한 것으로 적절하지 않은 것은 어느 것인가?

① 부가가치 창출 요인이 토지, 자본, 노동에서 지식 및 정보 생산 요소로 전환된다.

② 모든 국가의 시장이 국경 없는 하나의 세계 시장으로 통합되는 세계화가 진전된다.

③ 무한한 정보를 중심으로 하는 열린사회로 정보제공자와 정보소비자의 구분이 명확해진다.

④ 과학적 지식이 폭발적으로 증가한다.

⑤ 새로운 지식과 기술을 개발·활용·공유·저장할 수 있는 지식근로자를 요구한다.

29 다양한 정보 중 어떤 것들은 입수한 그 자리에서 판단해 처리하고 미련 없이 버리는 것이 바람직한 '동적정보' 형태인 것들이 있다. 다음 중 이러한 동적정보에 속하지 않는 것은?

① 각국의 해외여행 시 지참해야 할 물품을 기록해 둔 목록표
② 비행 전, 목적지의 기상 상태를 확인하기 위해 알아 본 인터넷 정보
③ 신문에서 확인한 해외 특정 국가의 질병 감염 가능성이 담긴 여행 자제 권고 소식
④ 입국장 검색 절차가 한층 복잡해졌음을 알리는 뉴스 기사
⑤ 각국의 환율과 그에 따른 원화가치 환산 그래프 자료

30 다음은 정보 분석 절차를 도식화한 것이다. 이를 참고할 때, 공공기관이 새롭게 제정한 정책을 시행하기 전 설문조사를 통하여 시민의 의견을 알아보는 행위가 포함되는 것은 ㈎~㈐ 중 어느 것인가?

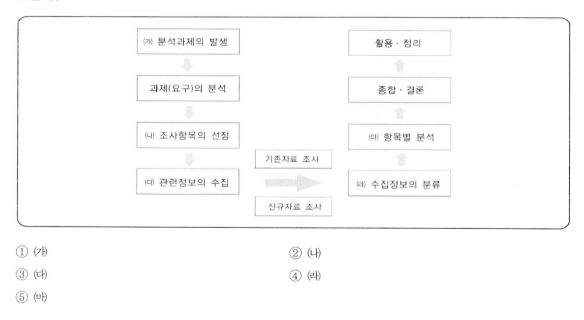

① ㈎
② ㈏
③ ㈐
④ ㈑
⑤ ㈒

31 다음 (가)~(다)의 설명에 맞는 용어가 순서대로 올바르게 짝지어진 것은?

> (가) 유통분야에서 일반적으로 물품관리를 위해 사용된 바코드를 대체할 차세대 인식기술로 꼽히며, 판독 및 해독 기능을 하는 판독기(reader)와 정보를 제공하는 태그(tag)로 구성된다.
>
> (나) 컴퓨터 관련 기술이 생활 구석구석에 스며들어 있음을 뜻하는 '퍼베이시브 컴퓨팅(pervasive computing)'과 같은 개념이다.
>
> (다) 메신저 애플리케이션의 통화 기능 또는 별도의 데이터 통화 애플리케이션을 설치하면 통신사의 이동통신망이 아니더라도 와이파이(Wi-Fi)를 통해 단말기로 데이터 음성통화를 할 수 있으며, 이동통신망의 음성을 쓰지 않기 때문에 국외 통화 시 비용을 절감할 수 있다는 장점이 있다.

① RFID, 유비쿼터스, VoIP

② POS, 유비쿼터스, RFID

③ RFID, POS, 핫스팟

④ POS, VoIP, 핫스팟

⑤ RFID, VoIP, POS

32 국내에서 사용하는 인터넷 도메인(Domain)은 현재 2단계 도메인으로 구성되어 있다. 다음 중 도메인 종류와 해당 기관의 성격이 올바르게 연결되지 않은 것은?

① re.kr - 연구기관

② pe.kr - 개인

③ kg.kr - 유치원

④ ed.kr - 대학

⑤ mil.kr - 국방

33 길동이는 이번 달 사용한 카드 사용금액을 시기별, 항목별로 다음과 같이 정리하였다. 항목별 단가를 확인한 후 D2 셀에 함수식을 넣어 D5까지 드래그를 하여 결과값을 알아보고자 한다. 길동이가 D2 셀에 입력해야 할 함수식으로 적절한 것은 어느 것인가?

	A	B	C	D
1	시기	항목	횟수	사용금액(원)
2	1주	식비	10	
3	2주	의류구입	3	
4	3주	교통비	12	
5	4주	식비	8	
6				
7	항목	단가		
8	식비	6500		
9	의류구입	43000		
10	교통비	3500		

① =C2*HLOOKUP(B2,$A$8:$B$10,2,0) ② =B2*HLOOKUP(C2,$A$8:$B$10,2,0)

③ =B2*VLOOKUP(B2,$A$8:$B$10,2,0) ④ =C2*VLOOKUP(B2,$A$8:$B$10,2,0)

⑤ =C2*HLOOKUP($A$8:$B$10,2,0)

34 다음 그림에서 A6 셀에 수식 '=$A$1+$A2'를 입력한 후 다시 A6 셀을 복사하여 C6와 C8에 각각 붙여넣기를 하였을 경우, (A)와 (B)에 나타나게 되는 숫자의 합은 얼마인가?

	A	B	C
1	7	2	8
2	3	3	8
3	1	5	7
4	2	5	2
5			
6			(A)
7			
8			(B)

① 10 ② 12

③ 14 ④ 16

⑤ 19

35 다음과 같은 네 명의 카드 사용실적에 관한 자료를 토대로 한 함수식의 결과값이 동일한 것을 〈보기〉에서 모두 고른 것은 어느 것인가?

	A	B	C	D	E
1		갑	을	병	정
2	1일 카드사용 횟수	6	7	3	5
3	평균 사용금액	8,500	7,000	12,000	10,000

〈보기〉

(가) =COUNTIF(B2:E2,"◇"&E2)

(나) =COUNTIF(B2:E2,">3")

(다) =INDEX(A1:E3,2,4)

(라) =TRUNC(SQRT(C2),2)

① (가), (나), (다) ② (가), (나), (라)

③ (가), (다), (라) ④ (나), (다), (라)

⑤ (가), (나), (다), (라)

36 다음 중 '자료', '정보', '지식'의 관계에 대한 설명으로 옳지 않은 것은?

① 객관적 실제의 반영이며, 그것을 전달할 수 있도록 기호화한 것을 자료라고 한다.

② 특정 상황에서 그 가치가 평가된 데이터를 정보와 지식이라고 말한다.

③ 데이터를 집적하고 체계화하여 장래의 일반적인 사항에 대비해 보편성을 갖도록 한 것을 지식이라고 한다.

④ 자료를 가공하여 이용 가능한 정보로 만드는 과정을 자료처리(data processing)라고도 하며 일반적으로 컴퓨터가 담당한다.

⑤ 업무 활동을 통해 알게 된 세부 데이터를 컴퓨터로 일목요연하게 정리해 둔 것을 지식이라고 볼 수 있다.

37 다음 중 필요한 정보를 효과적으로 수집하기 위하여 가져야 하는 정보 인식 태도에 대한 설명으로 적절하지 않은 것은?

① 중요한 정보를 수집하기 위해서는 우선적으로 신뢰관계가 전제가 되어야 한다.
② 정보는 빨리 취득하는 것보다 항상 정보의 질과 내용을 우선시하여야 한다.
③ 단순한 인포메이션을 수집할 것이 아니라 직접적으로 도움을 줄 수 있는 인텔리전스를 수집할 필요가 있다.
④ 수집된 정보를 효과적으로 분류하여 관리할 수 있는 저장 툴을 만들어 두어야 한다.
⑤ 정보수집용 하드웨어에만 의존하지 말고 머릿속에 적당한 정보 저장 공간을 마련한다.

38 다음 글에서 알 수 있는 '정보'의 특징으로 적절하지 않은 것은?

> 천연가스 도매요금이 인상될 것이라는 전망과 그 예측에 관한 정보는 가스사업자에게나 유용한 것이지 일반 대중에게 직접적인 영향을 주는 정보는 아니다. 관련된 일을 하거나 특별한 이유가 있어서 찾아보는 경우를 제외하면 이러한 정보에 관심을 갖게 되는 사람들이 있을까?

① 우리가 필요로 하는 정보의 가치는 여러 가지 상황에 따라서 아주 달라질 수 있다.
② 정보의 가치는 우리의 요구, 사용 목적, 그것이 활용되는 시기와 장소에 따라서 다르게 평가된다.
③ 정보는 비공개 정보보다는 반공개 정보가, 반공개 정보보다는 공개 정보가 더 큰 가치를 가질 수 있다.
④ 원하는 때에 제공되지 못하는 정보는 정보로서의 가치가 없어지게 될 것이다.
⑤ 비공개 정보는 정보의 활용이라는 면에서 경제성이 떨어지고, 공개 정보는 경쟁성이 떨어지게 된다.

39 사이버 공간은 다양한 연령층의 사람들이 익명성을 보장받은 상태에서 상호 교류를 가질 수 있는 곳이다. 다음 중 이러한 사이버 공간에서의 예절에 대한 설명으로 적절하지 않은 것은?

① 이모티콘을 윗사람에게 보내는 것은 예의에 어긋나는 행위이다.

② 대화방에 새로 들어가게 되면 그간의 대화 내용을 파악하려고 노력한 후 대화에 참여한다.

③ 게시판에 글을 게재할 경우에는 글을 쓰기 전에 이미 같은 내용의 글이 없는지 확인한다.

④ 공개 자료실에 여러 개의 파일을 올릴 때에는 가급적 압축을 한 후 올리도록 한다.

⑤ 다수의 이용자와 함께 인터넷 게임 중 예고도 없이 일방적으로 퇴장하는 일은 삼가야 한다.

40 다음은 Window 보조프로그램인 그림판과 메모장에 대한 기능을 설명하는 표이다. 다음 표의 밑줄 친 부분의 설명 중 옳지 않은 것은?

그림판	메모장
• 그림판은 간단한 그림을 그리거나 편집하기 위해 사용하는 프로그램이다. • 그림판으로 작성된 파일의 형식은 ㉠PNG, JPG, BMP, GIF 등으로 저장할 수 있다. • 원 또는 직사각형을 표현할 수 있으며, ㉡정원이나 정사각 형태의 도형 그리기는 지원되지 않는다. • 그림판에서 그림을 그린 다음 다른 문서에 붙여 넣거나 바탕 화면 배경으로 사용할 수 있다. • '색 채우기' 도구는 연필이나 브러시, 도형 등으로 그린 그림에 채우기가 가능하다. 단, 선택한 영역에 대해서는 불가능하다. • ㉢그림의 크기와 대칭, 회전 등의 작업이 가능하다.	• 간단한 문서 또는 웹 페이지를 만들 때 사용할 수 있는 기본 텍스트 편집기이다. • 메모장으로 작성된 파일을 ㉣ANSI, 유니코드, UTF-8 등의 인코딩 형식으로 저장할 수 있다. • 자동 줄 바꿈, 찾기, 시간/날짜 삽입 등의 기능을 제공한다. • 문서 전체에 대하여 글꼴 서식(글꼴 종류, 크기, 속성 등)을 지정할 수 있다. 문서 일부분에 별도 지정은 불가능하다. • ㉤특정 문자나 단어를 찾아서 바꾸기를 할 수 있다. • 텍스트를 잘라내기, 복사하기, 붙여넣기 또는 삭제를 할 수 있다. • 메모장에서는 그림이나 차트 등과 같은 OLE 개체 삽입이 불가능하다.

① ㉠

② ㉡

③ ㉢

④ ㉣

⑤ ㉤

PART IV

인성검사

01 인성검사의 개요
02 실전 인성검사

01 인성검사의 개요

1 인성(성격)검사의 개념과 목적

인성(성격)이란 개인을 특징짓는 평범하고 일상적인 사회적 이미지, 즉 지속적이고 일관된 공적 성격(Public – personality)이며, 환경에 대응함으로써 선천적 · 후천적 요소의 상호작용으로 결정화된 심리적 · 사회적 특성 및 경향을 의미한다.

인성검사는 직무적성검사를 실시하는 대부분의 기업체에서 병행하여 실시하고 있으며, 인성검사만 독자적으로 실시하는 기업도 있다.

기업체에서는 인성검사를 통하여 각 개인이 어떠한 성격 특성이 발달되어 있고, 어떤 특성이 얼마나 부족한지, 그것이 해당 직무의 특성 및 조직문화와 얼마나 맞는지를 알아보고 이에 적합한 인재를 선발하고자 한다. 또한 개인에게 적합한 직무 배분과 부족한 부분을 교육을 통해 보완하도록 할 수 있다.

인성검사의 측정요소는 검사방법에 따라 차이가 있다. 또한 각 기업체들이 사용하고 있는 인성검사는 기존에 개발된 인성검사방법에 각 기업체의 인재상을 적용하여 자신들에게 적합하게 재개발하여 사용하는 경우가 많다. 그러므로 기업체에서 요구하는 인재상을 파악하여 그에 따른 대비책을 준비하는 것이 바람직하다. 본서에서 제시된 인성검사는 크게 '특성'과 '유형'의 측면에서 측정하게 된다.

2 성격의 특성

(1) 정서적 측면

정서적 측면은 평소 마음의 당연시하는 자세나 정신상태가 얼마나 안정하고 있는지 또는 불안정한지를 측정한다.

정서의 상태는 직무수행이나 대인관계와 관련하여 태도나 행동으로 드러난다. 그러므로 정서적 측면을 측정하는 것에 의해, 장래 조직 내의 인간관계에 어느 정도 잘 적응할 수 있을까(또는 적응하지 못할까)를 예측하는 것이 가능하다.

그렇기 때문에, 정서적 측면의 결과는 채용 시에 상당히 중시된다. 아무리 능력이 좋아도 장기적으로 조직 내의 인간관계에 잘 적응할 수 없다고 판단되는 인재는 기본적으로는 채용되지 않는다.

일반적으로 인성(성격)검사는 채용과는 관계없다고 생각하나 정서적으로 조직에 적응하지 못하는 인재는 채용단계에서 가려내지는 것을 유의하여야 한다.

① 민감성(신경도) … 꼼꼼함, 섬세함, 성실함 등의 요소를 통해 일반적으로 신경질적인지 또는 자신의 존재를 위협받는다는 불안을 갖기 쉬운지를 측정한다.

질문	그렇다	약간 그렇다	그저 그렇다	별로 그렇지 않다	그렇지 않다
• 남을 잘 배려한다고 생각한다. • 어질러진 방에 있으면 불안하다. • 실패 후에는 불안하다. • 세세한 것까지 신경 쓴다. • 이유 없이 불안할 때가 있다.					

▶측정결과

㉠ '그렇다'가 많은 경우(상처받기 쉬운 유형) : 사소한 일에 신경 쓰고 다른 사람의 사소한 한마디 말에 상처를 받기 쉽다.
 • 면접관의 심리 : '동료들과 잘 지낼 수 있을까?', '실패할 때마다 위축되지 않을까?'
 • 면접대책 : 다소 신경질적이라도 능력을 발휘할 수 있다는 평가를 얻도록 한다. 주변과 충분한 의사소통이 가능하고, 결정한 것을 실행할 수 있다는 것을 보여주어야 한다.

㉡ '그렇지 않다'가 많은 경우(정신적으로 안정적인 유형) : 사소한 일에 신경 쓰지 않고 금방 해결하며, 주위 사람의 말에 과민하게 반응하지 않는다.
 • 면접관의 심리 : '계약할 때 필요한 유형이고, 사고 발생에도 유연하게 대처할 수 있다.'
 • 면접대책 : 일반적으로 '민감성'의 측정치가 낮으면 플러스 평가를 받으므로 더욱 자신감 있는 모습을 보여준다.

② 자책성(과민도) … 자신을 비난하거나 책망하는 정도를 측정한다.

질문	그렇다	약간 그렇다	그저 그렇다	별로 그렇지 않다	그렇지 않다
• 후회하는 일이 많다. • 자신이 하찮은 존재라 생각된다. • 문제가 발생하면 자기의 탓이라고 생각한다. • 무슨 일이든지 끙끙대며 진행하는 경향이 있다. • 온순한 편이다.					

▶측정결과

㉠ '그렇다'가 많은 경우(자책하는 유형) : 비관적이고 후회하는 유형이다.
  • 면접관의 심리 : '끙끙대며 괴로워하고, 일을 진행하지 못할 것 같다.'
  • 면접대책 : 기분이 저조해도 항상 의욕을 가지고 생활하는 것과 책임감이 강하다는 것을 보여준다.
㉡ '그렇지 않다'가 많은 경우(낙천적인 유형) : 기분이 항상 밝은 편이다.
  • 면접관의 심리 : '안정된 대인관계를 맺을 수 있고, 외부의 압력에도 흔들리지 않는다.'
  • 면접대책 : 일반적으로 '자책성'의 측정치가 낮아야 좋은 평가를 받는다.

③ 기분성(불안도) … 기분의 굴곡이나 감정적인 면의 미숙함이 어느 정도인지를 측정하는 것이다.

질문	그렇다	약간 그렇다	그저 그렇다	별로 그렇지 않다	그렇지 않다
• 다른 사람의 의견에 자신의 결정이 흔들리는 경우가 많다. • 기분이 쉽게 변한다. • 종종 후회한다. • 다른 사람보다 의지가 약한 편이라고 생각한다. • 금방 싫증을 내는 성격이라는 말을 자주 듣는다.					

▶측정결과

㉠ '그렇다'가 많은 경우(감정의 기복이 많은 유형) : 의지력보다 기분에 따라 행동하기 쉽다.
  • 면접관의 심리 : '감정적인 것에 약하며, 상황에 따라 생산성이 떨어지지 않을까?'
  • 면접대책 : 주변 사람들과 항상 협조한다는 것을 강조하고 한결같은 상태로 일할 수 있다는 평가를 받도록 한다.
㉡ '그렇지 않다'가 많은 경우(감정의 기복이 적은 유형) : 감정의 기복이 없고, 안정적이다.
  • 면접관의 심리 : '안정적으로 업무에 임할 수 있다.'
  • 면접대책 : 기분성의 측정치가 낮으면 플러스 평가를 받으므로 자신감을 가지고 면접에 임한다.

④ 독자성(개인도) … 주변에 대한 견해나 관심, 자신의 견해나 생각에 어느 정도의 속박감을 가지고 있는지를 측정한다.

질문	그렇다	약간 그렇다	그저 그렇다	별로 그렇지 않다	그렇지 않다
• 창의적 사고방식을 가지고 있다.					
• 융통성이 있는 편이다.					
• 혼자 있는 편이 많은 사람과 있는 것보다 편하다.					
• 개성적이라는 말을 듣는다.					
• 교제는 번거로운 것이라고 생각하는 경우가 많다.					

▶**측정결과**

㉠ '그렇다'가 많은 경우 : 자기의 관점을 중요하게 생각하는 유형으로, 주위의 상황보다 자신의 느낌과 생각을 중시한다.
  • 면접관의 심리 : '제멋대로 행동하지 않을까?'
  • 면접대책 : 주위 사람과 협조하여 일을 진행할 수 있다는 것과 상식에 얽매이지 않는다는 인상을 심어준다.

㉡ '그렇지 않다'가 많은 경우 : 상식적으로 행동하고 주변 사람의 시선에 신경을 쓴다.
  • 면접관의 심리 : '다른 직원들과 협조하여 업무를 진행할 수 있겠다.'
  • 면접대책 : 협조성이 요구되는 기업체에서는 플러스 평가를 받을 수 있다.

⑤ 자신감(자존심도) … 자기 자신에 대해 얼마나 긍정적으로 평가하는지를 측정한다.

질문	그렇다	약간 그렇다	그저 그렇다	별로 그렇지 않다	그렇지 않다
• 다른 사람보다 능력이 뛰어나다고 생각한다. • 다소 반대의견이 있어도 나만의 생각으로 행동할 수 있다. • 나는 다른 사람보다 기가 센 편이다. • 동료가 나를 모욕해도 무시할 수 있다. • 대개의 일을 목적한 대로 헤쳐나갈 수 있다고 생각한다.					

▶**측정결과**

㉠ '그렇다'가 많은 경우 : 자기 능력이나 외모 등에 자신감이 있고, 비판당하는 것을 좋아하지 않는다.
  • 면접관의 심리 : '자만하여 지시에 잘 따를 수 있을까?'
  • 면접대책 : 다른 사람의 조언을 잘 받아들이고, 겸허하게 반성하는 면이 있다는 것을 보여주고, 동료들과 잘 지내며 리더의 자질이 있다는 것을 강조한다.

㉡ '그렇지 않다'가 많은 경우 : 자신감이 없고 다른 사람의 비판에 약하다.
  • 면접관의 심리 : '패기가 부족하지 않을까?', '쉽게 좌절하지 않을까?'
  • 면접대책 : 극도의 자신감 부족으로 평가되지는 않는다. 그러나 마음이 약한 면은 있지만 의욕적으로 일을 하겠다는 마음가짐을 보여준다.

⑥ 고양성(분위기에 들뜨는 정도) … 자유분방함, 명랑함과 같이 감정(기분)의 높고 낮음의 정도를 측정한다.

질문	그렇다	약간 그렇다	그저 그렇다	별로 그렇지 않다	그렇지 않다
• 침착하지 못한 편이다. • 다른 사람보다 쉽게 우쭐해진다. • 모든 사람이 아는 유명인사가 되고 싶다. • 모임이나 집단에서 분위기를 이끄는 편이다. • 취미 등이 오랫동안 지속되지 않는 편이다.					

▶**측정결과**

㉠ '그렇다'가 많은 경우: 자극이나 변화가 있는 일상을 원하고 기분을 들뜨게 하는 사람과 친밀하게 지내는 경향이 강하다.
- 면접관의 심리: '일을 진행하는 데 변덕스럽지 않을까?'
- 면접대책: 밝은 태도는 플러스 평가를 받을 수 있지만, 착실한 업무능력이 요구되는 직종에서는 마이너스 평가가 될 수 있다. 따라서 자기조절이 가능하다는 것을 보여준다.

㉡ '그렇지 않다'가 많은 경우: 감정이 항상 일정하고, 속을 드러내 보이지 않는다.
- 면접관의 심리: '안정적인 업무 태도를 기대할 수 있겠다.'
- 면접대책: '고양성'의 낮음은 대체로 플러스 평가를 받을 수 있다. 그러나 '무엇을 생각하고 있는지 모르겠다' 등의 평을 듣지 않도록 주의한다.

⑦ 허위성(진위성) ··· 필요 이상으로 자기를 좋게 보이려 하거나 기업체가 원하는 '이상형'에 맞춘 대답을 하고 있는지, 없는지를 측정한다.

질문	그렇다	약간 그렇다	그저 그렇다	별로 그렇지 않다	그렇지 않다
• 약속을 깨뜨린 적이 한 번도 없다. • 다른 사람을 부럽다고 생각해 본 적이 없다. • 꾸지람을 들은 적이 없다. • 사람을 미워한 적이 없다. • 화를 낸 적이 한 번도 없다.					

▶**측정결과**

㉠ '그렇다'가 많은 경우: 실제의 자기와는 다른, 말하자면 원칙으로 해답할 가능성이 있다.
- 면접관의 심리: '거짓을 말하고 있다.'
- 면접대책: 조금이라도 좋게 보이려고 하는 '거짓말쟁이'로 평가될 수 있다. '거짓을 말하고 있다.'는 마음 따위가 전혀 없다 해도 결과적으로는 정직하게 답하지 않는다는 것이 되어 버린다. '허위성'의 측정 질문은 구분되지 않고 다른 질문 중에 섞여 있다. 그러므로 모든 질문에 솔직하게 답하여야 한다. 또한 자기 자신과 너무 동떨어진 이미지로 답하면 좋은 결과를 얻지 못한다. 그리고 면접에서 '허위성'을 기본으로 한 질문을 받게 되므로 당황하거나 또 다른 모순된 답변을 하게 된다. 겉치레를 하거나 무리한 욕심을 부리지 말고 '이런 사회인이 되고 싶다.'는 현재의 자신보다, 조금 성장한 자신을 표현하는 정도가 적당하다.

㉡ '그렇지 않다'가 많은 경우: 냉정하고 정직하며, 외부의 압력과 스트레스에 강한 유형이다. '대쪽 같음'의 이미지가 굳어지지 않도록 주의한다.

(2) 행동적인 측면

행동적 측면은 인격 중에 특히 행동으로 드러나기 쉬운 측면을 측정한다. 사람의 행동 특징 자체에는 선도 악도 없으나, 일반적으로는 일의 내용에 의해 원하는 행동이 있다. 때문에 행동적 측면은 주로 직종과 깊은 관계가 있는데 자신의 행동 특성을 살려 적합한 직종을 선택한다면 플러스가 될 수 있다.

행동 특성에서 보여 지는 특징은 면접 장면에서도 드러나기 쉬우므로 평소 자신의 태도, 행동이 면접관의 시선에 어떻게 비치는지를 점검하도록 해야 한다.

① 사회적 내향성 … 대인관계에서 나타나는 행동경향으로 '낯가림'을 측정한다.

질문	선택
A : 파티에서는 사람을 소개받는 편이다. B : 파티에서는 사람을 소개하는 편이다.	
A : 처음 보는 사람과는 어색하게 시간을 보내는 편이다. B : 처음 보는 사람과는 즐거운 시간을 보내는 편이다.	
A : 친구가 적은 편이다. B : 친구가 많은 편이다.	
A : 자신의 의견을 말하는 경우가 적다. B : 자신의 의견을 말하는 경우가 많다.	
A : 사교적인 모임에 참석하는 것을 좋아하지 않는다. B : 사교적인 모임에 항상 참석한다.	

▶측정결과

㉠ 'A'가 많은 경우 : 내성적이고 사람들과 접하는 것에 소극적이다. 자신의 의견을 말하지 않고 조심스러운 편이다.
- 면접관의 심리 : '소극적인데 동료와 잘 지낼 수 있을까?'
- 면접대책 : 대인관계를 맺는 것을 싫어하지 않고 의욕적으로 일을 할 수 있다는 것을 보여준다.

㉡ 'B'가 많은 경우 : 사교적이고 자기의 생각을 명확하게 전달할 수 있다.
- 면접관의 심리 : '사교적이고 활동적인 것은 좋지만, 자기주장이 너무 강하지 않을까?'
- 면접대책 : 협조성을 보여주고, 자기주장이 너무 강하다는 인상을 주지 않도록 주의한다.

② 내성성(침착도) … 자신의 행동과 일에 대해 침착하게 생각하는 정도를 측정한다.

질문	선택
A : 시간이 걸려도 침착하게 생각하는 경우가 많다. B : 짧은 시간에 결정을 하는 경우가 많다.	
A : 실패의 원인을 찾고 반성하는 편이다. B : 실패를 해도 그다지(별로) 개의치 않는다.	
A : 결론이 도출되어도 몇 번 정도 생각을 바꾼다. B : 결론이 도출되면 신속하게 행동으로 옮긴다.	
A : 여러 가지 생각하는 것이 능숙하다. B : 여러 가지 일을 재빨리 능숙하게 처리하는 데 익숙하다.	
A : 여러 가지 측면에서 사물을 검토한다. B : 행동한 후 생각을 한다.	

▶측정결과

㉠ 'A'가 많은 경우 : 행동하기 보다는 생각하는 것을 좋아하고 신중하게 계획을 세워 실행한다.
• 면접관의 심리 : '행동으로 실천하지 못하고, 대응이 늦은 경향이 있지 않을까?'
• 면접대책 : 발로 뛰는 것을 좋아하고, 일을 더디게 한다는 인상을 주지 않도록 한다.

㉡ 'B'가 많은 경우 : 차분하게 생각하는 것보다 우선 행동하는 유형이다.
• 면접관의 심리 : '생각하는 것을 싫어하고 경솔한 행동을 하지 않을까?'
• 면접대책 : 계획을 세우고 행동할 수 있는 것을 보여주고 '사려 깊다'라는 인상을 남기도록 한다.

③ 신체활동성 … 몸을 움직이는 것을 좋아하는가를 측정한다.

질문	선택
A : 민첩하게 활동하는 편이다. B : 준비행동이 없는 편이다.	
A : 일을 척척 해치우는 편이다. B : 일을 더디게 처리하는 편이다.	
A : 활발하다는 말을 듣는다. B : 얌전하다는 말을 듣는다.	
A : 몸을 움직이는 것을 좋아한다. B : 가만히 있는 것을 좋아한다.	
A : 스포츠를 하는 것을 즐긴다. B : 스포츠를 보는 것을 좋아한다.	

▶측정결과

㉠ 'A'가 많은 경우 : 활동적이고, 몸을 움직이게 하는 것이 컨디션이 좋다.

 • 면접관의 심리 : '활동적으로 활동력이 좋아 보인다.'
 • 면접대책 : 활동하고 얻은 성과 등과 주어진 상황의 대응능력을 보여준다.

㉡ 'B'가 많은 경우 : 침착한 인상으로, 차분하게 있는 타입이다.

 • 면접관의 심리 : '좀처럼 행동하려 하지 않아 보이고, 일을 빠르게 처리할 수 있을까?'

④ 지속성(노력성) … 무슨 일이든 포기하지 않고 끈기 있게 하려는 정도를 측정한다.

질문	선택
A : 일단 시작한 일은 시간이 걸려도 끝까지 마무리한다. B : 일을 하다 어려움에 부딪히면 단념한다.	
A : 끈질긴 편이다. B : 바로 단념하는 편이다.	
A : 인내가 강하다는 말을 듣는다. B : 금방 싫증을 낸다는 말을 듣는다.	
A : 집념이 깊은 편이다. B : 담백한 편이다.	
A : 한 가지 일에 구애되는 것이 좋다고 생각한다. B : 간단하게 체념하는 것이 좋다고 생각한다.	

▶측정결과

㉠ 'A'가 많은 경우 : 시작한 것은 어려움이 있어도 포기하지 않고 인내심이 높다.
  • 면접관의 심리 : '한 가지의 일에 너무 구애되고, 업무의 진행이 원활할까?'
  • 면접대책 : 인내력이 있는 것은 플러스 평가를 받을 수 있지만 집착이 강해 보이기도 한다.
㉡ 'B'가 많은 경우 : 뒤끝이 없고 조그만 실패로 일을 포기하기 쉽다.
  • 면접관의 심리 : '질리는 경향이 있고, 일을 정확히 끝낼 수 있을까?'
  • 면접대책 : 지속적인 노력으로 성공했던 사례를 준비하도록 한다.

⑤ 신중성(주의성) … 자신이 처한 주변상황을 즉시 파악하고 자신의 행동이 어떤 영향을 미치는지를 측정한다.

질문	선택
A : 여러 가지로 생각하면서 완벽하게 준비하는 편이다. B : 행동할 때부터 임기응변적인 대응을 하는 편이다.	
A : 신중해서 타이밍을 놓치는 편이다. B : 준비 부족으로 실패하는 편이다.	
A : 자신은 어떤 일에도 신중히 대응하는 편이다. B : 순간적인 충동으로 활동하는 편이다.	
A : 시험을 볼 때 끝날 때까지 재검토하는 편이다. B : 시험을 볼 때 한 번에 모든 것을 마치는 편이다.	
A : 일에 대해 계획표를 만들어 실행한다. B : 일에 대한 계획표 없이 진행한다.	

▶측정결과

㉠ 'A'가 많은 경우 : 주변 상황에 민감하고, 예측하여 계획 있게 일을 진행한다.
  • 면접관의 심리 : '너무 신중해서 적절한 판단을 할 수 있을까?', '앞으로의 상황에 불안을 느끼지 않을까?'
  • 면접대책 : 예측을 하고 실행을 하는 것은 플러스 평가가 되지만, 너무 신중하면 일의 진행이 정체될 가능성을 보이므로 추진력이 있다는 강한 의욕을 보여준다.
㉡ 'B'가 많은 경우 : 주변 상황을 살펴보지 않고 착실한 계획 없이 일을 진행시킨다.
  • 면접관의 심리 : '사려 깊지 않고, 실패하는 일이 많지 않을까?', '판단이 빠르고 유연한 사고를 할 수 있을까?'
  • 면접대책 : 사전준비를 중요하게 생각하고 있다는 것 등을 보여주고, 경솔한 인상을 주지 않도록 한다. 또한 판단력이 빠르거나 유연한 사고 덕분에 일 처리를 잘 할 수 있다는 것을 강조한다.

(3) 의욕적인 측면

의욕적인 측면은 의욕의 정도, 활동력의 유무 등을 측정한다. 여기서의 의욕이란 우리들이 보통 말하고 사용하는 '하려는 의지'와는 조금 뉘앙스가 다르다. '하려는 의지'란 그 때의 환경이나 기분에 따라 변화하는 것이지만, 여기에서는 조금 더 변화하기 어려운 특징, 말하자면 정신적 에너지의 양으로 측정하는 것이다.

의욕적 측면은 행동적 측면과는 다르고, 전반적으로 어느 정도 점수가 높은 쪽을 선호한다. 모의검사의 의욕적 측면의 결과가 낮다면, 평소 일에 몰두할 때 조금 의욕 있는 자세를 가지고 서서히 개선하도록 노력해야 한다.

① 달성의욕 … 목적의식을 가지고 높은 이상을 가지고 있는지를 측정한다.

질문	선택
A : 경쟁심이 강한 편이다. B : 경쟁심이 약한 편이다.	
A : 어떤 한 분야에서 제1인자가 되고 싶다고 생각한다. B : 어느 분야에서든 성실하게 임무를 진행하고 싶다고 생각한다.	
A : 규모가 큰일을 해보고 싶다. B : 맡은 일에 충실히 임하고 싶다.	
A : 아무리 노력해도 실패한 것은 아무런 도움이 되지 않는다. B : 가령 실패했을 지라도 나름대로의 노력이 있었으므로 괜찮다.	
A : 높은 목표를 설정하여 수행하는 것이 의욕적이다. B : 실현 가능한 정도의 목표를 설정하는 것이 의욕적이다.	

▶측정결과

㉠ 'A'가 많은 경우 : 큰 목표와 높은 이상을 가지고 승부욕이 강한 편이다.
  • 면접관의 심리 : '열심히 일을 해줄 것 같은 유형이다.'
  • 면접대책 : 달성의욕이 높다는 것은 어떤 직종이라도 플러스 평가가 된다.
㉡ 'B'가 많은 경우 : 현재의 생활을 소중하게 여기고 비약적인 발전을 위하여 기를 쓰지 않는다.
  • 면접관의 심리 : '외부의 압력에 약하고, 기획입안 등을 하기 어려울 것이다.'
  • 면접대책 : 일을 통하여 하고 싶은 것들을 구체적으로 어필한다.

② 활동의욕 ··· 자신에게 잠재된 에너지의 크기로, 정신적인 측면의 활동력이라 할 수 있다.

질문	선택
A : 하고 싶은 일을 실행으로 옮기는 편이다. B : 하고 싶은 일을 좀처럼 실행할 수 없는 편이다.	
A : 어려운 문제를 해결해 가는 것이 좋다. B : 어려운 문제를 해결하는 것을 잘하지 못한다.	
A : 일반적으로 결단이 빠른 편이다. B : 일반적으로 결단이 느린 편이다.	
A : 곤란한 상황에도 도전하는 편이다. B : 사물의 본질을 깊게 관찰하는 편이다.	
A : 시원시원하다는 말을 잘 듣는다. B : 꼼꼼하다는 말을 잘 듣는다.	

▶측정결과

㉠ 'A'가 많은 경우 : 꾸물거리는 것을 싫어하고 재빠르게 결단해서 행동하는 타입이다.
  • 면접관의 심리 : '일을 처리하는 솜씨가 좋고, 일을 척척 진행할 수 있을 것 같다.'
  • 면접대책 : 활동의욕이 높은 것은 플러스 평가가 된다. 사교성이나 활동성이 강하다는 인상을 준다.

㉡ 'B'가 많은 경우 : 안전하고 확실한 방법을 모색하고 차분하게 시간을 아껴서 일에 임하는 타입이다.
  • 면접관의 심리 : '재빨리 행동을 못하고, 일의 처리속도가 느린 것이 아닐까?'
  • 면접대책 : 활동성이 있는 것을 좋아하고 움직임이 더디다는 인상을 주지 않도록 한다.

3 성격의 유형

(1) 인성검사 유형의 4가지 척도

정서적인 측면, 행동적인 측면, 의욕적인 측면의 요소들은 성격 특성이라는 관점에서 제시된 것들로 각 개인의 장·단점을 파악하는 데 유용하다. 그러나 전체적인 개인의 인성을 이해하는 데는 한계가 있다.

성격의 유형은 개인의 '성격적인 특색'을 가리키는 것으로, 사회인으로서 적합한지, 아닌지를 말하는 관점과는 관계가 없다. 따라서 채용의 합격 여부에는 사용되지 않는 경우가 많으며, 입사 후의 적정 부서 배치의 자료가 되는 편이라 생각하면 된다. 그러나 채용과 관계가 없다고 해서 아무런 준비도 필요없는 것은 아니다. 자신을 아는 것은 면접 대책의 밑거름이 되므로 모의검사 결과를 충분히 활용하도록 하여야 한다.

본서에서는 4개의 척도를 사용하여 기본적으로 16개의 패턴으로 성격의 유형을 분류하고 있다. 각 개인의 성격이 어떤 유형인지 재빨리 파악하기 위해 사용되며, '적성'에 맞는지, 맞지 않는지의 관점에 활용된다.

- 흥미 · 관심의 방향 : 내향형 ◄───────► 외향형
- 사물에 대한 견해 : 직관형 ◄───────► 감각형
- 판단하는 방법 : 감정형 ◄───────► 사고형
- 환경에 대한 접근방법 : 지각형 ◄───────► 판단형

(2) 성격유형

① 흥미 · 관심의 방향(내향 ⇆ 외향) … 흥미 · 관심의 방향이 자신의 내면에 있는지, 주위환경 등 외면에 향하는 지를 가리키는 척도이다.

질문	선택
A : 내성적인 성격인 편이다. B : 개방적인 성격인 편이다.	
A : 항상 신중하게 생각을 하는 편이다. B : 바로 행동에 착수하는 편이다.	
A : 수수하고 조심스러운 편이다. B : 자기 표현력이 강한 편이다.	
A : 다른 사람과 함께 있으면 침착하지 않다. B : 혼자서 있으면 침착하지 않다.	

▶측정결과

㉠ 'A'가 많은 경우(내향) : 관심의 방향이 자기 내면에 있으며, 조용하고 낯을 가리는 유형이다. 행동력은 부족하나 집중력이 뛰어나고 신중하고 꼼꼼하다.

㉡ 'B'가 많은 경우(외향) : 관심의 방향이 외부환경에 있으며, 사교적이고 활동적인 유형이다. 꼼꼼함이 부족하여 대충하는 경향이 있으나 행동력이 있다.

② 일(사물)을 보는 방법(직감 ⇆ 감각) … 일(사물)을 보는 법이 직감적으로 형식에 얽매이는지, 감각적으로 상식적인지를 가리키는 척도이다.

질문	선택
A : 현실주의적인 편이다. B : 상상력이 풍부한 편이다.	
A : 정형적인 방법으로 일을 처리하는 것을 좋아한다. B : 만들어진 방법에 변화가 있는 것을 좋아한다.	
A : 경험에서 가장 적합한 방법으로 선택한다. B : 지금까지 없었던 새로운 방법을 개척하는 것을 좋아한다.	
A : 성실하다는 말을 듣는다. B : 호기심이 강하다는 말을 듣는다.	

▶측정결과
㉠ 'A'가 많은 경우(감각) : 현실적이고 경험주의적이며 보수적인 유형이다.
㉡ 'B'가 많은 경우(직관) : 새로운 주제를 좋아하며, 독자적인 시각을 가진 유형이다.

③ 판단하는 방법(감정 ⇆ 사고) … 일을 감정적으로 판단하는지, 논리적으로 판단하는지를 가리키는 척도이다.

질문	선택
A : 인간관계를 중시하는 편이다. B : 일의 내용을 중시하는 편이다.	
A : 결론을 자기의 신념과 감정에서 이끌어내는 편이다. B : 결론을 논리적 사고에 의거하여 내리는 편이다.	
A : 다른 사람보다 동정적이고 눈물이 많은 편이다. B : 다른 사람보다 이성적이고 냉정하게 대응하는 편이다.	
A : 남의 이야기를 듣고 감정몰입이 빠른 편이다. B : 고민 상담을 받으면 해결책을 제시해주는 편이다.	

▶측정결과
㉠ 'A'가 많은 경우(감정) : 일을 판단할 때 마음 · 감정을 중요하게 여기는 유형이다. 감정이 풍부하고 친절하나 엄격함이 부족하고 우유부단하며, 합리성이 부족하다.
㉡ 'B'가 많은 경우(사고) : 일을 판단할 때 논리성을 중요하게 여기는 유형이다. 이성적이고 합리적이나 타인에 대한 배려가 부족하다.

④ 환경에 대한 접근방법 … 주변상황에 어떻게 접근하는지, 그 판단기준을 어디에 두는지를 측정한다.

질문	선택
A : 사전에 계획을 세우지 않고 행동한다. B : 반드시 계획을 세우고 그것에 의거해서 행동한다.	
A : 자유롭게 행동하는 것을 좋아한다. B : 조직적으로 행동하는 것을 좋아한다.	
A : 조직성이나 관습에 속박당하지 않는다. B : 조직성이나 관습을 중요하게 여긴다.	
A : 계획 없이 낭비가 심한 편이다. B : 예산을 세워 물건을 구입하는 편이다.	

▶측정결과

㉠ 'A'가 많은 경우(지각) : 일의 변화에 융통성을 가지고 유연하게 대응하는 유형이다. 낙관적이며 질서보다는 자유를 좋아하나 임기응변식의 대응으로 무계획적인 인상을 줄 수 있다.

㉡ 'B'가 많은 경우(판단) : 일의 진행시 계획을 세워서 실행하는 유형이다. 순차적으로 진행하는 일을 좋아하고 끈기가 있으나 변화에 대해 적절하게 대응하지 못하는 경향이 있다.

4 인성검사의 대책

(1) 미리 알아두어야 할 점

① 출제 문항 수 … 인성검사의 출제 문항 수는 특별히 정해진 것이 아니며 각 기업체의 기준에 따라 달라질 수 있다. 보통 100문항 이상에서 600문항까지 출제된다고 예상하면 된다.

② 출제형식
  ㉠ 1Set로 묶인 세 개의 문항 중 자신에게 가장 가까운 것(Most)과 가장 먼 것(Least)을 하나씩 고르는 유형(72Set, 1Set당 3문항)

다음 문항을 읽고 자신에게 해당되는지 안 되는지를 판단하여 해당될 경우 '예'를, 해당되지 않을 경우 '아니오'를 고르시오.

질문	예	아니오
① 자신의 생각이나 의견은 좀처럼 변하지 않는다.	✔	
② 구입한 후 끝까지 읽지 않은 책이 많다.		✔
③ 여행가기 전에 계획을 세운다.		

  ㉡ '예' 아니면 '아니오'의 유형(178문항)

다음 문항을 읽고 자신에게 해당되는지 안 되는지를 판단하여 해당될 경우 '예'를, 해당되지 않을 경우 '아니오'를 고르시오.

질문	예	아니오
① 걱정거리가 있어서 잠을 못 잘 때가 있다.	✔	
② 시간에 쫓기는 것이 싫다.		✔

  ㉢ 그 외의 유형

다음 문항에 대해서 평소에 자신이 생각하고 있는 것이나 행동하고 있는 것에 체크하시오.

질문	전혀 그렇지 않다	그렇지 않다	그렇다	매우 그렇다
① 머리를 쓰는 것보다 땀을 흘리는 일이 좋다.			✔	
② 자신은 사교적이 아니라고 생각한다.	✔			

(2) 임하는 자세

① 솔직하게 있는 그대로 표현한다 ··· 인성검사는 평범한 일상생활 내용들을 다룬 짧은 문장과 어떤 대상이나 일에 대한 선로를 선택하는 문장으로 구성되었으므로 평소에 자신이 생각한 바를 너무 골똘히 생각하지 말고 문제를 보는 순간 떠오른 것을 표현한다.

② 모든 문제를 신속하게 대답한다 ··· 인성검사는 시간제한이 없는 것이 원칙이지만 기업들은 일정한 시간제한을 두고 있다. 인성검사는 개인의 성격과 자질을 알아보기 위한 검사이기 때문에 정답이 없다. 다만, 기업에서 바람직하게 생각하거나 기대되는 결과가 있을 뿐이다. 따라서 시간에 쫓겨서 대충 대답을 하는 것은 바람직하지 못하다.

③ 일관성 있게 대답한다 ··· 간혹 반복되는 문제들이 출제되기 때문에 일관성 있게 답하지 않으면 감점될 수 있으므로 유의한다. 실제로 공기업 인사부 직원의 인터뷰에 따르면 일관성이 없게 대답한 응시자들이 감점을 받아 탈락했다고 한다. 거짓된 응답을 하다보면 일관성 없는 결과가 나타날 수 있으므로, 위에서 언급한 대로 신속하고 솔직하게 답해 일관성 있는 응답을 하는 것이 중요하다.

④ 마지막까지 집중해서 검사에 임한다 ··· 장시간 진행되는 검사에 지치지 않고 마지막까지 집중해서 정확히 답할 수 있도록 해야 한다.

실전 인성검사

※ 인성검사는 응시자의 인성을 파악하기 위한 자료로서 별도의 답안을 제공하지 않습니다.

>> 유형 1

|1~30| 다음 질문에 대해서 평소 자신이 생각하고 있는 것이나 행동하고 있는 것에 대해 주어진 응답요령에 따라 박스에 답하시오.

응답요령

- 응답 Ⅰ : 제시된 문항들을 읽은 다음 각각의 문항에 대해 자신이 동의하는 정도를 ①(전혀 그렇지 않다)~⑤ (매우 그렇다)로 표시하면 된다.
- 응답 Ⅱ : 제시된 문항들을 비교하여 상대적으로 자신의 성격과 가장 가까운 문항 하나와 가장 거리가 먼 문항 하나를 선택하여야 한다(응답 Ⅱ의 응답은 가깝다 1개, 멀다 1개, 무응답 2개이어야 한다).

1

문항	응답 Ⅰ					응답 Ⅱ	
	①	②	③	④	⑤	멀다	가깝다
A. 몸을 움직이는 것을 좋아하지 않는다.							
B. 쉽게 질리는 편이다.							
C. 경솔한 편이라고 생각한다.							
D. 인생의 목표는 손이 닿을 정도면 된다.							

2

문항	응답 Ⅰ					응답 Ⅱ	
	①	②	③	④	⑤	멀다	가깝다
A. 무슨 일도 좀처럼 시작하지 못한다.							
B. 초면인 사람과도 바로 친해질 수 있다.							
C. 행동하고 나서 생각하는 편이다.							
D. 쉬는 날은 집에 있는 경우가 많다.							

3

문항	응답 I					응답 II	
	①	②	③	④	⑤	멀다	가깝다
A. 조금이라도 나쁜 소식은 절망의 시작이라고 생각해 버린다.							
B. 언제나 실패가 걱정이 되어 어쩔 줄 모른다.							
C. 다수결의 의견에 따르는 편이다.							
D. 혼자서 술집에 들어가는 것은 전혀 두려운 일이 아니다.							

4

문항	응답 I					응답 II	
	①	②	③	④	⑤	멀다	가깝다
A. 승부근성이 강하다.							
B. 자주 흥분해서 침착하지 못하다.							
C. 지금까지 살면서 타인에게 폐를 끼친 적이 없다.							
D. 소곤소곤 이야기하는 것을 보면 자기에 대해 험담하고 있는 것으로 생각된다.							

5

문항	응답 I					응답 II	
	①	②	③	④	⑤	멀다	가깝다
A. 무엇이든지 자기가 나쁘다고 생각하는 편이다.							
B. 자신을 변덕스러운 사람이라고 생각한다.							
C. 고독을 즐기는 편이다.							
D. 자존심이 강하다고 생각한다.							

6

문항	응답 I					응답 II	
	①	②	③	④	⑤	멀다	가깝다
A. 금방 흥분하는 성격이다.							
B. 거짓말을 한 적이 없다.							
C. 신경질적인 편이다.							
D. 끙끙대며 고민하는 타입이다.							

7

문항	응답 I					응답 II	
	①	②	③	④	⑤	멀다	가깝다
A. 감정적인 사람이라고 생각한다.							
B. 자신만의 신념을 가지고 있다.							
C. 다른 사람을 바보 같다고 생각한 적이 있다.							
D. 금방 말해버리는 편이다.							

8

문항	응답 I					응답 II	
	①	②	③	④	⑤	멀다	가깝다
A. 싫어하는 사람이 없다.							
B. 대재앙이 오지 않을까 항상 걱정을 한다.							
C. 쓸데없는 고생을 하는 일이 많다.							
D. 자주 생각이 바뀌는 편이다.							

9

문항	응답 I					응답 II	
	①	②	③	④	⑤	멀다	가깝다
A. 문제점을 해결하기 위해 여러 사람과 상의한다.							
B. 내 방식대로 일을 한다.							
C. 영화를 보고 운 적이 많다.							
D. 어떤 것에 대해서도 화낸 적이 없다.							

10

문항	응답 I					응답 II	
	①	②	③	④	⑤	멀다	가깝다
A. 사소한 충고에도 걱정을 한다.							
B. 자신은 도움이 안 되는 사람이라고 생각한다.							
C. 금방 싫증을 내는 편이다.							
D. 개성적인 사람이라고 생각한다.							

11

문항	응답 I					응답 II	
	①	②	③	④	⑤	멀다	가깝다
A. 자기주장이 강한 편이다.							
B. 뒤숭숭하다는 말을 들은 적이 있다.							
C. 학교를 쉬고 싶다고 생각한 적이 한 번도 없다.							
D. 사람들과 관계 맺는 것을 보면 잘하지 못한다.							

12

문항	응답 I					응답 II	
	①	②	③	④	⑤	멀다	가깝다
A. 사려 깊은 편이다.							
B. 몸을 움직이는 것을 좋아한다.							
C. 끈기가 있는 편이다.							
D. 신중한 편이라고 생각한다.							

13

문항	응답 I					응답 II	
	①	②	③	④	⑤	멀다	가깝다
A. 인생의 목표는 큰 것이 좋다.							
B. 어떤 일이라도 바로 시작하는 타입이다.							
C. 낯가림을 하는 편이다.							
D. 생각하고 나서 행동하는 편이다.							

14

문항	응답 I					응답 II	
	①	②	③	④	⑤	멀다	가깝다
A. 쉬는 날은 밖으로 나가는 경우가 많다.							
B. 시작한 일은 반드시 완성시킨다.							
C. 면밀한 계획을 세운 여행을 좋아한다.							
D. 야망이 있는 편이라고 생각한다.							

15

문항	응답 I					응답 II	
	①	②	③	④	⑤	멀다	가깝다
A. 활동력이 있는 편이다.							
B. 많은 사람들과 와자지껄하게 식사하는 것을 좋아하지 않는다.							
C. 돈을 허비한 적이 없다.							
D. 운동회를 아주 좋아하고 기대했다.							

16

문항	응답 I					응답 II	
	①	②	③	④	⑤	멀다	가깝다
A. 하나의 취미에 열중하는 타입이다.							
B. 모임에서 회장에 어울린다고 생각한다.							
C. 입신출세의 성공이야기를 좋아한다.							
D. 어떠한 일도 의욕을 가지고 임하는 편이다.							

17

문항	응답 I					응답 II	
	①	②	③	④	⑤	멀다	가깝다
A. 학급에서는 존재가 희미했다.							
B. 항상 무언가를 생각하고 있다.							
C. 스포츠는 보는 것보다 하는 게 좋다.							
D. 잘한다라는 말을 자주 듣는다.							

18

문항	응답 I					응답 II	
	①	②	③	④	⑤	멀다	가깝다
A. 흐린 날은 반드시 우산을 가지고 간다.							
B. 주연상을 받을 수 있는 배우를 좋아한다.							
C. 공격하는 타입이라고 생각한다.							
D. 리드를 받는 편이다.							

19

문항	응답 Ⅰ					응답 Ⅱ	
	①	②	③	④	⑤	멀다	가깝다
A. 너무 신중해서 기회를 놓친 적이 있다.							
B. 시원시원하게 움직이는 타입이다.							
C. 야근을 해서라도 업무를 끝낸다.							
D. 누군가를 방문할 때는 반드시 사전에 확인한다.							

20

문항	응답 Ⅰ					응답 Ⅱ	
	①	②	③	④	⑤	멀다	가깝다
A. 노력해도 결과가 따르지 않으면 의미가 없다.							
B. 무조건 행동해야 한다.							
C. 유행에 둔감하다고 생각한다.							
D. 정해진 대로 움직이는 것은 시시하다.							

21

문항	응답 Ⅰ					응답 Ⅱ	
	①	②	③	④	⑤	멀다	가깝다
A. 꿈을 계속 가지고 있고 싶다.							
B. 질서보다 자유를 중요시하는 편이다.							
C. 혼자서 취미에 몰두하는 것을 좋아한다.							
D. 직관적으로 판단하는 편이다.							

22

문항	응답 Ⅰ					응답 Ⅱ	
	①	②	③	④	⑤	멀다	가깝다
A. 영화나 드라마를 보면 등장인물의 감정에 이입된다.							
B. 시대의 흐름에 역행해서라도 자신을 관철하고 싶다.							
C. 다른 사람의 소문에 관심이 없다.							
D. 창조적인 편이다.							

23

문항	응답 I					응답 II	
	①	②	③	④	⑤	멀다	가깝다
A. 비교적 눈물이 많은 편이다.							
B. 융통성이 있다고 생각한다.							
C. 친구의 휴대전화 번호를 잘 모른다.							
D. 스스로 고안하는 것을 좋아한다.							

24

문항	응답 I					응답 II	
	①	②	③	④	⑤	멀다	가깝다
A. 정이 두터운 사람으로 남고 싶다.							
B. 조직의 일원으로 별로 안 어울린다.							
C. 세상의 일에 별로 관심이 없다.							
D. 변화를 추구하는 편이다.							

25

문항	응답 I					응답 II	
	①	②	③	④	⑤	멀다	가깝다
A. 업무는 인간관계로 선택한다.							
B. 환경이 변하는 것에 구애되지 않는다.							
C. 불안감이 강한 편이다.							
D. 인생은 살 가치가 없다고 생각한다.							

26

문항	응답 I					응답 II	
	①	②	③	④	⑤	멀다	가깝다
A. 의지가 약한 편이다.							
B. 다른 사람이 하는 일에 별로 관심이 없다.							
C. 사람을 설득시키는 것은 어렵지 않다.							
D. 심심한 것을 못 참는다.							

27

문항	응답 I					응답 II	
	①	②	③	④	⑤	멀다	가깝다
A. 다른 사람을 욕한 적이 한 번도 없다.							
B. 다른 사람에게 어떻게 보일지 신경을 쓴다.							
C. 금방 낙심하는 편이다.							
D. 다른 사람에게 의존하는 경향이 있다.							

28

문항	응답 I					응답 II	
	①	②	③	④	⑤	멀다	가깝다
A. 그다지 융통성이 있는 편이 아니다.							
B. 다른 사람이 내 의견에 간섭하는 것이 싫다.							
C. 낙천적인 편이다.							
D. 숙제를 잊어버린 적이 한 번도 없다.							

29

문항	응답 I					응답 II	
	①	②	③	④	⑤	멀다	가깝다
A. 밤길에는 발소리가 들리기만 해도 불안하다.							
B. 상냥하다는 말을 들은 적이 있다.							
C. 자신은 유치한 사람이다.							
D. 잡담을 하는 것보다 책을 읽는게 낫다.							

30

문항	응답 I					응답 II	
	①	②	③	④	⑤	멀다	가깝다
A. 나는 영업에 적합한 타입이라고 생각한다.							
B. 술자리에서 술을 마시지 않아도 흥을 돋울 수 있다.							
C. 한 번도 병원에 간 적이 없다.							
D. 나쁜 일은 걱정이 되어서 어쩔 줄을 모른다.							

▍1~30▍ 다음 각 문제에서 제시된 4개의 질문 중 자신의 생각과 일치하거나 자신을 가장 잘 나타내는 질문과 가장 거리가 먼 질문을 각각 하나씩 고르시오.

	질문	가깝다	멀다
1	나는 계획적으로 일을 하는 것을 좋아한다.		
	나는 꼼꼼하게 일을 마무리 하는 편이다.		
	나는 새로운 방법으로 문제를 해결하는 것을 좋아한다.		
	나는 빠르고 신속하게 일을 처리해야 마음이 편하다.		
2	나는 문제를 해결하기 위해 여러 사람과 상의한다.		
	나는 어떠한 결정을 내릴 때 신중한 편이다.		
	나는 시작한 일은 반드시 완성시킨다.		
	나는 문제를 현실적이고 객관적으로 해결한다.		
3	나는 글보다 말로 표현하는 것이 편하다.		
	나는 논리적인 원칙에 따라 행동하는 것이 좋다.		
	나는 집중력이 강하고 매사에 철저하다.		
	나는 자기능력을 뽐내지 않고 겸손하다.		
4	나는 융통성 있게 업무를 처리한다.		
	나는 질문을 받으면 충분히 생각하고 나서 대답한다.		
	나는 긍정적이고 낙천적인 사고방식을 갖고 있다.		
	나는 매사에 적극적인 편이다.		
5	나는 기발한 아이디어를 많이 낸다.		
	나는 새로운 일을 하는 것이 좋다.		
	나는 타인의 견해를 잘 고려한다.		
	나는 사람들을 잘 설득시킨다.		
6	나는 종종 화가 날 때가 있다.		
	나는 화를 잘 참지 못한다.		
	나는 단호하고 통솔력이 있다.		
	나는 집단을 이끌어가는 능력이 있다.		
7	나는 조용하고 성실하다.		
	나는 책임감이 강하다.		
	나는 독창적이며 창의적이다.		
	나는 복잡한 문제도 간단하게 해결한다.		

	질문	가깝다	멀다
8	나는 관심 있는 분야에 몰두하는 것이 즐겁다.		
	나는 목표를 달성하는 것을 중요하게 생각한다.		
	나는 상황에 따라 일정을 조율하는 융통성이 있다.		
	나는 의사결정에 신속함이 있다.		
9	나는 정리 정돈과 계획에 능하다.		
	나는 사람들의 관심을 받는 것이 기분 좋다.		
	나는 때로는 고집스러울 때도 있다.		
	나는 원리원칙을 중시하는 편이다.		
10	나는 맡은 일에 헌신적이다.		
	나는 타인의 감정에 민감하다.		
	나는 목적과 방향은 변화할 수 있다고 생각한다.		
	나는 다른 사람과 의견의 충돌은 피하고 싶다.		
11	나는 구체적인 사실을 잘 기억하는 편이다.		
	나는 새로운 일을 시도하는 것이 즐겁다.		
	나는 겸손하다.		
	나는 다른 사람과 별다른 마찰이 없다.		
12	나는 나이에 비해 성숙한 편이다.		
	나는 유머감각이 있다.		
	나는 다른 사람의 생각이나 의견을 중요시 생각한다.		
	나는 솔직하고 단호한 편이다.		
13	나는 낙천적이고 긍정적이다.		
	나는 집단을 이끌어가는 능력이 있다.		
	나는 사람들에게 인기가 많다.		
	나는 활동을 조직하고 주도해나가는데 능하다.		
14	나는 사람들에게 칭찬을 잘 한다.		
	나는 사교성이 풍부한 편이다.		
	나는 동정심이 많다.		
	나는 정보에 밝고 지식에 대한 욕구가 높다.		
15	나는 호기심이 많다.		
	나는 다수결의 의견에 쉽게 따른다.		
	나는 승부근성이 강하다.		
	나는 자존심이 강한 편이다.		
16	나는 한번 생각한 것은 자주 바꾸지 않는다.		
	나는 개성 있다는 말을 자주 듣는다.		
	나는 나만의 방식으로 업무를 풀어나가는데 능하다.		
	나는 신중한 편이라고 생각한다.		

	질문	가깝다	멀다
17	나는 문제를 해결하기 위해 많은 사람의 의견을 참고한다.		
	나는 몸을 움직이는 것을 좋아한다.		
	나는 시작한 일은 반드시 완성시킨다.		
	나는 문제 상황을 객관적으로 대처하는데 자신이 있다.		
18	나는 목표를 향해 계속 도전하는 편이다.		
	나는 실패하는 것이 두렵지 않다.		
	나는 친구들이 많은 편이다.		
	나는 다른 사람의 시선을 고려하여 행동한다.		
19	나는 추상적인 이론을 잘 기억하는 편이다.		
	나는 적극적으로 행동하는 편이다.		
	나는 말하는 것을 좋아한다.		
	나는 꾸준히 노력하는 타입이다.		
20	나는 실행력이 있는 편이다.		
	나는 조직 내 분위기 메이커이다.		
	나는 세심하지 못한 편이다.		
	나는 모임에서 지원자 역할을 맡는 것이 좋다.		
21	나는 현실적이고 실용적인 것을 추구한다.		
	나는 계획을 세우고 실행하는 것이 재미있다.		
	나는 꾸준한 취미를 갖고 있다.		
	나는 성급하게 결정하지 않는다.		
22	나는 싫어하는 사람과도 아무렇지 않게 이야기 할 수 있다.		
	내 책상은 항상 깔끔히 정돈되어 있다.		
	나는 실패보다 성공을 먼저 생각한다.		
	나는 동료와의 경쟁도 즐긴다.		
23	나는 능력을 칭찬받는 경우가 많다.		
	나는 논리정연하게 말을 하는 편이다.		
	나는 사물의 근원과 배경에 대해 관심이 많다.		
	나는 문제에 부딪히면 스스로 해결하는 편이다.		
24	나는 부지런한 편이다.		
	나는 일을 하는 속도가 빠르다.		
	나는 독특하고 창의적인 생각을 잘한다.		
	나는 약속한 일은 어기지 않는다.		
25	나는 환경의 변화에도 쉽게 적응할 수 있다.		
	나는 망설이는 것보다 도전하는 편이다.		
	나는 완벽주의자이다.		
	나는 팀을 짜서 일을 하는 것이 재미있다.		

	질문	가깝다	멀다
26	나는 조직을 위해서 내 이익을 포기할 수 있다.		
	나는 상상력이 풍부하다.		
	나는 여러 가지 각도로 사물을 분석하는 것이 좋다.		
	나는 인간관계를 중시하는 편이다.		
27	나는 경험한 방법 중 가장 적합한 방법으로 일을 해결한다.		
	나는 독자적인 시각을 갖고 있다.		
	나는 시간이 걸려도 침착하게 생각하는 경우가 많다.		
	나는 높은 목표를 설정하고 이루기 위해 노력하는 편이다.		
28	나는 성격이 시원시원하다는 말을 자주 듣는다.		
	나는 자기 표현력이 강한 편이다.		
	나는 일의 내용을 중요시 여긴다.		
	나는 다른 사람보다 동정심이 많은 편이다.		
29	나는 하기 싫은 일을 맡아도 표시내지 않고 마무리 한다.		
	나는 누가 시키지 않아도 일을 계획적으로 진행한다.		
	나는 한 가지 일에 집중을 잘 하는 편이다.		
	나는 남을 설득하고 이해시키는데 자신이 있다.		
30	나는 비합리적이거나 불의를 보면 쉽게 지나치지 못한다.		
	나는 무엇이던 시작하면 이루어야 직성이 풀린다.		
	나는 사람을 가리지 않고 쉽게 사귄다.		
	나는 어렵고 힘든 일에 도전하는 것에 쾌감을 느낀다.		

>> 유형 3

|1~200| 다음 (   ) 안에 당신에게 해당사항이 있으면 'YES', 그렇지 않다면 'NO'를 선택하시오.

                                                                                          YES NO

1. 사람들이 붐비는 도시보다 한적한 시골이 좋다. ··( )( )

2. 전자기기를 잘 다루지 못하는 편이다. ···( )( )

3. 인생에 대해 깊이 생각해 본 적이 없다. ···( )( )

4. 혼자서 식당에 들어가는 것은 전혀 두려운 일이 아니다. ··( )( )

5. 남녀 사이의 연애에서 중요한 것은 돈이다. ··( )( )

6. 걸음걸이가 빠른 편이다. ··( )( )

7. 육류보다 채소류를 더 좋아한다. ···( )( )

8. 소곤소곤 이야기하는 것을 보면 자기에 대해 험담하고 있는 것으로 생각된다. ·················( )( )

9. 여럿이 어울리는 자리에서 이야기를 주도하는 편이다. ···( )( )

10. 집에 머무는 시간보다 밖에서 활동하는 시간이 더 많은 편이다. ·····································( )( )

11. 무엇인가 창조해내는 작업을 좋아한다. ··( )( )

12. 자존심이 강하다고 생각한다. ··( )( )

13. 금방 흥분하는 성격이다. ···( )( )

14. 거짓말을 한 적이 많다. ···( )( )

15. 신경질적인 편이다. ··( )( )

16. 끙끙대며 고민하는 타입이다. ··( )( )

17. 자신이 맡은 일에 반드시 책임을 지는 편이다. ··( )( )

18. 누군가와 마주하는 것보다 통화로 이야기하는 것이 더 편하다. ······································( )( )

19. 운동신경이 뛰어난 편이다. ···( )( )

20. 생각나는 대로 말해버리는 편이다. ···( )( )

21. 싫어하는 사람이 없다. ··( )( )

22. 학창시절 국·영·수보다는 예체능 과목을 더 좋아했다. ···( )( )

23. 쓸데없는 고생을 하는 일이 많다. ································( )( )

24. 자주 생각이 바뀌는 편이다. ·····························( )( )

25. 갈등은 대화로 해결한다. ·······························( )( )

26. 내 방식대로 일을 한다. ·······························( )( )

27. 영화를 보고 운 적이 많다. ····························( )( )

28. 어떤 것에 대해서도 화낸 적이 없다. ·····················( )( )

29. 좀처럼 아픈 적이 없다. ·······························( )( )

30. 자신은 도움이 안 되는 사람이라고 생각한다. ···············( )( )

31. 어떤 일이든 쉽게 싫증을 내는 편이다. ···················( )( )

32. 개성적인 사람이라고 생각한다. ·························( )( )

33. 자기주장이 강한 편이다. ·······························( )( )

34. 뒤숭숭하다는 말을 들은 적이 있다. ·····················( )( )

35. 인터넷 사용이 아주 능숙하다. ·························( )( )

36. 사람들과 관계 맺는 것을 보면 잘하지 못한다. ··············( )( )

37. 사고방식이 독특하다. ·······························( )( )

38. 대중교통보다는 걷는 것을 더 선호한다. ··················( )( )

39. 끈기가 있는 편이다. ·································( )( )

40. 신중한 편이라고 생각한다. ····························( )( )

41. 인생의 목표는 큰 것이 좋다. ···························( )( )

42. 어떤 일이라도 바로 시작하는 타입이다. ··················( )( )

43. 낯가림을 하는 편이다. ·······························( )( )

44. 생각하고 나서 행동하는 편이다. ·························( )( )

45. 쉬는 날은 밖으로 나가는 경우가 많다. ··················( )( )

46. 시작한 일은 반드시 완성시킨다. ·························( )( )

47. 면밀한 계획을 세운 여행을 좋아한다. ···(　)(　)

48. 야망이 있는 편이라고 생각한다. ···(　)(　)

49. 활동력이 있는 편이다. ··(　)(　)

50. 많은 사람들과 왁자지껄하게 식사하는 것을 좋아하지 않는다. ···················(　)(　)

51. 장기적인 계획을 세우는 것을 꺼려한다. ··(　)(　)

52. 자기 일이 아닌 이상 무심한 편이다. ···(　)(　)

53. 하나의 취미에 열중하는 타입이다. ··(　)(　)

54. 스스로 모임에서 회장에 어울린다고 생각한다. ···(　)(　)

55. 입신출세의 성공이야기를 좋아한다. ··(　)(　)

56. 어떠한 일도 의욕을 가지고 임하는 편이다. ··(　)(　)

57. 학급에서는 존재가 희미했다. ···(　)(　)

58. 항상 무언가를 생각하고 있다. ···(　)(　)

59. 스포츠는 보는 것보다 하는 게 좋다. ···(　)(　)

60. 문제 상황을 바르게 인식하고 현실적이고 객관적으로 대처한다. ··················(　)(　)

61. 흐린 날은 반드시 우산을 가지고 간다. ··(　)(　)

62. 여러 명보다 1 : 1로 대화하는 것을 선호한다. ··(　)(　)

63. 공격하는 타입이라고 생각한다. ···(　)(　)

64. 리드를 받는 편이다. ··(　)(　)

65. 너무 신중해서 기회를 놓친 적이 있다. ··(　)(　)

66. 시원시원하게 움직이는 타입이다. ··(　)(　)

67. 야근을 해서라도 업무를 끝낸다. ···(　)(　)

68. 누군가를 방문할 때는 반드시 사전에 확인한다. ··(　)(　)

69. 아무리 노력해도 결과가 따르지 않는다면 의미가 없다. ····································(　)(　)

70. 솔직하고 타인에 대해 개방적이다. ··(　)(　)

YES   NO

71. 유행에 둔감하다고 생각한다. ……………………………………………………………(　)(　)

72. 정해진 대로 움직이는 것은 시시하다. …………………………………………………(　)(　)

73. 꿈을 계속 가지고 있고 싶다. …………………………………………………………(　)(　)

74. 질서보다 자유를 중요시하는 편이다. …………………………………………………(　)(　)

75. 혼자서 취미에 몰두하는 것을 좋아한다. ………………………………………………(　)(　)

76. 직관적으로 판단하는 편이다. …………………………………………………………(　)(　)

77. 영화나 드라마를 보며 등장인물의 감정에 이입된다. …………………………………(　)(　)

78. 시대의 흐름에 역행해서라도 자신을 관철하고 싶다. …………………………………(　)(　)

79. 다른 사람의 소문에 관심이 없다. ……………………………………………………(　)(　)

80. 창조적인 편이다. ………………………………………………………………………(　)(　)

81. 비교적 눈물이 많은 편이다. …………………………………………………………(　)(　)

82. 융통성이 있다고 생각한다. ……………………………………………………………(　)(　)

83. 친구의 휴대전화 번호를 잘 모른다. ……………………………………………………(　)(　)

84. 스스로 고안하는 것을 좋아한다. ………………………………………………………(　)(　)

85. 정이 두터운 사람으로 남고 싶다. ……………………………………………………(　)(　)

86. 새로 나온 전자제품의 사용방법을 익히는 데 오래 걸린다. …………………………(　)(　)

87. 세상의 일에 별로 관심이 없다. ………………………………………………………(　)(　)

88. 변화를 추구하는 편이다. ………………………………………………………………(　)(　)

89. 업무는 인간관계로 선택한다. …………………………………………………………(　)(　)

90. 환경이 변하는 것에 구애되지 않는다. …………………………………………………(　)(　)

91. 다른 사람들에게 첫인상이 좋다는 이야기를 자주 듣는다. ……………………………(　)(　)

92. 인생은 살 가치가 없다고 생각한다. ……………………………………………………(　)(　)

93. 의지가 약한 편이다. ……………………………………………………………………(　)(　)

94. 다른 사람이 하는 일에 별로 관심이 없다. ……………………………………………(　)(　)

	YES	NO

95. 자주 넘어지거나 다치는 편이다. ··( )( )

96. 심심한 것을 못 참는다. ···( )( )

97. 다른 사람을 욕한 적이 한 번도 없다. ·····································( )( )

98. 몸이 아프더라도 병원에 잘 가지 않는 편이다. ·······················( )( )

99. 금방 낙심하는 편이다. ···( )( )

100. 평소 말이 빠른 편이다. ···( )( )

101. 어려운 일은 되도록 피하는 게 좋다. ····································( )( )

102. 다른 사람이 내 의견에 간섭하는 것이 싫다. ·························( )( )

103. 낙천적인 편이다. ···( )( )

104. 남을 돕다가 오해를 산 적이 있다. ·······································( )( )

105. 모든 일에 준비성이 철저한 편이다. ·····································( )( )

106. 상냥하다는 말을 들은 적이 있다. ···( )( )

107. 맑은 날보다 흐린 날을 더 좋아한다. ····································( )( )

108. 많은 친구들을 만나는 것보다 단 둘이 만나는 것이 더 좋다. ····( )( )

109. 평소에 불평불만이 많은 편이다. ··( )( )

110. 가끔 나도 모르게 엉뚱한 행동을 하는 때가 있다. ··················( )( )

111. 생리현상을 잘 참지 못하는 편이다. ·····································( )( )

112. 다른 사람을 기다리는 경우가 많다. ·····································( )( )

113. 술자리나 모임에 억지로 참여하는 경우가 많다. ····················( )( )

114. 결혼과 연애는 별개라고 생각한다. ·······································( )( )

115. 노후에 대해 걱정이 될 때가 많다. ·······································( )( )

116. 잃어버린 물건은 쉽게 찾는 편이다. ·····································( )( )

117. 비교적 쉽게 감격하는 편이다. ··( )( )

118. 어떤 것에 대해서는 불만을 가진 적이 없다. ·························( )( )

119. 걱정으로 밤에 못 잘 때가 많다. ·······························( )( )

120. 자주 후회하는 편이다. ··( )( )

121. 쉽게 학습하지만 쉽게 잊어버린다. ····························( )( )

122. 낮보다 밤에 일하는 것이 좋다. ·······························( )( )

123. 많은 사람 앞에서도 긴장하지 않는다. ····················( )( )

124. 상대방에게 감정 표현을 하기가 어렵게 느껴진다. ····( )( )

125. 인생을 포기하는 마음을 가진 적이 한 번도 없다. ····( )( )

126. 규칙에 대해 드러나게 반발하기보다 속으로 반발한다. ····( )( )

127. 자신의 언행에 대해 자주 반성한다. ·······················( )( )

128. 활동범위가 좁아 늘 가던 곳만 고집한다. ···············( )( )

129. 나는 끈기가 다소 부족하다. ·····································( )( )

130. 좋다고 생각하더라도 좀 더 검토하고 나서 실행한다. ····( )( )

131. 위대한 인물이 되고 싶다. ···( )( )

132. 한 번에 많은 일을 떠맡아도 힘들지 않다. ···············( )( )

133. 사람과 약속은 부담스럽다. ·······································( )( )

134. 질문을 받으면 충분히 생각하고 나서 대답하는 편이다. ····( )( )

135. 머리를 쓰는 것보다 땀을 흘리는 일이 좋다. ···········( )( )

136. 결정한 것에는 철저히 구속받는다. ··························( )( )

137. 아무리 바쁘더라도 자기관리를 위한 운동을 꼭 한다. ····( )( )

138. 이왕 할 거라면 일등이 되고 싶다. ··························( )( )

139. 과감하게 도전하는 타입이다. ···································( )( )

140. 자신은 사교적이 아니라고 생각한다. ······················( )( )

141. 무심코 도리에 대해서 말하고 싶어진다. ··················( )( )

142. 목소리가 큰 편이다. ··( )( )

143. 단념하기보다 실패하는 것이 낫다고 생각한다. ································( )( )

144. 예상하지 못한 일은 하고 싶지 않다. ·······························( )( )

145. 파란만장하더라도 성공하는 인생을 살고 싶다. ·······················( )( )

146. 활기찬 편이라고 생각한다. ···( )( )

147. 자신의 성격으로 고민한 적이 있다. ·································( )( )

148. 무심코 사람들을 평가 한다. ·······································( )( )

149. 때때로 성급하다고 생각한다. ······································( )( )

150. 자신은 꾸준히 노력하는 타입이라고 생각한다. ·······················( )( )

151. 터무니없는 생각이라도 메모한다. ···································( )( )

152. 리더십이 있는 사람이 되고 싶다. ···································( )( )

153. 열정적인 사람이라고 생각한다. ·····································( )( )

154. 다른 사람 앞에서 이야기를 하는 것이 조심스럽다. ····················( )( )

155. 세심하기보다 통찰력이 있는 편이다. ································( )( )

156. 엉덩이가 가벼운 편이다. ··( )( )

157. 여러 가지로 구애받는 것을 견디지 못한다. ·························( )( )

158. 돌다리도 두들겨 보고 건너는 쪽이 좋다. ··························( )( )

159. 자신에게는 권력욕이 있다. ·······································( )( )

160. 자신의 능력보다 과중한 업무를 할당받으면 기쁘다. ···················( )( )

161. 사색적인 사람이라고 생각한다. ····································( )( )

162. 비교적 개혁적이다. ···( )( )

163. 좋고 싫음으로 정할 때가 많다. ····································( )( )

164. 전통에 얽매인 습관은 버리는 것이 적절하다. ·······················( )( )

165. 교제 범위가 좁은 편이다. ··( )( )

166. 발상의 전환을 할 수 있는 타입이라고 생각한다. ····················( )( )

167. 주관적인 판단으로 실수한 적이 있다. ·······································(   )(   )

168. 현실적이고 실용적인 면을 추구한다. ·······································(   )(   )

169. 타고난 능력에 의존하는 편이다. ···(   )(   )

170. 다른 사람을 의식하여 외모에 신경을 쓴다. ·····························(   )(   )

171. 마음이 담겨 있으면 선물은 아무 것이나 좋다. ·······················(   )(   )

172. 여행은 내 마음대로 하는 것이 좋다. ·······································(   )(   )

173. 추상적인 일에 관심이 있는 편이다. ···(   )(   )

174. 큰일을 먼저 결정하고 세세한 일을 나중에 결정하는 편이다. ·······(   )(   )

175. 괴로워하는 사람을 보면 답답하다. ···(   )(   )

176. 자신의 가치기준을 알아주는 사람은 아무도 없다. ·····················(   )(   )

177. 인간성이 없는 사람과는 함께 일할 수 없다. ·····························(   )(   )

178. 상상력이 풍부한 편이라고 생각한다. ·······································(   )(   )

179. 의리, 인정이 두터운 상사를 만나고 싶다. ································(   )(   )

180. 인생은 앞날을 알 수 없어 재미있다. ·······································(   )(   )

181. 조직에서 분위기 메이커다. ···(   )(   )

182. 반성하는 시간에 차라리 실수를 만회할 방법을 구상한다. ···········(   )(   )

183. 늘 하던 방식대로 일을 처리해야 마음이 편하다. ·······················(   )(   )

184. 쉽게 이룰 수 있는 일에는 흥미를 느끼지 못한다. ·····················(   )(   )

185. 좋다고 생각하면 바로 행동한다. ···(   )(   )

186. 후배들은 무섭게 가르쳐야 따라온다. ·······································(   )(   )

187. 한 번에 많은 일을 떠맡는 것이 부담스럽다. ·····························(   )(   )

188. 능력 없는 상사라도 진급을 위해 아부할 수 있다. ·····················(   )(   )

189. 질문을 받으면 그때의 느낌으로 대답하는 편이다. ·····················(   )(   )

190. 땀을 흘리는 것보다 머리를 쓰는 일이 좋다. ·····························(   )(   )

191. 단체 규칙에 그다지 구속받지 않는다. ···(   )(   )

192. 물건을 자주 잃어버리는 편이다. ···(   )(   )

193. 불만이 생기면 즉시 말해야 한다. ···(   )(   )

194. 안전한 방법을 고르는 타입이다. ···(   )(   )

195. 사교성이 많은 사람을 보면 부럽다. ···(   )(   )

196. 성격이 급한 편이다. ··(   )(   )

197. 갑자기 중요한 프로젝트가 생기면 혼자서라도 야근할 수 있다. ·····························(   )(   )

198. 내 인생에 절대로 포기하는 경우는 없다. ··(   )(   )

199. 예상하지 못한 일도 해보고 싶다. ··(   )(   )

200. 평범하고 평온하게 행복한 인생을 살고 싶다. ··(   )(   )

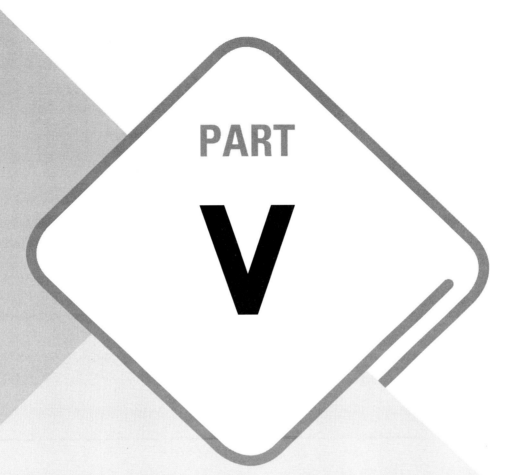

PART

V

NCS 면접

01 면접의 기본

02 면접기출

01 면접의 기본

1 면접준비

(1) 면접의 기본 원칙

① **면접의 의미** … 다양한 면접기법을 활용하여 지원한 직무에 필요한 능력을 지원자가 보유하고 있는지를 확인하는 절차라고 할 수 있다. 즉, 지원자의 입장에서는 채용 직무수행에 필요한 요건들과 관련하여 자신의 환경, 경험, 관심사, 성취 등에 대해 기업에 직접 어필할 수 있는 기회를 제공받는 것이며, 기업의 입장에서는 서류전형만으로 알 수 없는 지원자에 대한 정보를 직접적으로 수집하고 평가하는 것이다.

② **면접의 특징** … 면접은 기업의 입장에서 서류전형이나 필기전형에서 드러나지 않는 지원자의 능력이나 성향을 볼 수 있는 기회로, 면대면으로 이루어지며 즉흥적인 질문들이 포함될 수 있기 때문에 지원자가 완벽하게 준비하기 어려운 부분이 있다. 하지만 지원자 입장에서도 서류전형이나 필기전형에서 모두 보여주지 못한 자신의 능력 등을 기업의 인사담당자에게 어필할 수 있는 추가적인 기회가 될 수도 있다.

[서류·필기전형과 차별화되는 면접의 특징]

- 직무수행과 관련된 다양한 지원자 행동에 대한 관찰이 가능하다.
- 면접관이 알고자 하는 정보를 심층적으로 파악할 수 있다.
- 서류상의 미비한 사항과 의심스러운 부분을 확인할 수 있다.
- 커뮤니케이션 능력, 대인관계 능력 등 행동·언어적 정보도 얻을 수 있다.

③ 면접의 유형
　㉠ **구조화 면접** : 사전에 계획을 세워 질문의 내용과 방법, 지원자의 답변 유형에 따른 추가 질문과 그에 대한 평가 역량이 정해져 있는 면접 방식으로 표준화 면접이라고도 한다.
　　- 표준화된 질문이나 평가요소가 면접 전 확정되며, 지원자는 편성된 조나 면접관에 영향을 받지 않고 동일한 질문과 시간을 부여받을 수 있다.
　　- 조직 또는 직무별로 주요하게 도출된 역량을 기반으로 평가요소가 구성되어, 조직 또는 직무에서 필요한 역량을 가진 지원자를 선발할 수 있다.
　　- 표준화된 형식을 사용하는 특성 때문에 비구조화 면접에 비해 신뢰성과 타당성, 객관성이 높다.
　㉡ **비구조화 면접** : 면접 계획을 세울 때 면접 목적만을 명시하고 내용이나 방법은 면접관에게 전적으로 일임하는 방식으로 비표준화 면접이라고도 한다.

- 표준화된 질문이나 평가요소 없이 면접이 진행되며, 편성된 조나 면접관에 따라 지원자에게 주어지는 질문이나 시간이 다르다.
- 면접관의 주관적인 판단에 따라 평가가 이루어져 평가 오류가 빈번히 일어난다.
- 상황 대처나 언변이 뛰어난 지원자에게 유리한 면접이 될 수 있다.

④ 경쟁력 있는 면접 요령

㉠ 면접 전에 준비하고 유념할 사항
- 예상 질문과 답변을 미리 작성한다.
- 작성한 내용을 문장으로 외우지 않고 키워드로 기억한다.
- 지원한 회사의 최근 기사를 검색하여 기억한다.
- 지원한 회사가 속한 산업군의 최근 기사를 검색하여 기억한다.
- 면접 전 1주일간 이슈가 되는 뉴스를 기억하고 자신의 생각을 반영하여 정리한다.
- 찬반토론에 대비한 주제를 목록으로 정리하여 자신의 논리를 내세운 예상답변을 작성한다.

㉡ 면접장에서 유념할 사항
- 질문의 의도 파악 : 답변을 할 때에는 질문 의도를 파악하고 그에 충실한 답변이 될 수 있도록 질문 사항을 유념해야 한다. 많은 지원자가 하는 실수 중 하나로 답변을 하는 도중 자기 말에 심취되어 질문의 의도와 다른 답변을 하거나 자신이 알고 있는 지식만을 나열하는 경우가 있는데, 이럴 경우 의사소통능력이 부족한 사람으로 인식될 수 있으므로 주의하도록 한다.
- 답변은 두괄식 : 답변을 할 때에는 두괄식으로 결론을 먼저 말하고 그 이유를 설명하는 것이 좋다. 미괄식으로 답변을 할 경우 용두사미의 답변이 될 가능성이 높으며, 결론을 이끌어 내는 과정에서 논리성이 결여될 우려가 있다. 또한 면접관이 결론을 듣기 전에 말을 끊고 다른 질문을 추가하는 예상치 못한 상황이 발생될 수 있으므로 답변은 자신이 전달하고자 하는 바를 먼저 밝히고 그에 대한 설명을 하는 것이 좋다.
- 지원한 회사의 기업정신과 인재상을 기억 : 답변을 할 때에는 회사가 원하는 인재라는 인상을 심어주기 위해 지원한 회사의 기업정신과 인재상 등을 염두에 두고 답변을 하는 것이 좋다. 모든 회사에 해당되는 두루뭉술한 답변보다는 지원한 회사에 맞는 맞춤형 답변을 하는 것이 좋다.
- 나보다는 회사와 사회적 관점에서 답변 : 답변을 할 때에는 자기중심적인 관점을 피하고 좀 더 넓은 시각으로 회사와 국가, 사회적 입장까지 고려하는 인재임을 어필하는 것이 좋다. 자기중심적 시각을 바탕으로 자신의 출세만을 위해 회사에 입사하려는 인상을 심어줄 경우 면접에서 불이익을 받을 가능성이 높다.
- 난처한 질문은 정직한 답변 : 난처한 질문에 답변을 해야 할 때에는 피하기보다는 정면 돌파로 정직하고 솔직하게 답변하는 것이 좋다. 난처한 부분을 감추고 드러내지 않으려 회피하는 지원자의 모습은 인사담당자에게 입사 후에도 비슷한 상황에 처했을 때 회피할 수도 있다는 우려를 심어줄 수 있다. 따라서 직장생활에 있어 중요한 덕목 중 하나인 정직을 바탕으로 솔직하게 답변을 하도록 한다.

(2) 면접의 종류 및 준비 전략

① 인성면접

㉠ 면접 방식 및 판단기준

- 면접 방식 : 인성면접은 면접관이 가지고 있는 개인적 면접 노하우나 관심사에 의해 질문을 실시한다. 주로 입사지원서나 자기소개서의 내용을 토대로 지원동기, 과거의 경험, 미래 포부 등을 이야기하도록 하는 방식이다.
- 판단기준 : 면접관의 개인적 가치관과 경험, 해당 역량의 수준, 경험의 구체성·진실성 등

㉡ 특징 : 인성면접은 그 방식으로 인해 역량과 무관한 질문들이 많고 지원자에게 주어지는 면접질문, 시간 등이 다를 수 있다. 또한 입사지원서나 자기소개서의 내용을 토대로 하기 때문에 지원자별 질문이 달라질 수 있다.

㉢ 예시 문항 및 준비전략

- 예시 문항

> - 3분 동안 자기소개를 해 보십시오.
> - 자신의 장점과 단점을 말해 보십시오.
> - 학점이 좋지 않은데 그 이유가 무엇입니까?
> - 최근에 인상 깊게 읽은 책은 무엇입니까?
> - 회사를 선택할 때 중요시하는 것은 무엇입니까?
> - 일과 개인생활 중 어느 쪽을 중시합니까?
> - 10년 후 자신은 어떤 모습일 것이라고 생각합니까?
> - 휴학 기간 동안에는 무엇을 했습니까?

- 준비전략 : 인성면접은 입사지원서나 자기소개서의 내용을 바탕으로 하는 경우가 많으므로 자신이 작성한 입사지원서와 자기소개서의 내용을 충분히 숙지하도록 한다. 또한 최근 사회적으로 이슈가 되고 있는 뉴스에 대한 견해를 묻거나 시사상식 등에 대한 질문을 받을 수 있으므로 이에 대한 대비도 필요하다. 자칫 부담스러워 보이지 않는 질문으로 가볍게 대답하지 않도록 주의하고 모든 질문에 입사 의지를 담아 성실하게 답변하는 것이 중요하다.

② 발표면접

㉠ 면접 방식 및 판단기준

- 면접 방식 : 지원자가 특정 주제와 관련된 자료를 검토하고 그에 대한 자신의 생각을 면접관 앞에서 주어진 시간 동안 발표하고 추가 질의를 받는 방식으로 진행된다.
- 판단기준 : 지원자의 사고력, 논리력, 문제해결력 등

㉡ 특징 : 발표면접은 지원자에게 과제를 부여한 후, 과제를 수행하는 과정과 결과를 관찰·평가한다. 따라서 과제수행 결과뿐 아니라 수행과정에서의 행동을 모두 평가할 수 있다.

ⓒ 예시 문항 및 준비전략

• 예시 문항

[신입사원 조기 이직 문제]

※ 지원자는 아래에 제시된 자료를 검토한 뒤, 신입사원 조기 이직의 원인을 크게 3가지로 정리하고 이에
   대한 구체적인 개선안을 도출하여 발표해 주시기 바랍니다.

※ 본 과제에 정해진 정답은 없으나 논리적 근거를 들어 개선안을 작성해 주십시오.

• A기업은 동종업계 유사기업들과 비교해 볼 때, 비교적 높은 재무안정성을 유지하고 있으며 업무강도
  가 그리 높지 않은 것으로 외부에 알려져 있음.
• 최근 조사결과, 동종업계 유사기업들과 연봉을 비교해 보았을 때 연봉 수준도 그리 나쁘지 않은 편
  이라는 것이 확인되었음.
• 그러나 지난 3년간 1~2년차 직원들의 이직률이 계속해서 증가하고 있는 추세이며, 경영진 회의에서
  최우선 해결과제 중 하나로 거론되었음.
• 이에 따라 인사팀에서 현재 1~2년차 사원들을 대상으로 개선되어야 하는 A기업의 조직문화에 대한
  설문조사를 실시한 결과, '상명하복식의 의사소통'이 36.7%로 1위를 차지했음.
• 이러한 설문조사와 함께, 신입사원 조기 이직에 대한 원인을 분석한 결과 파랑새 증후군, 셀프홀릭
  증후군, 피터팬 증후군 등 3가지로 분류할 수 있었음.

〈동종업계 유사기업들과의 연봉 비교〉

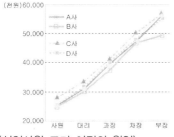

〈우리 회사 조직문화 중 개선되었으면 하는 것〉

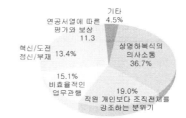

〈신입사원 조기 이직의 원인〉

• 파랑새 증후군
 -현재의 직장보다 더 좋은 직장이 있을 것이라는 막연한 기대감으로 끊임없이 새로운 직장을 탐색함.
 -학력 수준과 맞지 않는 '하향지원', 전공과 적성을 고려하지 않고 일단 취업하고 보자는 '묻지마 지원'
  이 파랑새 증후군을 초래함.
• 셀프홀릭 증후군
 -본인의 역량에 비해 가치가 낮은 일을 주로 하면서 갈등을 느낌.
• 피터팬 증후군
 -기성세대의 문화를 무조건 수용하기보다는 자유로움과 변화를 추구함.
 -상명하복, 엄격한 규율 등 기성세대가 당연시하는 관행에 거부감을 가지며 직장에 답답함을 느낌.

- 준비전략 : 발표면접의 시작은 과제 안내문과 과제 상황, 과제 자료 등을 정확하게 이해하는 것에서 출발한다. 과제 안내문을 침착하게 읽고 제시된 주제 및 문제와 관련된 상황의 맥락을 파악한 후 과제를 검토한다. 제시된 기사나 그래프 등을 충분히 활용하여 주어진 문제를 해결할 수 있는 해결책이나 대안을 제시하며, 발표를 할 때에는 명확하고 자신 있는 태도로 전달할 수 있도록 한다.

③ 토론면접

㉠ 면접 방식 및 판단기준

- 면접 방식 : 상호갈등적 요소를 가진 과제 또는 공통의 과제를 해결하는 내용의 토론 과제를 제시하고, 그 과정에서 개인 간의 상호작용 행동을 관찰하는 방식으로 면접이 진행된다.
- 판단기준 : 팀워크, 적극성, 갈등 조정, 의사소통능력, 문제해결능력 등

㉡ 특징 : 토론을 통해 도출해 낸 최종안의 타당성도 중요하지만, 결론을 도출해 내는 과정에서의 의사소통능력이나 갈등상황에서 의견을 조정하는 능력 등이 중요하게 평가되는 특징이 있다.

㉢ 예시 문항 및 준비전략

- 예시 문항

> - 군 가산점제 부활에 대한 찬반토론
> - 담뱃값 인상에 대한 찬반토론
> - 비정규직 철폐에 대한 찬반토론
> - 대학의 영어 강의 확대 찬반토론
> - 워크숍 장소 선정을 위한 토론

- 준비전략 : 토론면접은 무엇보다 팀워크와 적극성이 강조된다. 따라서 토론과정에 적극적으로 참여하며 자신의 의사를 분명하게 전달하며, 갈등상황에서 자신의 의견만 내세울 것이 아니라 다른 지원자의 의견을 경청하고 배려하는 모습도 중요하다. 갈등상황을 일목요연하게 정리하여 조정하는 등의 의사소통능력을 발휘하는 것도 좋은 전략이 될 수 있다.

④ 상황면접

㉠ 면접 방식 및 판단기준

- 면접 방식 : 상황면접은 직무 수행 시 접할 수 있는 상황들을 제시하고, 그러한 상황에서 어떻게 행동할 것인지를 이야기하는 방식으로 진행된다.
- 판단기준 : 해당 상황에 적절한 역량의 구현과 구체적 행동지표

㉡ 특징 : 실제 직무 수행 시 접할 수 있는 상황들을 제시하므로 입사 이후 지원자의 업무수행능력을 평가하는 데 적절한 면접 방식이다. 또한 지원자의 가치관, 태도, 사고방식 등의 요소를 통합적으로 평가하는 데 용이하다.

© 예시 문항 및 준비전략

• 예시 문항

> 당신은 생산관리팀의 팀원으로, 생산팀이 기한에 맞춰 효율적으로 제품을 생산할 수 있도록 관리하는
> 역할을 맡고 있습니다. 3개월 뒤에 제품A를 정상적으로 출시하기 위해 생산팀의 생산 계획을 수립한
> 상황입니다. 그러나 원가가 곧 실적으로 이어지는 구매팀에서는 최대한 원가를 줄여 전반적 단가를
> 낮추려고 원가절감을 위한 제안을 하였으나, 연구개발팀에서는 구매팀이 제안한 방식으로 제품을 생
> 산할 경우 대부분이 구매팀의 실적으로 산정될 것이므로 제대로 확인도 해보지 않은 채 적합하지 않
> 은 방식이라고 판단하고 있습니다. 당신은 어떻게 하겠습니까?

• 준비전략 : 상황면접은 먼저 주어진 상황에서 핵심이 되는 문제가 무엇인지를 파악하는 것에서 시작한
다. 주질문과 세부질문을 통하여 질문의 의도를 파악하였다면, 그에 대한 구체적인 행동이나 생각 등
에 대해 응답할수록 높은 점수를 얻을 수 있다.

⑤ 역할면접

㉠ 면접 방식 및 판단기준

• 면접 방식 : 역할면접 또는 역할연기 면접은 기업 내 발생 가능한 상황에서 부딪히게 되는 문제와 역
할을 가상적으로 설정하여 특정 역할을 맡은 사람과 상호작용하고 문제를 해결해 나가도록 하는 방식
으로 진행된다. 역할연기 면접에서는 면접관이 직접 역할연기를 하면서 지원자를 관찰하기도 하지만,
역할연기 수행만 전문적으로 하는 사람을 투입할 수도 있다.

• 판단기준 : 대처능력, 대인관계능력, 의사소통능력 등

㉡ 특징 : 역할면접은 실제 상황과 유사한 가상 상황에서의 행동을 관찰함으로서 지원자의 성격이나 대처
행동 등을 관찰할 수 있다.

㉢ 예시 문항 및 준비전략

• 예시 문항

[금융권 역할면접의 예]
당신은 ○○은행의 신입 텔러이다. 사람이 많은 월말 오전 한 할아버지(면접관 또는 역할담당자)께서 ○
○은행을 사칭한 보이스피싱으로 인해 500만 원을 피해 보았다며 소란을 일으키고 있다. 실제 업무상황
이라고 생각하고 상황에 대처해 보시오.

- 준비전략 : 역할연기 면접에서 측정하는 역량은 주로 갈등의 원인이 되는 문제를 해결 하고 제시된 해결방안을 상대방에게 설득하는 것이다. 따라서 갈등해결, 문제해결, 조정·통합, 설득력과 같은 역량이 중요시된다. 또한 갈등을 해결하기 위해서 상대방에 대한 이해도 필수적인 요소이므로 고객 지향을 염두에 두고 상황에 맞게 대처해야 한다.

역할면접에서는 변별력을 높이기 위해 면접관이 압박적인 분위기를 조성하는 경우가 많기 때문에 스트레스 상황에서 불안해하지 않고 유연하게 대처할 수 있도록 시간과 노력을 들여 충분히 연습하는 것이 좋다.

② 면접 이미지 메이킹

(1) 성공적인 이미지 메이킹 포인트

① 복장 및 스타일

㉠ 남성

- 양복 : 양복은 단색으로 하며 넥타이나 셔츠로 포인트를 주는 것이 효과적이다. 짙은 회색이나 감청색이 가장 단정하고 품위 있는 인상을 준다.
- 셔츠 : 흰색이 가장 선호되나 자신의 피부색에 맞추는 것이 좋다. 푸른색이나 베이지색은 산뜻한 느낌을 줄 수 있다. 양복과의 배색도 고려하도록 한다.
- 넥타이 : 의상에 포인트를 줄 수 있는 아이템이지만 너무 화려한 것은 피한다. 지원자의 피부색은 물론, 정장과 셔츠의 색을 고려하며, 체격에 따라 넥타이 폭을 조절하는 것이 좋다.
- 구두 & 양말 : 구두는 검정색이나 짙은 갈색이 어느 양복에나 무난하게 어울리며 깔끔하게 닦아 준비한다. 양말은 정장과 동일한 색상이나 검정색을 착용한다.
- 헤어스타일 : 머리스타일은 단정한 느낌을 주는 짧은 헤어스타일이 좋으며 앞머리가 있다면 이마나 눈썹을 가리지 않는 선에서 정리하는 것이 좋다.

ⓛ 여성

- 의상 : 단정한 스커트 투피스 정장이나 슬랙스 슈트가 무난하다. 블랙이나 그레이, 네이비, 브라운 등 차분해 보이는 색상을 선택하는 것이 좋다.
- 소품 : 구두, 핸드백 등은 같은 계열로 코디하는 것이 좋으며 구두는 너무 화려한 디자인이나 굽이 높은 것을 피한다. 스타킹은 의상과 구두에 맞춰 단정한 것으로 선택한다.
- 액세서리 : 액세서리는 너무 크거나 화려한 것은 좋지 않으며 과하게 많이 하는 것도 좋은 인상을 주지 못한다. 착용하지 않거나 작고 깔끔한 디자인으로 포인트를 주는 정도가 적당하다.
- 메이크업 : 화장은 자연스럽고 밝은 이미지를 표현하는 것이 좋으며 진한 색조는 인상이 강해 보일 수 있으므로 피한다.
- 헤어스타일 : 커트나 단발처럼 짧은 머리는 활동적이면서도 단정한 이미지를 줄 수 있도록 정리한다. 긴 머리의 경우 하나로 묶거나 단정한 머리망으로 정리하는 것이 좋으며, 짙은 염색이나 화려한 웨이브는 피한다.

② 인사

㉠ 인사의 의미 : 인사는 예의범절의 기본이며 상대방의 마음을 여는 기본적인 행동이라고 할 수 있다. 인사는 처음 만나는 면접관에게 호감을 살 수 있는 가장 쉬운 방법이 될 수 있기도 하지만 제대로 예의를 지키지 않으면 지원자의 인성 전반에 대한 평가로 이어질 수 있으므로 각별히 주의해야 한다.

㉡ 인사의 핵심 포인트

- 인사말 : 인사말을 할 때에는 밝고 친근감 있는 목소리로 하며, 자신의 이름과 수험번호 등을 간략하게 소개한다.
- 시선 : 인사는 상대방의 눈을 보며 하는 것이 중요하며 너무 빤히 쳐다본다는 느낌이 들지 않도록 주의한다.
- 표정 : 인사는 마음에서 우러나오는 존경이나 반가움을 표현하고 예의를 차리는 것이므로 살짝 미소를 지으며 하는 것이 좋다.
- 자세 : 인사를 할 때에는 가볍게 목만 숙인다거나 흐트러진 상태에서 인사를 하지 않도록 주의하며 절도 있고 확실하게 하는 것이 좋다.

③ 시선처리와 표정, 목소리

    ㉠ **시선처리와 표정** : 표정은 면접에서 지원자의 첫인상을 결정하는 중요한 요소이다. 얼굴표정은 사람의 감정을 가장 잘 표현할 수 있는 의사소통 도구로 표정 하나로 상대방에게 호감을 주거나, 비호감을 사기도 한다. 호감이 가는 인상의 특징은 부드러운 눈썹, 자연스러운 미간, 적당히 볼록한 광대, 올라간 입 꼬리 등으로 가볍게 미소를 지을 때의 표정과 일치한다. 따라서 면접 중에는 밝은 표정으로 미소를 지어 호감을 형성할 수 있도록 한다. 시선은 면접관과 고르게 맞추되 생기 있는 눈빛을 띄도록 하며, 너무 빤히 쳐다본다는 인상을 주지 않도록 한다.

    ㉡ **목소리** : 면접은 주로 면접관과 지원자의 대화로 이루어지므로 목소리가 미치는 영향이 상당하다. 답변을 할 때에는 부드러우면서도 활기차고 생동감 있는 목소리로 하는 것이 면접관에게 호감을 줄 수 있으며 적당한 제스처가 더해진다면 상승효과를 얻을 수 있다. 그러나 적절한 답변을 하였음에도 불구하고 콧소리나 날카로운 목소리, 자신감 없는 작은 목소리는 답변의 신뢰성을 떨어뜨릴 수 있으므로 주의하도록 한다.

④ 자세

    ㉠ **걷는 자세**
- 면접장에 입실할 때에는 상체를 곧게 유지하고 발끝은 평행이 되게 하며 무릎을 스치듯 11자로 걷는다.
- 시선은 정면을 향하고 턱은 가볍게 당기며 어깨나 엉덩이가 흔들리지 않도록 주의한다.
- 발바닥 전체가 닿는 느낌으로 안정감 있게 걸으며 발소리가 나지 않도록 주의한다.
- 보폭은 어깨넓이만큼이 적당하지만, 스커트를 착용했을 경우 보폭을 줄인다.
- 걸을 때도 미소를 유지한다.

    ㉡ **서있는 자세**
- 몸 전체를 곧게 펴고 가슴을 자연스럽게 내민 후 등과 어깨에 힘을 주지 않는다.
- 정면을 바라본 상태에서 턱을 약간 당기고 아랫배에 힘을 주어 당기며 바르게 선다.
- 양 무릎과 발뒤꿈치는 붙이고 발끝은 11자 또는 V형을 취한다.
- 남성의 경우 팔을 자연스럽게 내리고 양손을 가볍게 쥐어 바지 옆선에 붙이고, 여성의 경우 공수자세를 유지한다.

ⓒ 앉은 자세

• 남성

  • 의자 깊숙이 앉고 등받이와 등 사이에 주먹 1개 정도의 간격을 두며 기대듯 앉지 않도록 주의한다. (남녀 공통 사항)
  • 무릎 사이에 주먹 2개 정도의 간격을 유지하고 발끝은 11자를 취한다.
  • 시선은 정면을 바라보며 턱은 가볍게 당기고 미소를 짓는다. (남녀 공통 사항)
  • 양손은 가볍게 주먹을 쥐고 무릎 위에 올려놓는다.
  • 앉고 일어날 때에는 자세가 흐트러지지 않도록 주의한다. (남녀 공통 사항)

• 여성

  • 스커트를 입었을 경우 왼손으로 뒤쪽 스커트 자락을 누르고 오른손으로 앞쪽 자락을 누르며 의자에 앉는다.
  • 무릎은 붙이고 발끝을 가지런히 하며, 다리를 왼쪽으로 비스듬히 기울이면 여성스러워 보이는 효과가 있다.
  • 양손을 모아 무릎 위에 모아 놓으며 스커트를 입었을 경우 스커트 위를 가볍게 누르듯이 올려놓는다.

(2) 면접 예절

① 행동 관련 예절

ⓒ **지각은 절대금물** : 시간을 지키는 것은 예절의 기본이다. 지각을 할 경우 면접에 응시할 수 없거나, 면접 기회가 주어지더라도 불이익을 받을 가능성이 높아진다. 따라서 면접장소가 결정되면 교통편과 소요시간을 확인하고 가능하다면 사전에 미리 방문해 보는 것도 좋다. 면접 당일에는 서둘러 출발하여 면접 시간 20~30분 전에 도착하여 회사를 둘러보고 환경에 익숙해지는 것도 성공적인 면접을 위한 요령이 될 수 있다.

ⓒ **면접 대기 시간** : 지원자들은 대부분 면접장에서의 행동과 답변 등으로만 평가를 받는다고 생각하지만 그렇지 않다. 면접관이 아닌 면접진행자 역시 대부분 인사실무자이며 면접관이 면접 후 지원자에 대한 평가에 있어 확신을 위해 면접진행자의 의견을 구한다면 면접진행자의 의견이 당락에 영향을 줄 수 있다. 따라서 면접 대기 시간에도 행동과 말을 조심해야 하며, 면접을 마치고 돌아가는 순간까지도 긴장을 늦춰서는 안 된다. 면접 중 압박적인 질문에 답변을 잘 했지만, 면접장을 나와 흐트러진 모습을 보이거나 욕설을 한다면 면접 탈락의 요인이 될 수 있으므로 주의해야 한다.

ⓒ **입실 후 태도** : 본인의 차례가 되어 호명되면 또렷하게 대답하고 들어간다. 만약 면접장 문이 닫혀 있다면 상대에게 소리가 들릴 수 있을 정도로 노크를 두세 번 한 후 대답을 듣고 나서 들어가야 한다. 문을 여닫을 때에는 소리가 나지 않게 조용히 하며 공손한 자세로 인사한 후 성명과 수험번호를 말하고 면접관의 지시에 따라 자리에 앉는다. 이 경우 착석하라는 말이 없는데 먼저 의자에 앉으면 무례한 사람으로 보일 수 있으므로 주의한다. 의자에 앉을 때에는 끝에 앉지 말고 무릎 위에 양손을 가지런히 얹는 것이 예절이라고 할 수 있다.

ⓔ **옷매무새를 자주 고치지 마라.** : 일부 지원자의 경우 옷매무새 또는 헤어스타일을 자주 고치거나 확인하기도 하는데 이러한 모습은 과도하게 긴장한 것 같아 보이거나 면접에 집중하지 못하는 것으로 보일 수 있다. 남성 지원자의 경우 넥타이를 자꾸 고쳐 맨다거나 정장 상의 끝을 너무 자주 만지작거리지 않는다. 여성 지원자는 머리를 계속 쓸어 올리지 않고, 특히 짧은 치마를 입고서 신경이 쓰여 치마를 끌어 내리는 행동은 좋지 않다.

ⓜ **다리를 떨거나 산만한 시선은 면접 탈락의 지름길** : 자신도 모르게 다리를 떨거나 손가락을 만지는 등의 행동을 하는 지원자가 있는데, 이는 면접관의 주의를 끌 뿐만 아니라 불안하고 산만한 사람이라는 느낌을 주게 된다. 따라서 가능한 한 바른 자세로 앉아 있는 것이 좋다. 또한 면접관과 시선을 맞추지 못하고 여기저기 둘러보는 듯한 산만한 시선은 지원자가 거짓말을 하고 있다고 여겨지거나 신뢰할 수 없는 사람이라고 생각될 수 있다.

② 답변 관련 예절

ⓐ **면접관이나 다른 지원자와 가치 논쟁을 하지 않는다.** : 질문을 받고 답변하는 과정에서 면접관 또는 다른 지원자의 의견과 다른 의견이 있을 수 있다. 특히 평소 지원자가 관심이 많은 문제이거나 잘 알고 있는 문제인 경우 자신과 다른 의견에 대해 이의가 있을 수 있다. 하지만 주의할 것은 면접에서 면접관이나 다른 지원자와 가치 논쟁을 할 필요는 없다는 것이며 오히려 불이익을 당할 수도 있다. 정답이 정해져 있지 않은 경우에는 가치관이나 성장배경에 따라 문제를 받아들이는 태도에서 답변까지 충분히 차이가 있을 수 있으므로 굳이 면접관이나 다른 지원자의 가치관을 지적하고 고치려 드는 것은 좋지 않다.

ⓑ **답변은 항상 정직해야 한다.** : 면접이라는 것이 아무리 지원자의 장점을 부각시키고 단점을 축소시키는 것이라고 해도 절대로 거짓말을 해서는 안 된다. 거짓말을 하게 되면 지원자는 불안하거나 꺼림칙한 마음이 들게 되어 면접에 집중을 하지 못하게 되고 수많은 지원자를 상대하는 면접관은 그것을 놓치지 않는다. 거짓말은 그 지원자에 대한 신뢰성을 떨어뜨리며 이로 인해 다른 스펙이 아무리 훌륭하다고 해도 채용에서 탈락하게 될 수 있음을 명심하도록 한다.

ⓒ **경력직인 경우 전 직장에 대해 험담하지 않는다. :** 지원자가 전 직장에서 무슨 업무를 담당했고 어떤 성과를 올렸는지는 면접관이 관심을 둘 사항일 수 있지만, 이전 직장의 기업문화나 상사들이 어땠는지는 그다지 궁금해 하는 사항이 아니다. 전 직장에 대해 험담을 늘어놓는다든가, 동료와 상사에 대한 악담을 하게 된다면 오히려 지원자에 대한 부정적인 이미지만 심어줄 수 있다. 만약 전 직장에 대한 말을 해야 할 경우가 생긴다면 가능한 한 객관적으로 이야기하는 것이 좋다.

ⓓ **자기 자신이나 배경에 대해 자랑하지 않는다. :** 자신의 성취나 부모 형제 등 집안사람들이 사회·경제적으로 어떠한 위치에 있는지에 대한 자랑은 면접관으로 하여금 지원자에 대해 오만한 사람이거나 배경에 의존하려는 나약한 사람이라는 이미지를 갖게 할 수 있다. 따라서 자기 자신이나 배경에 대해 자랑하지 않도록 하고, 자신이 한 일에 대해서 너무 자세하게 얘기하지 않도록 주의해야 한다.

③ 면접 질문 및 답변 포인트

(1) 가족 및 대인관계에 관한 질문

① **당신의 가정은 어떤 가정입니까?**
면접관들은 지원자의 가정환경과 성장과정을 통해 지원자의 성향을 알고 싶어 이와 같은 질문을 한다. 비록 가정 일과 사회의 일이 완전히 일치하는 것은 아니지만 '가화만사성'이라는 말이 있듯이 가정이 화목해야 사회에서도 화목하게 지낼 수 있기 때문이다. 그러므로 답변 시에는 가족사항을 정확하게 설명하고 집안의 분위기와 특징에 대해 이야기하는 것이 좋다.

② **아버지의 직업은 무엇입니까?**
아주 기본적인 질문이지만 지원자는 아버지의 직업과 내가 무슨 관련성이 있을까 생각하기 쉬워 포괄적인 답변을 하는 경우가 많다. 그러나 이는 바람직하지 않은 것으로 단답형으로 답변하면 세부적인 직종 및 근무연한 등을 물을 수 있으므로 모든 걸 한 번에 대답하는 것이 좋다.

③ **친구 관계에 대해 말해 보십시오.**
지원자의 인간성을 판단하는 질문으로 교우관계를 통해 답변자의 성격과 대인관계능력을 파악할 수 있다. 새로운 환경에 적응을 잘하여 새로운 친구들이 많은 것도 좋지만, 깊고 오래 지속되어온 인간관계를 말하는 것이 더욱 바람직하다.

(2) 성격 및 가치관에 관한 질문

① 당신의 PR포인트를 말해 주십시오.

PR포인트를 말할 때에는 지나치게 겸손한 태도는 좋지 않으며 적극적으로 자기를 주장하는 것이 좋다. 앞으로 입사 후 하게 될 업무와 관련된 자기의 특성을 구체적인 일화를 더하여 이야기하도록 한다.

② 당신의 장·단점을 말해 보십시오.

지원자의 구체적인 장·단점을 알고자 하기 보다는 지원자가 자기 자신에 대해 얼마나 알고 있으며 어느 정도의 객관적인 분석을 하고 있나, 그리고 개선의 노력 등을 시도하는지를 파악하고자 하는 것이다. 따라서 장점을 말할 때는 업무와 관련된 장점을 뒷받침할 수 있는 근거와 함께 제시하며, 단점을 이야기할 때에는 극복을 위한 노력을 반드시 포함해야 한다.

③ 가장 존경하는 사람은 누구입니까?

존경하는 사람을 말하기 위해서는 우선 그 인물에 대해 알아야 한다. 잘 모르는 인물에 대해 존경한다고 말하는 것은 면접관에게 바로 지적당할 수 있으므로, 추상적이라도 좋으니 평소에 존경스럽다고 생각했던 사람에 대해 그 사람의 어떤 점이 좋고 존경스러운지 대답하도록 한다. 또한 자신에게 어떤 영향을 미쳤는지도 언급하면 좋다.

(3) 학교생활에 관한 질문

① 지금까지의 학교생활 중 가장 기억에 남는 일은 무엇입니까?

가급적 직장생활에 도움이 되는 경험을 이야기하는 것이 좋다. 또한 경험만을 간단하게 말하지 말고 그 경험을 통해서 얻을 수 있었던 교훈 등을 예시와 함께 이야기하는 것이 좋으나 너무 상투적인 답변이 되지 않도록 주의해야 한다.

② 성적은 좋은 편이었습니까?

면접관은 이미 서류심사를 통해 지원자의 성적을 알고 있다. 그럼에도 불구하고 이 질문을 하는 것은 지원자가 성적에 대해서 어떻게 인식하느냐를 알고자 하는 것이다. 성적이 나빴던 이유에 대해서 변명하려 하지 말고 담백하게 받아들이고 그것에 대한 개선노력을 했음을 밝히는 것이 적절하다.

③ 학창시절에 시위나 집회 등에 참여한 경험이 있습니까?

기업에서는 노사분규를 기업의 사활이 걸린 중대한 문제로 인식하고 거시적인 차원에서 접근한다. 이러한 기업문화를 제대로 인식하지 못하여 학창시절의 시위나 집회 참여 경험을 자랑스럽게 답변할 경우 감점요인이 되거나 심지어는 탈락할 수 있다는 사실에 주의한다. 시위나 집회에 참가한 경험을 말할 때에는 타당성과 정도에 유의하여 답변해야 한다.

(4) 지원동기 및 직업의식에 관한 질문

① 왜 우리 회사를 지원했습니까?

이 질문은 어느 회사나 가장 먼저 물어보고 싶은 것으로 지원자들은 기업의 이념, 대표의 경영능력, 재무구조, 복리후생 등 외적인 부분을 설명하는 경우가 많다. 이러한 답변도 적절하지만 지원 회사의 주력 상품에 관한 소비자의 인지도, 경쟁사 제품과의 시장점유율을 비교하면서 입사동기를 설명한다면 상당히 주목 받을 수 있을 것이다.

② 만약 이번 채용에 불합격하면 어떻게 하겠습니까?

불합격할 것을 가정하고 회사에 응시하는 지원자는 거의 없을 것이다. 이는 지원자를 궁지로 몰아넣고 어떻게 대응하는지를 살펴보며 입사 의지를 알아보려고 하는 것이다. 이 질문은 너무 깊이 들어가지 말고 침착하게 답변하는 것이 좋다.

③ 당신이 생각하는 바람직한 사원상은 무엇입니까?

직장인으로서 또는 조직의 일원으로서의 자세를 묻는 질문으로 지원하는 회사에서 어떤 인재상을 요구하는가를 알아두는 것이 좋으며, 평소에 자신의 생각을 미리 정리해 두어 당황하지 않도록 한다.

④ 직무상의 적성과 보수의 많음 중 어느 것을 택하겠습니까?

이런 질문에서 회사 측에서 원하는 답변은 당연히 직무상의 적성에 비중을 둔다는 것이다. 그러나 적성만을 너무 강조하다 보면 오히려 솔직하지 못하다는 인상을 줄 수 있으므로 어느 한 쪽을 너무 강조하거나 경시하는 태도는 바람직하지 못하다.

⑤ 상사와 의견이 다를 때 어떻게 하겠습니까?

과거와 다르게 최근에는 상사의 명령에 무조건 따르겠다는 수동적인 자세는 바람직하지 않다. 회사에서는 때에 따라 자신이 판단하고 행동할 수 있는 직원을 원하기 때문이다. 그러나 지나치게 자신의 의견만을 고집한다면 이는 팀원 간의 불화를 야기할 수 있으며 팀 체제에 악영향을 미칠 수 있으므로 선호하지 않는다는 것에 유념하여 답해야 한다.

⑥ 근무지가 지방인데 근무가 가능합니까?

근무지가 지방 중에서도 특정 지역은 되고 다른 지역은 안 된다는 답변은 바람직하지 않다. 직장에서는 순환 근무라는 것이 있으므로 처음에 지방에서 근무를 시작했다고 해서 계속 지방에만 있는 것은 아님을 유의하고 답변하도록 한다.

(5) 여가 활용에 관한 질문

① 취미가 무엇입니까?

기초적인 질문이지만 특별한 취미가 없는 지원자의 경우 대답이 애매할 수밖에 없다. 그래서 가장 많이 대답하게 되는 것이 독서, 영화감상, 혹은 음악감상 등과 같은 흔한 취미를 말하게 되는데 이런 취미는 면접관의 주의를 끌기 어려우며 설사 정말 위와 같은 취미를 가지고 있다하더라도 제대로 답변하기는 힘든 것이 사실이다. 가능하면 독특한 취미를 말하는 것이 좋으며 이제 막 시작한 것이라도 열의를 가지고 있음을 설명할 수 있으면 그것을 취미로 답변하는 것도 좋다.

② 술자리를 좋아합니까?

이 질문은 정말로 술자리를 좋아하는 정도를 묻는 것이 아니다. 우리나라에서는 대부분 술자리가 친교의 자리로 인식되기 때문에 그것에 얼마나 적극적으로 참여할 수 있는 가를 우회적으로 묻는 것이다. 술자리를 싫어한다고 대답하게 되면 원만한 대인관계에 문제가 있을 수 있다고 평가될 수 있으므로 술을 잘 마시지 못하더라도 술자리의 분위기는 즐긴다고 답변하는 것이 좋으며 주량에 대해서는 정확하게 말하는 것이 좋다.

(6) 여성 지원자들을 겨냥한 질문

① 결혼은 언제 할 생각입니까?

지원자가 결혼예정자일 경우 기업은 채용을 꺼리게 되는 경향이 있다. 업무를 어느 정도 인식하고 수행할 정도가 되면 퇴사하는 일이 흔하기 때문이다. 가능하면 향후 몇 년간은 결혼 계획이 없다고 답변하는 것이 현실적인 대처 요령이며, 덧붙여 결혼 후에도 일하고자 하는 의지를 강하게 내보인다면 더욱 도움이 된다.

② 만약 결혼 후 남편이나 시댁에서 직장생활을 그만두라고 강요한다면 어떻게 하겠습니까?

결혼적령기의 여성 지원자들에게 빈번하게 묻는 질문으로 의견 대립이 생겼을 때 상대방을 설득하고 타협하는 능력을 알아보고자 하는 것이다. 따라서 남편이나 시댁과 충분한 대화를 통해 설득하고 계속 근무하겠다는 의지를 밝히는 것이 좋다.

③ 여성의 취업을 어떻게 생각합니까?

여성 지원자들의 일에 대한 열의와 포부를 알고자 하는 질문이다. 많은 기업들이 여성들의 섬세하고 꼼꼼한 업무능력과 감각을 높이 평가하고 있으며, 사회 전반적인 분위기 역시 맞벌이를 이해하고 있으므로 자신의 의지를 당당하고 자신감 있게 밝히는 것이 좋다.

④ 커피나 복사 같은 잔심부름이 주어진다면 어떻게 하겠습니까?

여성 지원자들에게 가장 난감하고 자존심상하는 질문일 수 있다. 이 질문은 여성 지원자에게 잔심부름을 시키겠다는 요구가 아니라 직장생활 중에서의 협동심이나 봉사정신, 직업관을 알아보고자 하는 것이다. 또한 이 과정에서 압박기법을 사용해 비꼬는 투로 말하는 수 있는데 이는 자존심이 상하거나 불쾌해질 때의 행동을 알아보려는 것이다. 이럴 경우 흥분하여 과격하게 답변하면 탈락하게 되며, 무조건 열심히 하겠다는 대답도 신뢰성이 없는 답변이다. 직장생활을 위해 필요한 일이면 할 수 있다는 정도의 긍정적인 답변을 하되, 한 사람의 사원으로서 당당함을 유지하는 것이 좋다.

(7) 지원자를 당황하게 하는 질문

① 성적이 좋지 않은데 이 정도의 성적으로 우리 회사에 입사할 수 있다고 생각합니까?

비록 자신의 성적이 좋지 않더라도 이미 서류심사에 통과하여 면접에 참여하였다면 기업에서는 지원자의 성적보다 성적 이외의 요소, 즉 성격·열정 등을 높이 평가했다는 것이라고 할 수 있다. 그러나 이런 질문을 받게 되면 지원자는 당황할 수 있으나 주눅 들지 말고 침착하게 대처하는 면모를 보인다면 더 좋은 인상을 남길 수 있다.

② 우리 회사 회장님 함자를 알고 있습니까?

회장이나 사장의 이름을 조사하는 것은 면접일을 통고받았을 때 이미 사전 조사되었어야 하는 사항이다. 단답형으로 이름만 말하기보다는 그 기업에 입사를 희망하는 지원자의 입장에서 답변하는 것이 좋다.

③ 당신은 이 회사에 적합하지 않은 것 같군요.

이 질문은 지원자의 입장에서 상당히 곤혹스러울 수밖에 없다. 질문을 듣는 순간 그렇다면 면접은 왜 참가시킨 것인가 하는 생각이 들 수도 있다. 하지만 당황하거나 흥분하지 말고 침착하게 자신의 어떤 면이 회사에 적당하지 않은지 겸손하게 물어보고 지적당한 부분에 대해서 고치겠다는 의지를 보인다면 오히려 자신의 능력을 어필할 수 있는 기회로 사용할 수도 있다.

④ 다시 공부할 계획이 있습니까?

이 질문은 지원자가 합격하여 직장을 다니다가 공부를 더 하기 위해 회사를 그만 두거나 학습에 더 관심을 두어 일에 대한 능률이 저하될 것을 우려하여 묻는 것이다. 이때에는 당연히 학습보다는 일을 강조해야 하며, 업무 수행에 필요한 학습이라면 업무에 지장이 없는 범위에서 야간학교를 다니거나 회사에서 제공하는 연수 프로그램 등을 활용하겠다고 답변하는 것이 적당하다.

⑤ 지원한 분야가 전공한 분야와 다른데 여기 일을 할 수 있겠습니까?

수험생의 입장에서 본다면 지원한 분야와 전공이 다르지만 서류전형과 필기전형에 합격하여 면접을 보게 된 경우라고 할 수 있다. 이는 결국 해당 회사의 채용 방침상 전공에 크게 영향을 받지 않는다는 것이므로 무엇보다 자신이 전공하지는 않았지만 어떤 업무도 적극적으로 임할 수 있다는 자신감과 능동적인 자세를 보여주도록 노력하는 것이 좋다.

02 면접기출

예금보험공사의 면접전형은 1차 실무진 면접과 2차 임원 면접으로 진행된다. 실무진 면접에서는 지원 분야에 대한 이해 및 전문성, 공사 직원으로서의 품위 및 태도 등을 바탕으로 직무수행능력 및 인성 등 평가하며, 임원 면접에서는 지원동기 및 입사의지, 공사 직원으로서 품위 및 태도, 지원직무에 대한 능력 등을 바탕으로 종합평가가 이루어진다.

1 실무진 면접기출

① 예금보험공사가 어떤 회사인지 설명해 보시오.

② 입사 후 보여 줄 수 있는 자신의 능력에 대해 말해 보시오.

③ 최근에 예보 관련 읽은 기사가 있다면 말해 보시오.

④ 갈등상황을 해결한 경험이 있다면 말해 보시오.

⑤ 업무 스트레스 발생 시 어떤 방법으로 해결하겠습니까?

⑥ 직장 내 괴롭힘에 대한 자신의 의견을 말해 보시오.

⑦ 이전 직장 주 업무는 무엇이었습니까? (경력)

⑧ 자신만의 업무처리 방식이 있다면 말해 보시오.

⑨ 상사가 동료에게 부당한 지시를 내린다면 어떻게 하겠습니까?

⑩ 조직원으로서 빠른 업무처리와 정확한 업무처리 중 무엇이 더 중요하다고 생각합니까?

⑪ 법과 관련된 최근 이슈를 하나 제시하고 자신의 생각을 말해 보시오.

⑫ 상사에게 갑질을 당하는 동료를 목격했을 때 어떻게 하겠습니까?

⑬ 예보 인턴 과정을 통해 얻고자 하는 것은 무엇입니까? (인턴)

⑭ 최근 금융시장의 현황에 대해 설명해 보시오.

⑮ 할 줄 아는 제2외국어가 있다면 말해 보시오.

2 임원 면접기출

① 자기소개를 해 보시오. (영어 자기소개 포함)

② 지원동기가 무엇입니까?

③ 당사에 입사 후 배우고 싶은 것이 있다면 무엇입니까?

④ 취미생활이 있다면 말해 보시오.

⑤ 조직생활에 적응하는 자신만의 방법이 있다면 무엇입니까?

⑥ 본인이 남들보다 잘한다고 생각하는 것이 있다면 말해 보시오.

⑦ 자신의 장점은 무엇이고, 그것이 어떻게 회사에 기여할 수 있는지 말해 보시오.

⑧ 만약 원하는 부서로 배치가 안 된다면 어떻게 하겠습니까?

⑨ 전공을 선택한 이유가 있다면 말해 보시오.

⑩ 마지막으로 하고 싶은 말이 있다면 무엇입니까?

PART

VI

NCS 정답 및 해설

01 NCS 대표유형 정답해설
02 NCS 예상문제 정답해설

PART ① 의사소통능력 🔍

1	①	2	③	3	③	4	①	5	③

1 ①

제시된 지문은 공문서의 한 종류인 보도자료에 해당한다. 마지막 문단에 밑줄 친 '거쳐'의 앞뒤 문맥을 파악해 보면, 지방재정협의회에서 논의한 지역 현안 사업은 각 부처의 검토 단계를 밟은 뒤 기재부에 신청되고, 이후 관계 기관의 협의를 거쳐 내년도 예산안에 반영함을 알 수 있다. 즉, 밑줄 친 '거쳐'는 '어떤 과정이나 단계를 겪거나 밟다.'의 의미로 사용되었다. 보기 중 이와 동일한 의미로 쓰인 것은 ①이다.
② 마음에 거리끼거나 꺼리다.
③ 오가는 도중에 어디를 지나거나 들르다.
④ 무엇에 걸리거나 막히다.

2 ③

네 개의 문장에서 공통적으로 언급하고 있는 것은 환경문제임을 알 수 있다. 따라서 (내) 문장이 '문제 제기'를 한 것으로 볼 수 있다. (가)는 (내)에서 언급한 바를 더욱 발전시키며 논점을 전개해 나가고 있으며, (라)에서는 논점을 '잘못된 환경문제의 해결 주체'라는 쪽으로 전환하여 결론을 위한 토대를 구성하며, (다)에서 필자의 주장을 간결하게 매듭짓고 있다.

3 ③

③ 디지털화는 공장 내 사물들 간에 소통이 가능하도록 물리적 아날로그 신호를 디지털 신호로 변환하는 것이다.
①② 두 번째 문단에서 언급하고 있다.
④ 세 번째 문단에서 언급하고 있다.

4 ①

① 부지 용도가 단독주택용지이고 토지사용 가능시기가 '즉시'라는 공고를 통해 계약만 이루어지면 즉시 이용이 가능한 토지임을 알 수 있다.

② 계약체결 후 남은 금액은 공급가격에서 계약금을 제외한 33,250,095,000원이다. 이를 무이자로 3년간 6회에 걸쳐 납부해야 하므로 첫 번째 내야 할 중도금은 5,541,682,500원이다.

③ 규모 400㎡의 단독주택용지를 주택건설업자에게 분양하는 공고이다.

④ 계약금은 공급가격의 10%로 보증금이 더 적다.

---

5 ③

고위직급자와 계약직 직원들에 대한 학습목표 달성을 지원해야 한다는 논의가 되고 있으므로 그에 따른 실천 방안이 있을 것으로 판단할 수 있으나, 교육 시간 자체가 더 증가할 것으로 전망하는 것은 근거가 제시되어 있지 않은 의견이다.

① 22시간 → 35시간으로 약 59% 증가하였다.

② 평균 학습시간을 초과하여 달성하는 등 상시학습문화가 정착되었다고 평가하고 있다.

④ 생애주기에 맞는 직급별 직무역량교육 의무화라는 것은 각 직급과 나이에 보다 적합한 교육이 실시될 것임을 의미한다.

PART ❷ 문제해결능력

| 1 | ④ | 2 | ③ | 3 | ① | 4 | ④ | 5 | ② |

1 ④

날짜를 따져 보아야 하는 유형의 문제는 아래와 같이 달력을 그려서 살펴보면 어렵지 않게 정답을 구할 수 있다.

일	월	화	수	목	금	토
	1	2	3	4	5	6
7	8	9	10	11	12	13
14	15	16	17	18	19	20
21	22	23	24	25	26	27
28	29	30	31			

1일이 월요일이므로 정 대리는 위와 같은 달력에 해당하는 기간 중에 출장을 가려고 한다. 3박 4일 일정 중 출발과 도착일 모두 휴일이 아니어야 한다면 월~목요일, 화~금요일, 금~월요일 세 가지의 경우의 수가 생기는데, 현지에서 복귀하는 비행편이 화요일과 목요일이므로 월~목요일의 일정을 선택해야 한다. 회의가 셋째 주 화요일이라면 16일이므로 그 이후 가능한 월~목요일은 두 번이 있으나, 마지막 주의 경우 도착일이 다음 달로 넘어가게 되므로 조건에 부합되지 않는다. 따라서 출장 출발일로 적절한 날은 22일이며 일정은 22~25일이 된다.

---

2 ③

㉢에서 유진이는 화요일에 학교에 가지 않으므로 ㉣의 대우에 의하여 수요일에는 학교에 간다.
수요일에 학교에 가므로 ㉡의 대우에 의해 금요일에는 학교에 간다.
금요일에 학교에 가므로 ㉣의 대우에 의해 월요일에는 학교를 가지 않는다.
월요일에 학교를 가지 않으므로 ㉠의 대우에 의해 목요일에는 학교에 간다.
따라서 유진이가 학교에 가는 요일은 수, 목, 금이다.

---

3 ①

조사 대상과 조사 내용을 볼 때, ①은 본 설문조사의 목적으로 가장 적합하지 않다.
② 조사 내용 중 '향후 해외 근거리 당일 왕복항공 잠재 수요 파악'을 통해 해외 당일치기 여객의 수요에 부응할 수 있는 노선 구축 근거를 마련할 수 있다.
③ 조사 내용 중 '과거 해외 근거리 당일 왕복항공 이용 실적 파악'을 통해 해외 근거리 당일 왕복항공을 이용한 실적 및 행태를 파악할 수 있다.
④ 조사 내용 중 '해외 근거리 당일 왕복항공 이용을 위한 개선 사항 파악'을 통해 근거리 국가로 여행 또는 출장을 위해 당일 왕복항공을 이용할 의향과 수용도를 파악할 수 있다.

---

4 ④

④ 어머니와 본인, 배우자, 아이 셋을 합하면 丁의 가족은 모두 6명이다. 6인 가구의 월평균소득기준은 5,144,224원 이하로, 월평균소득이 480만 원이 되지 않는 丁는 국민임대주택 예비입주자로 신청할 수 있다.
① 세대 분리되어 있는 배우자도 세대구성원에 포함되므로 주택을 소유한 아내가 있는 甲은 국민임대주택 예비입주자로 신청할 수 없다.
② 본인과 배우자, 배우자의 부모님을 합하면 乙의 가족은 모두 4명이다. 4인 가구 월평균소득기준은 4,315,641원 이하로, 월평균소득이 500만 원을 넘는 乙은 국민임대주택 예비입주자로 신청할 수 없다.
③ 신청자인 丙의 배우자의 직계비속인 아들이 전 남편으로부터 아파트 분양권을 물려받아 소유하고 있으므로 丙은 국민임대주택 예비입주자로 신청할 수 없다.

5 ②

B팀은 자신들이 제작한 K부서 정책홍보책자를 서울에 모두 배포하거나 부산에 모두 배포한다는 지침에 따라 배포하였는데, B팀이 제작·배포한 K부서 정책홍보책자 중 일부를 부산에서 발견하였으므로, B팀의 책자는 모두 부산에 배포되었다.

A팀이 제작·배포한 책자 중 일부를 서울에서 발견하였지만, A팀은 자신들이 제작한 K부서의 모든 정책홍보책자를 서울이나 부산에 배포한다는 지침에 따라 배포하였으므로, 모두 서울에 배포되었는지는 알 수 없다. 따라서 항상 옳은 평가는 ⓒ뿐이다.

PART ❸ 정보능력 🔍

1	③	2	③	3	②	4	②	5	③

---

1 ③

Index 뒤에 나타나는 문자가 오류 문자이므로 이 상황에서 오류 문자는 'GHWDYC'이다. 오류 문자 중 오류 발생 위치의 문자와 일치하지 않는 알파벳은 G, H, W, D, Y 5개이므로 처리코드는 'Atnih'이다.

---

2 ③

DSUM함수는 DSUM(범위, 열 번호, 조건)으로 나타내며 조건에 부합하는 데이터를 합하는 수식이다. 제시된 수식은 영업부에 해당하는 4/4분기의 데이터를 합하라는 것이므로 $15+20+20=55$가 된다.

---

3 ②

입고연월 2010○○ + 충청남도 쫓출판사 3J + 「뇌과학 첫걸음」 07773 + 입고순서 8491
따라서 코드는 '2010○○3J077738491'이 된다.

---

4 ②

발행 출판사와 입고순서가 동일하려면 (지역코드 + 고유번호) 두 자리와 (입고순서) 네 자리가 동일해야 한다. 이규리와 강희철은 각각 2011054L066610351, 2012064L107790351로 발행 출판사와 입고순서가 동일한 도서를 담당하는 책임자이다.

5　③
$n=0, \ S=1$
$n=1, \ S=1+1^2$
$n=2, \ S=1+1^2+2^2$
…
$n=7, \ S=1+1^2+2^2+\cdots+7^2$
∴ 출력되는 S의 값은 141이다.

NCS 예상문제 정답해설

PART ❶ 의사소통능력

1	①	2	③	3	①	4	①	5	②	6	⑤	7	③	8	⑤	9	③	10	②
11	④	12	②	13	②	14	④	15	③	16	④	17	②	18	③	19	④	20	④
21	②	22	④	23	①	24	①	25	⑤	26	②	27	③	28	①	29	④	30	②
31	①	32	④	33	①	34	③	35	④	36	④	37	③	38	④	39	⑤	40	①

1 ①

② 관습이론의 특징에 해당한다.

③ 구조이론에서 보는 관습이론의 특징이다.

④ 갈등이론에서 법은 사회적 통합을 위한 합의의 산물이 아니라, 지배 집단의 억압 구조를 유지·강화하여 자신들의 이익을 영위하려는 하나의 수단이라고 주장한다.

⑤ 갈등이론은 전체로서의 사회적 이익이 아니라 지배집단의 이익을 영위하려 한다.

2 ③

㉠ 뚜껑과 도자기 몸체는 한 점으로 분류된다.

㉡ 파편을 찾을 수 없으면 결손이고 결손은 복원의 대상이 된다.

㉢ 재료만 동일하고 제작기법, 문양, 형태는 모두 다르다.

㉣ 한 쌍일 때도 한 점, 한 짝만 있을 때도 한 점으로 계산된다.

㉤ 파편이 발견되면 기존의 철불과 일괄로 한 점 처리된다.

3 ①

사이버공간과 인간 공동체를 비교해 보면 사이버공간은 사이버공간 전체의 힘은 다양한 접속점들 간의 연결을 얼마나 잘 유지하느냐에 달려 있고, 인간 공동체의 힘 역시 접속점 즉 개인과 개인, 다양한 집단과 집단 간의 견고한 관계유지에 달려 있다고 본다.

그러므로 유사성을 부정하고 아닌 차이를 부각하는 내용이어야만 한다.

4 ①

상충되는 것은 지문의 내용과 양립할 수 없다는 것을 찾는 것이다. 틀린 것과는 다른 의미임을 명심하여야 한다.

㉠ 창충사는 거창의 여러 향리 가운데 신씨가 중심이 되어 세운 사당이다.

㉡ 향리들이 건립한 사당은 양반들이 건립한 사당에 비하면 얼마 되지 않는다.

㉢ 향리가 세운 서원이 존재하는지 안 하는지 알 수 없다.

㉣ 창충사에 모셔진 향리는 다섯 명이다. 원래 무신란에 죽은 향리는 일곱 명이었으나 두 명의 신씨는 사당에 모셔지지 않았다.

---

5 ②

공동의 온도에 따른 복사에너지량에 대해서는 글에 제시되지 않았다.

---

6 ⑤

선과 악의 대결에서 항상 선이 승리한다는 내용은 어디에도 찾아볼 수 없다.

---

7 ③

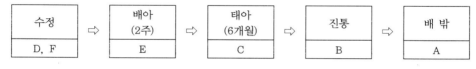

---

8 ⑤

운석이 우주 공간에 머물 때는 태양과 은하로부터 오는 복사선의 영향으로 새로운 동위 원소인 헬륨3, 네온21 등이 생성되는데, 그들의 생성률과 구성비를 측정하면 운석이 우주 공간에 머문 기간을 추정할 수 있다. ALH는 1,600만 년을 우주 공간에서 떠돌았다.

⑤ 스닉스가 아닌 ALH에 대한 내용이다.

---

9 ③

㉠ 자율성주의는 예술작품에 대한 도덕적 가치판단을 범주착오에 해당하는 것으로 보기 때문에 극단적 도덕주의와 온건적 도덕주의 모두를 범주착오로 본다.

㉡ 모든 도덕적 가치가 예술작품을 통해 구현된다는 말은 언급한 적이 없다.

㉢ 극단적 도덕주의는 모든 예술작품을, 온건적 도덕주의는 일부 예술작품을 도덕적 판단의 대상으로 본다.

10 ②

첫 번째 의미 – 기적적인 것의 반대

두 번째 의미 – 흔하고 일상적인 것

세 번째 의미 – 인위적의 반대

① 기적적인 것의 반대는 맞으나 인위적인 것의 반대는 아니다.

② 흔하고 일상적인 것이 아니고, 인위적인 행위에 해당한다.

③ 기적적인 것의 반대이므로 맞으나 흔하고 일상적인 것은 아니다.

④ 기적적인 것의 반대이므로 맞으나 흔하고 일상적인 것은 아니다.

⑤ 흔하고 일상적인 것이며, 인위적인 것의 반대가 맞다.

---

11 ④

왓슨의 추론은 필요한 모든 정보가 있음에도 이와 무관하게 엉터리 이유로 범인을 지목했기 때문에 박수를 받을 수 없다. 그러므로 "올바른 추론에 필요한 정보를 가지고 있긴 했지만 그 정보와 무관하게 범인을 지목했기 때문이다."가 빈칸에 들어가야 한다.

---

12 ②

관점 A – 객관적인 정보에 의해서 결정

관점 B – 객관적 요소 뿐 아니라 주관적 인지와 평가에 좌우

관점 C – 개인의 심리적 과정과 속한 집단의 문화적 배경에도 의존

㉠ 관점 B는 객관적인 요소에 영향을 받는다.

㉡ 관점 B는 주관적 인지와 평가, 관점 C는 문화적 배경

㉢ 민주화 수준이 높은 사회는 개인이 속한 집단의 문화적 배경에 해당하므로 관점 C에 해당하며, 관점 A 는 사회 구성원들이 기후변화의 위험에 더 민감한 태도를 보인다는 것을 설명할 수 없다.

---

13 ②

① mtDNA와 같은 하나의 영역만이 연구된 상태에서는 그 결과가 시사적이기는 해도 결정적이지는 않다.

③ 그 수형도는 인류학자들이 상상한 장엄한 떡갈나무가 아니라 윌슨이 분석해 놓은 약 15만 년밖에 안 된 키 작은 나무와 매우 유사하였다.

④ 언더힐의 가계도도 윌슨의 가계도와 마찬가지로 아프리카 지역의 인류 원조 조상에 뿌리를 두고 갈라져 나오는 수형도였다.

⑤ Y염색체가 하나씩 존재하는 특성이 있어 재조합을 일으키지 않고, 그 점은 연구 진행을 수월하게 하기 때문이다.

14 ④

① 정약용은 청렴을 당위의 차원에서 주장하는 기존의 학자들과 달리 행위자 자신에게 실질적 이익이 된다는 점을 들어 설득하고자 하였다.

② 정약용은 "지자(知者)는 인(仁)을 이롭게 여긴다."라는 공자의 말을 빌려 "지혜로운 자는 청렴함을 이롭게 여긴다."라고 하였다.

③ 청렴은 큰 이득이 남는 장사라고 말하면서, 지혜롭고 욕심이 큰 사람은 청렴을 택하지만 지혜가 짧고 욕심이 작은 사람은 탐욕을 택한다고 설명한다.

⑤ 이황과 이이는 청렴을 사회 규율이자 개인 처세의 지침으로 강조하였다.

---

15 ③

토크빌은 시민들의 정치적 결사가 소수자들이 다수의 횡포를 견제할 수 있는 수단으로 온전히 가능하기 위해서는 도덕의 권위에 호소해야 한다고 보았다.

---

16 ④

① 단절 전 형성 방식은 이동단말기와 기존 기지국 간의 통화 채널이 단절되기 전에 새로운 기지국과의 통화 채널을 형성하는 방식이다.

각 기지국이 같은 주파수를 사용하고 있다면, 그런 주파수 조정이 필요 없으며 새로운 통화 채널을 형성하고 나서 기존 통화 채널을 단절할 수 있다.

② 신호의 세기가 특정값 이하로 떨어지게 되면 핸드오버가 명령되어 이동단말기와 새로운 기지국 간의 통화 채널이 형성된다. 형성 전 단절 방식과 단절 전 형성 방식의 차이와는 상관 없다.

③ 새로운 기지국 간의 통화 채널이 형성되어야 함도 포함되어야 한다.

⑤ 핸드오버는 신호 세기가 특정값 이하로 떨어질 때 발생하는 것이지 이동단말기와 기지국 간 상대적 신호 세기와는 관계가 없다.

---

17 ②

① 긍정적이고 능동적으로 활동하는 성질

② 괴로움이나 어려움을 참고 견딤

③ 정성스럽고 참됨

④ 무리를 다스리거나 이끌어 가는 지도자로서의 능력

⑤ 새로운 의견을 생각하여 냄. 또는 그 의견

---

18 ③

2문단과 3문단에서 용승이 일어나면 동태평양 페루 연안의 해수면 온도가 같은 위도의 다른 해역보다 낮아진다고 설명하고 있다.

① 3문단에서 표층 해수의 온도가 높아지면 따뜻한 해수가 공기를 데워 상승 기류를 발생시킨다고 설명하고 있다.

② 2문단에서 평상시 무역풍이 동쪽의 따뜻한 표층수를 서쪽으로 운반한다고 설명하고 있다.

⑤ 2문단에서 무역풍이 따뜻한 표층수를 서쪽 방향으로 이동시켜 동쪽에서는 따뜻한 해수층의 두께가 얇아진다고 설명하고 있다.

---

19 ④

이 글의 핵심은 바른말 쓰기 운동의 제언이다. 바른말 쓰기 운동을 제언하는 것은 혼돈된 언어생활을 바로잡고 남북 언어의 이질화를 최소화해 통일에 대비하기 위해서이다.

---

20 ④

여행을 일상의 권태로부터의 탈출과 해방의 이미지, 생존의 치욕을 견디게 할 수 있는 매혹과 자발적 잠정적 탈출이라고 하고 있다.

---

21 ②

'일절'과 '일체'는 구별해서 써야 할 말이다. '일절'은 부인하거나 금지할 때 쓰는 말이고, '일체'는 전부를 나타내는 말이다.

---

22 ④

한국의 관광 관련 고용자 수는 50만 명으로 전체 2% 수준이다. 이를 세계 평균 수준인 8% 이상으로 끌어올리려면 150만 여명 이상을 추가로 고용해야 한다. 백만 달러당 50명의 일자리가 추가로 창출되므로 150만 명 이상을 추가로 고용하려면 대략 300억 달러 이상이 필요하다.

① 약 1조 8,830억 달러 정도이다.

② 2017년 기준으로 지난해인 2016년도의 내용이므로 2015년의 종사자 규모는 알 수 없다. 2016년 기준으로는 전 세계 통신 산업의 종사자는 자동차 산업의 종사자의 약 3배 정도이다.

③ 간접 고용까지 따지면 2억 5,500만 명이 관광과 관련된 일을 하고 있어, 전 세계적으로 근로자 12명 가운데 1명이 관광과 연계된 직업을 갖고 있는 셈이다. 추측해보면 2017년 전 세계 근로자 수는 20억 명을 넘는다.

⑤ 2010년부터 2030년 사이 이 지역으로 여행하는 관광객이 연평균 9.7% 성장하여 2030년 5억 6,500명이 동북아시아를 찾을 것으로 전망했으므로 2020년에 동북아시아를 찾는 관광객의 수는 연간 약 2억 8,000명을 넘을 수 없다.

23 ①

'만약 "W"라는 용어의 의미가 당신만이 느끼는 그 감각에만 해당한다면, "W"라는 용어의 올바른 사용과 잘못된 사용을 구분할 방법은 어디에도 없게 될 것이다. 올바른 적용에 관해 결론을 내릴 수 없는 용어는 아무런 의미도 갖지 않는다.'를 통해 알 수 있다.

---

24 ①

배경지식이 전혀 없던 상태에서는 X선 사진을 관찰하여도 아무 것도 찾을 수 없었으나 이론과 실습 등을 통하여 배경지식을 갖추고 난 후에는 X선 사진을 관찰하여 생리적 변화, 만성 질환의 병리적 변화, 급성질환의 증세 등의 현상을 알게 되었다는 것을 보면 관찰은 배경지식에 의존한다고 할 수 있다.

---

25 ⑤

스프링클러를 통해 방출되는 물의 온도가 낮아지면, 끓는점인 100℃까지 올리는 데 드는 열량이 많아지므로 연소물로부터 흡수할 수 있는 열량도 많아진다.

① 물 입자의 크기가 작을수록 단위 부피당 표면적이 커지므로 증발 효율은 높아지게 된다.

② 25℃의 물 1kg을 끓는점인 100℃까지 올리기 위해 75kcal, 이를 기체로 변하게 하기 위해 539kcal가 필요하므로 총 614kcal의 열량을 흡수할 수 있다.

③ 냉각 작용으로 불을 끄려면 물이 흡수하는 열량이 연소물로부터 방출되는 열량보다 커야 모든 열을 흡수하고 불을 끌 수 있게 된다.

④ 스프링클러가 화재 초기에 작동하면 화재에 견딜 수 있는 상황을 만들어 주므로 피난 시간이 확보된다.

---

26 ②

자신의 핸드폰 번호를 바꾸더라도 헤어진 애인에게 자신이 전화를 할 수 없게 된 것은 아니므로 사전조치에 해당하지 않는다.

---

27 ③

A요금제와 B요금제를 계산해 보면 6개월에 A요금은 650,000원, B요금은 770,000원이 나오므로 A요금이 더 저렴하다는 것을 보고해야 한다. 그러나 본인에게 검토해서 보고하라고 하였으므로 타인의 의견이 아닌 본인이 직접 검토해 보아야 한다.

---

28 ①

(대) 무한한 지식의 종류와 양→(가) 인간이 얻을 수 있는 지식의 한계→(라) 체험으로써 배우기 어려운 지식→(나) 체험으로 배우기 위험한 지식의 예→(마) 체험으로써 모든 지식을 얻기란 불가능함

29 ④

제시된 작업명세서를 보면 컴퓨터 파손에 대한 책임이나 한계에 대한 내용은 어디에도 없다.
편집디자이너가 컴퓨터 파손에 대한 책임을 갖는 것은 아니다.

---

30 ②

㉠ 가산 : 더하여 셈함
㉡ 지체 : 의무 이행을 정당한 이유 없이 지연하는 일
㉢ 승낙 : 청약(請約)을 받아들이어 계약을 성립시키는 의사 표시

---

31 ①

상하이와 요코하마에서는 영국인에 의해 영자신문이 창간되었다고 언급했다. 그러나 주어진 글로는 이들이 서양 선교사들인지는 알 수 없다.
② 정부 차원에서 관료들에게 소식을 전하는 관보가 있었으나 민간인을 독자로 하는 신문은 개항 이후 새롭게 나타난 신문들이다.
③ 'ㅇㅇ신보'라는 용어가 유래된 것은 「상하이신보」로 영국의 민간회사에서 만들었고, '△△일보'라는 용어가 유래된 것은 「순후안일보」로 상인에 의해 창간되었다.
④ 자국민에 의한 중국어 신문은 1874년에 출간된 「순후안일보」가 최초이고, 자국민에 의한 일본어 신문은 1871년에 출간된 「요코하마마이니치신문」이 최초이다.
⑤ 상하이와 요코하마에서는 유럽과 미국 회사들에게 필요한 정보를 제공하는 영자신문이 창간되었다.

---

32 ④

먹는 손과 배변을 처리하는 손이 다르게 된 것을 한쪽 손을 주로 쓰는 경향은 뇌의 좌우반구의 기능 분화와 관련이 있다고 언급하였으나 이것이 행위에 요구되는 뇌 기능의 차이 때문이라고 말할 수는 없다. 좌우반구 기능 분화는 논리적 사고와 직관적 사고와 관련된 것이지 먹는 행위와 배변 처리 행위의 차이라고 할 수는 없다.
① 위생에 대한 관습으로 왼손은 배변 처리에 이용하고 오른손을 먹고 인사하는 일에 이용했다는 예를 들고 있다. 이는 관습이 규범이 아니라 주로 사용하는 한쪽 손의 경향에 따른 것이다.
② 왼쪽 손을 주로 사용하는 경향은 뇌의 좌우반구의 기능 분화와 관련이 있고, 논리적 사고는 좌반구 기능과 관련이 있다. 또한 직관적 사고는 우반구와 관련이 있다. 오른손잡이는 좌반구 기능이 우반구 기능보다 상대적으로 기민한 경우가 많다. 현대인의 약 80%가 오른손잡이이므로 직관적 사고보다는 논리적 사고가 더 지배적이라 볼 수 있다.
③ 인류를 제외한 포유류는 대게 왼발을 사용하므로 뇌의 좌반구보다는 우반구의 기능이 더 기민하다고 볼 수 있다.
⑤ 관습은 오른손잡이가 많은 것에 대한 근본적인 설명은 아니다.

33 ①

"희생제의의 기원이나 형식을 밝히기 위한 종교현상학적 연구들이 시도되어 왔다. 그리고 인류학적 연구에서는 희생제의에 나타난 인간과 문화의 본질에 대한 탐색이 있어 왔다."를 보면 인간 사회의 특성과 사회 갈등 형성 및 해소를 희생제의와 희생양의 관계를 통해 설명하는 것은 인류학적 연구이다.

---

34 ③

위 글에서 보면 성인 흡연자의 대부분이 흡연을 시작한 시기가 청소년기라고 했으며, 흡연행동과 그에 따른 니코틴 중독을 고려하면, 청소년 흡연율과 성인 흡연율간의 강한 양의 상관관계가 있다고 추론이 가능하므로 청소년의 흡연율은 낮추면 성인 흡연율도 장기적으로 낮아질 가능성이 있다.

---

35 ④

ⓐ 사건의 확률로 미래를 예측 → 도박사의 오류가 아니다.

ⓑ 도박사의 오류 B(확률이 낮은 사건이 일어난 것은 시행을 많이 해봤을 것이다)

ⓒ 도박사의 오류는 특정사건을 예측하거나 과거를 추측하는 문제이지 확률이 높고 낮음을 추론하는 것이 아니다. 도박사의 오류 A, B 둘 다 아니다.

---

36 ④

바이러스 Y는 람다-파지 방식으로 감염되므로 나선형이 될 수 없다.

① 바이러스 X는 람다-파지 방식으로 감염되므로 원통형일 수도 있고 아닐 수도 있다.

② 바이러스 X는 람다-파지 방식으로 감염되므로 호흡기에 감염될 수 있다.

③ 바이러스 Y는 람다-파지 방식으로 감염되므로 호흡기에 감염될 수도 있고 아닐 수도 있다.

⑤ 나선형 바이러스는 뮤-파지 방식으로 감염되고 이는 중추신경계에 감염되지 않는다.

---

37 ③

ⓐ은 적응의 과정을 ⓑ은 이질성의 극복 방안, ⓒ은 동질성 회복이 쉽다는 이야기로 ⓓ은 이질화의 극복에 대한 문제 제기를 하고 있다. 그러므로 ⓒ→ⓓ→ⓑ→ⓐ이 가장 자연스럽다.

---

38 ④

ⓐ 한국표준산업 분류표에서 대분류에 해당하는 것을 '업태'라고 한다. 업태 중에서 세분화된 사업의 분류는 '업종'이라고 한다.

ⓑ 본체의 수량이 5개이고, 공급가액이 2,600,000원이므로 단가, 즉 한 단위의 가격은 520,000원임을 알 수 있다.

39 ⑤

㉮는 짝짓기 경쟁으로 인해 성비의 불균형이 나타난다고 본다. 그러나 ㉰는 남자에 비해 여성이 소수인 경우 짝짓기 경쟁의 원인을 성비 불균형으로 보고 있다.

---

40 ①

이 글에서 말하고 있는 '이것'은 자기 자신의 관심에 따라 세상을 규정하는 사고방식에 따라 세상을 보고 결정을 한다는 것을 의미한다. 다이어트를 하고 있는 여대생은 그렇지 않은 여대생에 비해 식품광고가 늘었다고 생각하고, 5년 사이에 아이를 낳은 사람은 5년 전에 비하여 아동들이 직면하고 있는 위험요소가 증가했다고 생각하는 것을 보면 알 수 있다.

PART ② 문제해결능력 🔍

1	②	2	⑤	3	⑤	4	②	5	⑤	6	①	7	①	8	①	9	⑤	10	③
11	③	12	②	13	③	14	④	15	③	16	③	17	①	18	②	19	③	20	③
21	①	22	④	23	③	24	②	25	③	26	③	27	③	28	②	29	①	30	②
31	③	32	③	33	④	34	③	35	②	36	④	37	④	38	④	39	③	40	⑤

1 ②

• A와 B 모두 문을 열지는 않았다. → A 또는 B가 문을 열었다.
• A가 문을 열었다면, C도 문을 열었다. → A가 문을 열지 않으면 C도 문을 열지 않는다.
• A가 문을 열지 않았다면, B가 문을 열었거나 C가 문을 열었다. → B가 문을 열었다.
• C는 문을 열지 않았다. → C가 열지 않았으므로 A도 열지 않았다.
• D가 문을 열었다면, B가 문을 열지 않았다. → B가 문을 열었으므로 D는 열지 않았다.
• D가 문을 열지 않았다면, E도 문을 열지 않았다.
A, C, D, E는 문을 열지 않았다.

2 ⑤

병과 정의 진술이 상이하므로 모순이 된다.

우선 병의 진술이 거짓일 경우 을은 윗마을에 살고, 여자이다.

정의 진술은 참이므로 을과 병은 윗마을에 산다. 을은 윗마을 여자이므로 거짓말을 하고, 병은 윗마을에서 거짓말을 하므로 여자이다.

을과 병이 윗마을에 살기 때문에 갑, 정은 아랫마을에 산다.

정은 아랫마을에 살며 참말을 하므로 여자이고 갑은 아랫마을 여자이므로 참말을 한다.

---

3 ⑤

사원과 근무부서를 표로 나타내면

배정부서	기획팀	영업팀	총무팀	홍보팀
처음 배정 부서	갑	을	병	정
2번째 배정 부서				
3번째 배정 부서				병

㉠ 규칙 1을 2번째 배정에 적용하고 규칙 2를 3번째 배정에 적용하면

기획팀 ↔ 총무팀 / 영업팀 ↔ 홍보팀이므로

갑 ↔ 병 / 을 ↔ 정

규칙 2까지 적용하면 다음과 같다.

배정부서	기획팀	영업팀	총무팀	홍보팀
처음 배정 부서	갑	을	병	정
2번째 배정 부서	병	정	갑	을
3번째 배정 부서			을	갑

㉡ 규칙 3을 먼저 적용하고 규칙 2를 적용하면

배정부서	기획팀	영업팀	총무팀	홍보팀
처음 배정 부서	갑	을	병	정
2번째 배정 부서	을	갑	병	정
3번째 배정 부서	을	갑	정	병

---

4 ②

	㉠	㉡	㉢	㉣
(가)	×	○	×	○
(나)	×	○	○	×
(다)	○	알 수 없음	×	알 수 없음
(라)	○	알 수 없음	○	○

5 ⑤

• 수요일의 지하철 비용

막힐 경우 $(6,000+1,000) \times 0.3 = 2,100$원

막히지 않을 경우 $(6,000+1,000) \times 0.7 = 4,900$원

7,000원

• 수요일의 버스 비용

막힐 경우 $(1,200+9,000) \times 0.3 = 3,060$원

막히지 않은 경우 $(1,200+3,000) \times 0.7 = 2,940$원

6,000원

그러므로 수요일 지하철과 버스의 비용 차이는 1,000원이다.

---

6 ①

1명은 맞고 2명은 틀리다는 것을 생각하면

간부 1의 말이 참이면, 간부 3의 말도 참이다. 그러면 모순이다.

간부 2의 말이 참이면, 간부 1의 말은 거짓이고, 간부 3의 말도 반드시 거짓이 되어야 한다.

만약 간부 2의 말이 0명을 가리킨다면 간부 1과 간부 3의 말은 거짓이 된다.

간부 3의 말이 참이면, 간부 1 또는 간부 2의 말이 참이 된다. 그러면 모순이다.

---

7 ①

얼굴이 검붉은 사람은 육체적 고생을 한다고 하나 얼굴이 검붉은 사람이 편하게 사는 것을 보았다. → ㉠ 관상의 원리는 받아들일 만한 것이 아니다. – 참

선입견이 있으면 관상의 원리를 받아들일 만하다.

사람의 인상이 평생에 걸쳐 고정되어 있다고 할 수 있는 경우에만 관상의 원리를 받아들일 만하다.

관상의 원리가 받아들일 만하지 않다면 관상의 원리에 대한 과학적 근거를 찾으려는 노력은 헛된 것이다. → ㉢ 관상의 원리에 대한 과학적 근거를 찾으려는 노력은 헛된 것이다. – 참

㉤ 관상의 원리가 과학적 근거를 갖는다고 기대하는 사람들은 우리가 관상의 원리에 의존하면 삶의 위안을 얻을 것이라고 믿는다. → 관상의 원리에 대하여 과학적 근거가 있을 것이라고 기대하는 사람은 우리의 삶에 위안을 얻기 위해 관상의 원리에 의존한다고 믿는다.

---

8 ①

이모와 어머니에게 동성애 유전자가 있다면 자식은 동성애 유전자를 가진다.

이모나 어머니에게 동성애 유전자가 없다면 자식은 이성애 유전자를 가진다.

동성애 유전자가 남성에게 있으면 자식을 낳아 유전자를 남기는 번식이 감소하지만, 동성애 유전자가 여성에게 있으면 여타 조건이 동일한 상황에서 자식을 많이 낳아 유전자를 많이 남긴다.

그러므로 고모는 아무 연관이 없다.

9 ⑤

블랙은 이 열이 실제로 온도계에 변화를 주지 않기 때문에 이를 '잠열(潛熱)'이라 불렀다.

→ ㉠ A의 온도계로는 잠열을 직접 측정할 수 없었다. – 참

눈이 녹는점에 있음에도 불구하고 많은 양의 뜨거운 물은 눈을 조금밖에 녹이지 못했다. 이는 잠열 때문이다.

→ ㉡ 얼음이 녹는점에 이르러도 완전히 녹지 않는 것은 잠열 때문이다. – 참

A에서는 얼음이 녹으면서 생긴 물과 녹고 있는 얼음의 온도가 녹는점에서 일정하게 유지되었는데 이 상태는 얼음이 완전히 녹을 때까지 지속되었다.

→ ㉢ A의 얼음이 완전히 물로 바뀔 때까지, A의 얼음물 온도는 일정하게 유지된다. – 참

---

10 ③

주어진 조건으로 두 가지 경우가 존재한다. 미경이의 앞의 말이 진실이고 뒤의 말이 거짓인 경우와 그 반대의 경우를 표로 나타내면 다음과 같다.

	나	타인	케이크
미경	참	거짓	먹음
진희	거짓	참	먹음
소라	참	거짓	안 먹음

	나	타인	케이크
미경	거짓	참	안 먹음
진희	참	거짓	안 먹음
소라	거짓	참	먹음

---

11 ③

경제가 어려워지거나 부동산이 폭락한다고 했는데 부동산이 폭락한 것은 아니므로, 경제가 어려워진다. 두 번째 조건의 대우에 의하면 긴축정책을 시행하면 물가가 오르지 않는다. 즉, 경제가 어려워진다면 긴축정책이 시행되고, 긴축정책을 시행하면 물가가 오르지 않는다.

---

12 ②

㉡ 물리적인 힘이 사용되는 것이 허용되지 않는다면 개인의 권리를 침해당하지 않으며, 자유가 인정되지 않는다면, 개인의 권리는 침해당한다고 했으므로 자유가 인정됨을 알 수 있으나 생산적인 사회에서 평화롭게 살 수 있다와는 연결되지 않으므로 반드시 참이라고 볼 수 없다.

㉢ 물리적 힘의 사용이 허용되는 경우에만 개인의 권리는 침해당한다. 이성적인 수단인 토론이나 설득을 사용하여 다른 사람의 의견이나 행동에 영향을 미친다면, 개인의 권리는 침해당하지 않는다 라는 내용을 가지고 추론할 수 있는 내용이 아니다.

13 ③

○ A가 참인 경우

E는 무단 투기하는 사람을 못 봤다고 했으므로 E의 말은 거짓이 된다.

A는 B가 참이라고 했으므로 B에 의해 D가 범인이 된다.

그러나 C는 D가 무단 투기 하지 않았다고 했으므로 C도 거짓이 된다.

거짓말을 한 주민이 C, E 두 명이 되었으므로 D의 말은 참이 된다.

그러나 D는 쓰레기를 무단 투기하는 사람을 세 명이 주민이 보았다고 했는데 A는 본인과 E만 보았다고 했으므로 D는 범인이 될 수 없다.

○ A가 거짓인 경우

A의 말이 거짓이면 B의 말도 모두 거짓이 된다.

거짓말을 한 사람이 A, B이므로 C, D, E는 참말을 한 것이 된다.

C에 의하면 D는 범인이 아니다.

D에 의하면 B는 범인이 아니다.

E에 의하면 A는 범인이 아니다.

그러면 C가 범인이다.

---

14 ④

하나씩 표를 통해 대입해 보면 다음과 같다.

이름	우성(동건)	인성	동건(우성)
지붕 색	빨간색(파란색)	노란색	파란색(빨간색)
애완동물	개(고양이)	도마뱀	고양이(개)
직업	농부(의사)	광부	의사(농부)

○ 동건은 빨간 지붕 집에 살지 않고, 우성은 개를 키우지 않는다. → 거짓

○ 노란 지붕 집에 사는 사람은 도마뱀을 키우지 않는다. → 거짓

○ 동건은 파란 지붕 집에 살거나, 우성은 고양이를 키운다. → 동건이 파란 지붕에 사는 것이므로 참

○ 동건은 개를 키우지 않는다. → 참

○ 우성은 농부다. → 농부일 수도 있고 아닐 수도 있다.

---

15 ③

○ $20 = 2^2 \times 5^1 = (2+1)(1+1) = 3 \times 2 = 6$

20번 지점은 6번 방문한다.

○ 2회만 방문한 지점은 1 ~ 20의 소수를 구하면 된다.

2, 3, 5, 7, 11, 13, 17, 19 → 8개

○ 한 지점을 8번 방문하려면 최소 24개가 있어야 하는데 20개 밖에 없으므로 성립될 수 없다.

16 ③

조건에 따라 그림으로 나타내면 다음과 같다. 네 번째 술래는 C가 된다.

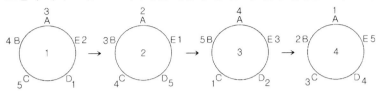

---

17 ①

C가 4번째 정거장이므로 표를 완성하면 다음과 같다.

순서	1	2	3	4	5	6
정거장	D	F	E	C	A	B

따라서 E 바로 전의 정거장은 F이다.

---

18 ②

남자사원의 경우 ⓒ, ⓑ, ⓞ에 의해 다음과 같은 두 가지 경우가 가능하다.

	월요일	화요일	수요일	목요일
경우 1	치호	영호	철호	길호
경우 2	치호	철호	길호	영호

[경우 1]

옥숙은 수요일에 보낼 수 없고, 철호와 영숙은 같이 보낼 수 없으므로 옥숙과 영숙은 수요일에 보낼 수 없다. 또한 영숙은 지숙과 미숙 이후에 보내야 하고, 옥숙은 지숙 이후에 보내야 하므로 조건에 따르면 다음과 같다.

	월요일	화요일	수요일	목요일
남	치호	영호	철호	길호
여	지숙	옥숙	미숙	영숙

[경우 2]

		월요일	화요일	수요일	목요일
	남	치호	철호	길호	영호
경우 2-1	여	미숙	지숙	영숙	옥숙
경우 2-2	여	지숙	미숙	영숙	옥숙
경우 2-3	여	지숙	옥숙	미숙	영숙

문제에서 영호와 옥숙을 같이 보낼 수 없다고 했으므로, [경우 1], [경우 2-1], [경우 2-2]는 해당하지 않는다. 따라서 [경우 2-3]에 의해 목요일에 보내야 하는 남녀사원은 영호와 영숙이다.

19 ③

ⓜ에서 유진이는 화요일에 학교에 가지 않으므로 ⓒ의 대우에 의하여 수요일에는 학교에 간다.

수요일에 학교에 가므로 ⓛ의 대우에 의해 금요일에는 학교에 간다.

금요일에는 학교에 가므로 ⓔ의 대우에 의해 월요일에는 학교를 가지 않는다.

월요일에 학교에 가지 않으므로 ⓐ의 대우에 의해 목요일에는 학교에 간다.

따라서 유진이가 학교에 가는 요일은 수, 목, 금이다.

---

20 ③

③ H가 두 번째 칸에 탄다면 D 앞에는 B와 C가 나란히 탈 자리가 없으므로 B와 C는 D보다 뒤에 타게 된다.

① F가 D보다 앞에 탄다면 D 앞에 F와 H가 타게 되어 B와 C가 나란히 탈 자리가 없으므로 B와 C는 D보다 뒤에 타게 된다.

② G가 D보다 뒤에 탄다는 사실을 알더라도 B와 C가 어디에 타는지 알 수 없다.

④ B가 D의 바로 뒤 칸에 탄다면 E는 일곱 번째 칸 또는 마지막 칸에 타게 된다.

⑤ C가 두 번째 칸에 탄다면 H는 첫 번째 칸 또는 세 번째 칸에 타게 된다.

---

21 ①

甲과 丙의 진술로 볼 때, C = 삼각형이라면 D = 오각형이고, C = 원이라면 D = 사각형이다. C = 삼각형이라면 戊의 진술에서 A = 육각형이고, 丁의 진술에서 E ≠ 사각형이므로 乙의 진술에서 B = 오각형이 되어 D = 오각형과 모순된다. 따라서 C = 원이다. C = 원이라면 D = 사각형이므로, 丁의 진술에서 A = 육각형, 乙의 진술에서 B = 오각형이 되고 E = 삼각형이다. 즉, A = 육각형, B = 오각형, C = 원, D = 사각형, E = 삼각형이다.

---

22 ④

조건에 따라 순번을 매겨 높은 순으로 정리하면 BDAEC가 된다.

---

23 ③

인천에서 모스크바까지 8시간이 걸리고, 6시간이 인천이 더 빠르므로

09 : 00시 출발 비행기를 타면 9+(8−6) =11시 도착

19 : 00시 출발 비행기를 타면 19+(8−6) =21시 도착

02 : 00시 출발 비행기를 타면 2+(8−6) =4시 도착

24 ②

은이만 범인이면 목격자 A 참, 목격자 B 거짓, 목격자 C 참

영철이만 범인이면 목격자 A 참, 목격자 B 참, 목격자 C 참

숙이만 범인이면 목격자 A 거짓, 목격자 B 참, 목격자 C 참

---

25 ③

아르바이트 일수가 갑은 3일, 병은 2일임을 알 수 있다.

무는 갑이나 병이 아르바이트를 하는 날 항상 함께 한다고 했으므로 5일 내내 아르바이트를 하게 된다.

을과 정은 일, 월, 화, 목 4일간 아르바이트를 하게 된다.

①⑤ 수요일에는 2명, 나머지 요일에는 4명으로 인원수는 확정된다.

② 갑은 3일, 을은 4일, 병은 2일, 무는 5일이므로 갑과 을, 병과 무의 아르바이트 일수를 합한 값은 7로 같다.

③ 병에 따라 갑이 아르바이트를 하는 요일이 달라지므로 아르바이트 하는 요일이 확정되는 사람은 세 명이다.

④ 일별 인원수는 4명 또는 2명으로 모두 짝수이다.

---

26 ③

① A 단체는 자유무역협정을 체결한 필리핀에 드라마 콘텐츠를 수출하고 있지만 올림픽과 관련된 사업은 하지 않는다. 최종 선정 시 올림픽 관련 단체를 엔터테인먼트 사업 단체보다 우선하므로 B, C와 같이 최종 후보가 된다면 A는 선정될 수 없다.

② 올림픽의 개막식 행사를 주관하는 모든 단체는 이미 보건복지부로부터 지원을 받고 있다. B 단체는 올림픽의 개막식 행사를 주관하는 단체이다. → B 단체는 선정될 수 없다.

③ A와 C 단체 중 적어도 한 단체가 최종 후보가 되지 못한다면, 대신 B와 E 중 적어도 한 단체는 최종 후보가 된다. 보기 ②⑤를 통해 B, E 단체를 후보가 될 수 없다. 후보는 A와 C가 된다.

④ D가 최종 후보가 된다면, 한국과 자유무역협정을 체결한 국가와 교역을 하는 단체는 모두 최종 후보가 될 수 없다. D가 최종 후보가 되면 A가 될 수 없고 A가 된다면 D는 될 수 없다.

⑤ 후보 단체들 중 가장 적은 부가가치를 창출한 단체는 최종 후보가 될 수 없고, 한국 음식문화 보급과 관련된 단체의 부가가치 창출이 가장 저조하였다. E 단체는 오랫동안 한국 음식문화를 세계에 보급해 온 단체이다. → E 단체는 선정될 수 없다.

---

27 ③

범인은 두 개의 진술 중 어느 것이라도 참말이 되어서는 안 되지만, 형사라면 두 개의 진술 중 하나만 참말이 되어도 된다.

A가 범인이라면 "나는 범인이다."라고 참말을 할 수 없다. 또한 "B는 형사이다."라는 말이 거짓이더라도 이미 참말을 한 것이 되므로 A는 범인일 수 없다.

따라서 A가 형사라면 "나는 범인이다."라는 말이 거짓이 되고, "B는 형사이다."라는 말도 거짓이 되면 둘 다 거짓이 되므로 A는 형사일 수 없다.

그러므로 "B는 형사이다."는 참이 되어야 하므로 A, B 모두 형사가 되어야 한다.

---

28 ②

- C의 진술이 참이면, C는 출장을 가는 사람이고 A는 출장을 가지 않는다. → A는 출장을 가지 않으므로 A의 진술은 거짓이며, 그 부정인 'E가 출장을 가지 않는다면, D는 출장을 가지 않는다.'는 참이다. → 이 경우, E와 D의 진술은 거짓이다.

- E의 진술이 거짓이면, E는 출장을 가지 않는 사람이고 E의 진술의 부정인 'C가 출장을 간다면, A는 출장을 가지 않는다.'는 참이다. → C는 출장을 가는 사람이므로 C의 진술은 참이고, A는 출장을 가지 않으므로 A의 진술은 거짓이다. → 따라서 A의 진술의 부정인 'E가 출장을 가지 않는다면, D는 출장을 가지 않는다.'는 참이고, D는 출장을 가지 않는다.

- D의 진술이 거짓이면, 실제 출장을 가는 사람은 2명 미만으로 1명만 출장을 간다. 이 경우, E의 진술은 거짓이고, 그 부정인 'C가 출장을 간다면 A는 출장을 가지 않는다.'는 참이다. → A는 출장을 가지 않으므로 A의 진술은 거짓이며, 그 부정인 'E가 출장을 가지 않는다면, D는 출장을 가지 않는다.'는 참이다. → 따라서 B의 진술 역시 거짓이다.

---

29 ①

사절 1과 사절 2의 주장으로 보면 서로 반대되는 내용이 있다.

사절 1 – 문화적으로 미개 / 봉건적 지배권 약화

사절 2 – 독창적이고 훌륭한 문화 / 봉건적 지배권이 약화되었다고 보기 어려움

각 사절의 주장 중 2개는 옳고 나머지 한 개는 거짓이므로 이 두 가지 주장을 제외한 한 주장은 무조건 옳은 것이 된다.

즉, 사절 1의 첫 번째 주장이 참이고, 사절 3의 두 번째 주장이 거짓일 경우 사절 3의 나머지 주장은 참이 된다. 그런데 사절 3의 첫 번째 주장이 참이라면 사절 2의 첫 번째 주장은 참이고 사절 1의 3번째 주장은 거짓이 된다. 사절 1의 세 번째 주장이 거짓이면 사절 1의 나머지 주장들은 참이 된다. B국이 문화적으로 미개하다는 사절 1의 두 번째 주장이 참이면 사절 2의 두 번째 주장은 거짓이 되고, 사절 2의 나머지 주장들은 참이 된다.

그러므로 B국은 문화적으로 미개하다는 주장이 옳다.

---

30 ②

아들, 딸은 직계 존비속이다. 본인은 100%, 직계 존비속 80%, 형제 · 자매는 50%

(가) – 본인 300 + 동생 200 × 0.5 = 100

(나) – 딸 200 × 0.8 = 160

(다) – 본인 300 + 아들 400 × 0.8 = 320

(라) – 본인 200 + 딸 200 × 0.8 = 160

모두 합하면 300 + 100 + 160 + 300 + 320 + 200 + 160 = 1,540만 원

31 ③

기본요금 : $70.0 \times 120 = 8,400$ 원

사용요금 : $(163.7 \times 125) + (163.7 \times 5) = 20,462.5 + 818.5 = 21,281$ 원

요금합계 : $8,400 + 21,281 = 29,681$ 원

---

32 ③

A : 영어 → 중국어

B : ~영어 → ~일본어, 일본어 → 영어

C : 영어 또는 중국어

D : 일본어 ↔ 중국어

E : 일본어

㉠ B는 참이고 E는 거짓인 경우

　영어와 중국어 중 하나는 반드시 수강한다(C).

　영어를 수강할 경우 중국어를 수강(A), 일본어를 수강(D)

　중국어를 수강할 경우 일본어를 수강(D), 영어를 수강(E는 거짓이므로) → 중국어도 수강(A)

　그러므로 B가 참인 경우 일본어, 중국어, 영어 수강

㉡ B가 거짓이고 E가 참인 경우

　일본어를 수강하고 영어를 수강하지 않으므로(E) 반드시 중국어를 수강한다(C).

　중국어를 수강하므로 일본어를 수강한다(D).

　그러므로 E가 참인 경우 일본어, 중국어 수강

　영식이가 반드시 수강할 과목은 일본어, 중국어이다.

---

33 ④

이웃한 레인끼리는 동일한 수영 방식을 사용할 수 없음을 주의하며 위의 조건에 따라 정리하면

구간 ＼ 레인	1번 레인	2번 레인	3번 레인	4번 레인	5번 레인
	을	병	갑	정	무
첫 번째 구간	자유형	접영	배영	접영	평영
두 번째 구간	접영	배영	자유형	평영	접영
세 번째 구간	평영	자유형	평영	자유형	배영
네 번째 구간	배영	평영	접영	배영	자유형

34 ③

① 19일 수요일 오후 1시 울릉도 도착, 20일 목요일 독도 방문, 22일 토요일은 복귀하는 날인데 종아는 매주 금요일에 술을 마시므로 멀미로 인해 선박을 이용하지 못하므로 불가능

② 20일 목요일 오후 1시 울릉도 도착, 독도는 화요일과 목요일만 출발하므로 불가능

③ 23일 일요일 오후 1시 울릉도 도착, 24일 월요일 호박엿 만들기 체험, 25일 화요일 독도 방문, 26일 수요일 포항 도착

④ 25일 화요일 오후 1시 울릉도 도착, 27일 목요일 독도 방문, 28일 금요일 호박엿 만들기 체험은 오후 6시인데, 복귀하는 선박은 오후 3시 출발이라 불가능

⑤ 26일 수요일 오후 1시 울릉도 도착, 27일 목요일 독도 방문, 28일 금요일 호박엿 만들기 체험, 매주 금요일은 술을 마시므로 다음날 선박을 이용하지 못하며, 29일은 파고가 3m를 넘어 선박이 운항하지 않아 불가능

---

35 ②

실제 전투능력을 정리하면 경찰(3), 헌터(4), 의사(2), 사무라이(8), 폭파전문가(2)이다.
이를 토대로 탈출 통로의 좀비수와 처치 가능 좀비수를 계산해 보면

① 동쪽 통로 11마리 좀비
   폭파전문가(2), 사무라이(8)하면 10마리의 좀비를 처치 가능

② 서쪽 통로 7마리 좀비
   헌터(4), 경찰(3)하면 7마리의 좀비 모두 처치 가능

③ 남쪽 통로 11마리 좀비
   헌터(4), 폭파전문가(2) 6마리의 좀비 처치 가능

④ 남쪽 통로 11마리 좀비
   폭파전문자(2), 헌터(4)-전투력 강화제(2), 의사(2) 10마리의 좀비 처치 가능

⑤ 북쪽 통로 9마리 좀비
   경찰(3), 의사(2)-전투력 강화제(1) 6마리의 좀비 처치 가능

---

36 ④

가위바위보를 해서 모두 이기면 $30 \times 5 = 150$점이 된다.
여기서 한 번 비기면 총점에서 4점이 줄고, 한 번 지면 총점에서 6점이 줄어든다.
만약 29번 이기고 1번 지게 되면 $(29 \times 5) + (-1) = 144$점이 된다.
즉, 150점에서 -6, 또는 -4를 통해서 나올 수 있는 점수를 가진 사람만이 참말을 하는 것이다.
정의 점수 140점은 1번 지고, 1번 비길 경우 나올 수 있다.
$(28 \times 5) + 1 - 1 = 140$

37 ④

양적완화를 실시하면 달러화 가치가 하락하고 달러 환율이 하락하면 우리나라의 수출이 감소하고 경제지표가 악화된다.

양적완화를 중단하면 미국의 금리가 상승하고 우리나라의 금리도 상승하며 외국인의 투자가 증가한다. 또한 우리나라의 금리가 상승하면 가계부채 문제가 심화되고 이는 국내 소비를 감소시키며 경제 침체를 유발한다.

① 수출이 증가하면 달러화 가치는 상승한다.

② 우리나라의 가계부채가 미국의 양적완화에 영향을 미치지는 않는다.

③⑤ 외국인 투자가 우리나라 경제에 미치는 영향은 알 수 없다.

---

38 ④

㉣㉢에 의해 B, D가 지하철을 이용함을 알 수 있다.

㉢㉤에 의해 E는 신용보증기금에 지원했음을 알 수 있다.

㉢에 의해 B는 회계법인에 지원했음을 알 수 있다.

A와 C는 버스를 이용하고, E는 택시를 이용한다.

A는 서원각, B는 회계법인, C와 D는 한국전력공사 또는 한국가스공사, E는 신용보증기금에 지원했다.

---

39 ③

㉠ "옆에 범인이 있다."고 진술한 경우를 ○, "옆에 범인이 없다."고 진술한 경우를 ×라고 하면

1	2	3	4	5	6	7	8	9
○	×	×	○	×	○	○	○	×
							시민	

- 9번이 범인이라고 가정하면

  9번은 "옆에 범인이 없다."고 진술하였으므로 8번과 1번 중에 범인이 있어야 한다. 그러나 8번이 시민이므로 1번이 범인이 된다. 1번은 "옆에 범인이 있다."라고 진술하였으므로 2번과 9번에 범인이 없어야 한다. 그러나 9번이 범인이므로 모순이 되어 9번은 범인일 수 없다.

- 9번이 시민이라고 가정하면

  9번은 "옆에 범인이 없다."라고 진술하였으므로 1번도 시민이 된다. 1번은 "옆에 범인이 있다."라고 진술하였으므로 2번은 범인이 된다. 2번은 "옆에 범인이 없다."라고 진술하였으므로 3번도 범인이 된다. 8번은 시민인데 "옆에 범인이 있다."라고 진술하였으므로 9번은 시민이므로 7번은 범인이 된다. 그러므로 범인은 2, 3, 7번이고 나머지는 모두 시민이 된다.

㉡ 모두가 "옆에 범인이 있다."라고 진술하면 시민 2명, 범인 1명의 순으로 반복해서 배치되므로 옳은 설명이다.

㉢ 다음과 같은 경우가 있음으로 틀린 설명이다.

1	2	3	4	5	6	7	8	9
○	○	○	○	○	○	○	×	○
범인	시민	시민	범인	시민	범인	시민	시민	시민

40 ⑤

ⓐ 갑과 을이 함께 당첨이 될 경우 갑이 최대로 받기 위해서는 3장의 응모용지에 모두 같은 수를 써서 당첨이 되어야 하고, 을은 1장만 당첨이 되어야 한다. 갑은 총 4장의 응모용지 중 3장이 당첨된 것이므로 $\frac{3}{4} \times 100 = 75$개, 을은 25개를 받는다. 갑은 최대 75개의 사과를 받는다.

ⓑ ⓐ과 같은 맥락으로 갑이 최소로 받게 되는 사과의 개수는 25개가 된다.

ⓒ 갑이 1장만으로 당첨이 되었을 경우 받을 수 있는 사과의 개수는 $\frac{100}{1} = 100$개 갑이 3장을 써서 모두 같은 수로 당첨이 되었을 경우 받을 수 있는 사과의 개수는 $\frac{100}{3} \times 3 = 100$개 모두 같은 개수의 사과를 받는다.

PART ❸ 정보능력

1	④	2	③	3	③	4	⑤	5	③	6	①	7	③	8	②	9	④	10	②
11	③	12	④	13	②	14	②	15	②	16	①	17	④	18	④	19	④	20	④
21	④	22	③	23	③	24	④	25	②	26	②	27	①	28	③	29	①	30	③
31	①	32	④	33	④	34	⑤	35	①	36	⑤	37	②	38	③	39	①	40	③

---

1 ④

미세먼지에 대한 것은 휴가 첫날인 10월 13일 선영이가 휴가일정을 체크하는 현재 시간에 "보통"임을 알 수 있으며 10월 14일~15일까지의 미세먼지에 대한 정보는 제시된 자료상에서는 알 수 없다.

---

2 ③

상품코드별 단가가 수직(열)형태로 되어 있으므로, 그 단가를 가져오기 위해서는 VLOOKUP함수를 이용해야 되며, 상품코드별 단가에 수량(C2)를 곱한다. $B$8:$C$10에서 단가는 2열이고 반드시 같은 상품코드 (B2)를 가져와야 되므로, 0 (False)를 사용하여 VLOOKUP (B2,$B$8:$C$10, 2, 0)처럼 수식을 작성해야 한다.

---

3 ③

디도스(DDoS)는 분산 서비스 거부 공격으로, 특정 사이트에 오버플로우를 일으켜서 시스템이 서비스를 거부하도록 만드는 것이다. 한편, 보기에 제시된 설명은 '트로이 목마'를 의미하는 내용이다.

4 ⑤

지정 범위에서 인수의 순위를 구하는 경우 'RANK' 함수를 사용한다. 이 경우, 수식은 '=RANK(인수, 범위, 결정 방법)'이 된다. 결정 방법은 0 또는 생략하면 내림차순, 0 이외의 값은 오름차순으로 표시하게 된다.

---

5 ③

MID(text, start_num, num_chars)는 텍스트에서 원하는 문자를 추출하는 함수이다. 주민등록번호가 입력된 [B1] 셀에서 8번째부터 1개의 문자를 추출하여 1이면 남자, 2면 여자라고 하였으므로 답이 ③이 된다.

---

6 ①

- 2017년 5월 : 1705
- 합천 1공장 : 8S
- 세면도구 비누 : 04018
- 36번째로 생산 : 00036

---

7 ③

'17015N0301200013', '17033H0301300010', '17026P0301100004' 총 3개이다.

---

8 ②

② 정용준(16113G0100100001) − 박근동(16123G0401800008)

---

9 ④

④ 세면도구 치약이다.

---

10 ②

'17051A0200700017', '17071A0401500021' 2개이다.

---

11 ③

'#NULL!'은 교차하지 않은 두 영역의 교차점을 참조 영역으로 지정하였을 경우 발생하는 오류 메시지이며, 잘못된 인수나 피연산자를 사용했을 경우 발생하는 오류 메시지는 #VALUE! 이다.

12 ④

NA-16-IND-1B-1311가 있으므로 2013년에 제조된 냉장고도 창고에 있다.

---

13 ②

② 인도네시아에서 제조된 제품은 9개이다.

---

14 ②

[제품 종류] - [모델 번호] - [생산 국가] - [공장과 라인] - [제조연월]

AI(에어컨) - 12 - KOR - 1A -1704

---

15 ②

'COUNT' 함수는 인수 목록에서 숫자가 들어 있는 셀의 개수를 구할 때 사용되는 함수이며, 인수 목록에서 공백이 아닌 셀과 값의 개수를 구할 때 사용되는 함수는 'COUNTA' 함수이다.

---

16 ①

엑셀 통합 문서 내에서 다음 워크시트로 이동하려면 〈Ctrl〉+〈Page Down〉을 눌러야 하며, 이전 워크시트로 이동하려면 〈Ctrl〉+〈Page Up〉을 눌러야 한다.

---

17 ④

$n=1$, $A=3$

$n=1$, $A=2 \cdot 3$

$n=2$, $A=2^2 \cdot 3$

$n=3$, $A=2^3 \cdot 3$

...

$n=11$, $A=2^{11} \cdot 3$

∴ 출력되는 A의 값은 $2^{11} \cdot 3$이다.

---

18 ④

제시된 내용은 폰 노이만에 의해 소개된 '프로그램 내장방식'이다. 이 개념은 데이터뿐만 아니라 컴퓨터의 명령을 컴퓨터 내부 기억 장치 내에 기억하는 것으로, 이 명령은 더 빠르게 접근되고, 더 쉽게 변경된다.

19 ④

EBCDIC코드는 8비트의 조합에서 1자를 표현하는 부호체계로 이 8bit를 1byte라 하고, 1byte로 영자(A~Z), 숫자(0~9), 특수기호 등 256종의 문자를 표현할 수 있다.

---

20 ④

2017년 10월 9일 : 171009
필리핀 제1공장 : 4A
xs1 2TB : 01003
1584번째 품목 : 01584

---

21 ④

④ 05002이므로 HS 1TB이다.

---

22 ③

③ 03001이므로 oz 500GB로 수정해야 한다.

---

23 ③

2018년 9월 7일 제조 : 180907
한국 제4공장 : 1D
xs2 2TB : 02003
13698번째 품목 : 13698

---

24 ④

입력기능은 자료를 처리하기 위해서 필요한 자료를 받아들이는 기능이다.

---

25 ②

마우스로 채우기 핸들을 아래로 드래그하여 숫자가 증가되도록 하려면 〈Ctrl〉을 같이 눌러줘야 한다.

26 ②

클라우드 컴퓨팅이란 인터넷을 통해 제공되는 서버를 활용해 정보를 보관하고 있다가 필요할 때 꺼내 쓰는 기술을 말한다. 따라서 클라우드 컴퓨팅의 핵심은 데이터의 저장 · 처리 · 네트워킹 및 다양한 어플리케이션 사용 등 IT 관련 서비스를 인터넷과 같은 네트워크를 기반으로 제공하는데 있어, 정보의 보관 분야에 있어 획기적인 컴퓨팅 기술이라고 할 수 있다.

27 ①

자연어 검색이란 컴퓨터를 전혀 모르는 사람이라도 대화하듯이, 일반적인 문장의 형태로 검색어를 입력하는 방식을 말한다. 일반적인 키워드 검색과 달리 자연어 검색은 사용자가 질문하는 문장을 분석하여 질문의 의미 파악을 통해 정보를 찾기 때문에 훨씬 더 간편하고 정확도 높은 답을 찾을 수 있다. 단순한 키워드 검색의 경우 중복 검색이 되거나 필요 없는 정보가 더 많아서 여러 차례 해당하는 정보를 찾기 위해 불편을 감수해야 하지만, 자연어 검색은 질문의 의미에 적합한 답만을 찾아주기 때문에 더 효율적이다.

② 주제별 검색 방식 : 인터넷상에 존재하는 웹 문서들을 주제별, 계층별로 정리하여 데이터베이스를 구축한 후 이용하는 방식이다. 사용자는 단지 자신이 원하는 정보를 찾을 때까지 상위의 주제부터 하위의 주제까지 분류되어 있는 내용을 선택하여 검색하면 원하는 정보를 발견하게 된다.

③ 통합형 검색 방식 : 통합형 검색 방식의 검색은 키워드 검색 방식과 매우 유사하다. 그러나 통합형 검색 방식은 키워드 검색 방식과 같이 검색 엔진 자신만의 데이터베이스를 구축하여 관리하는 방식이 아니라, 사용자가 입력하는 검색어들이 연계된 다른 검색 엔진에게 보내고, 이를 통하여 얻어진 검색 결과를 사용자에게 보여주는 방식을 사용한다.

④ 키워드 검색 방식 : 키워드 검색 방식은 찾고자 하는 정보와 관련된 핵심적인 언어인 키워드를 직접 입력하여 이를 검색 엔진에 보내어 검색 엔진이 키워드와 관련된 정보를 찾는 방식이다. 사용자 입장에서는 키워드만을 입력하여 정보 검색을 간단히 할 수 있는 장점이 있는 반면에, 키워드가 불명확하게 입력된 경우에는 검색 결과가 너무 많아 효율적인 검색이 어려울 수 있는 단점이 있다.

⑤ 연산자 검색 방식 : 하나의 단어로 검색을 하면 검색 결과가 너무 많아져서, 이용자가 원하는 정보와 상관없는 것들이 많이 포함된다. 연산자 검색 방식은 검색과 관련 있는 2개 이상의 단어를 연산자로 조합하여 키워드로 사용하는 방식이다.

28 ③

미래사회는 지식정보의 창출 및 유통 능력이 국가경쟁력의 원천이 되는 정보사회로 발전할 것이다. 정보사회는 무한한 정보를 중심으로 하는 열린사회로 정보제공자와 정보소비자의 구분이 모호해지며 네트워크를 통한 범세계적인 시장 형성과 경제활동이 이루어진다. 정보통신은 이러한 미래 정보사회의 기반으로서, 지식정보의 창출과 원활한 유통이 가능해지기 위해서는 정보통신의 역할이 중요하다. 정보통신 기반을 활용함에 따라 정보사회의 활동 주체들은 모든 사회 경제활동을 시간 · 장소 · 대상에 구애 받지 않고 수행할 수 있게 될 것이다.

29 ①

각국의 해외여행 시 지참해야 할 물품이 기록된 자료는 향후에도 유용하게 쓸 수 있는 정보이므로 바로 버려도 되는 동적정보로 볼 수 없다. 나머지 선택지에 제시된 정보들은 모두 1회성이거나 단기에 그 효용이 끝나게 되므로 동적정보이다.

※ 신문이나 텔레비전의 뉴스는 상황변화에 따라 수시로 변하기 때문에 동적정보이다. 반면에 잡지나 책에 들어있는 정보는 정적정보이다. CD-ROM이나 비디오테이프 등에 수록되어 있는 영상정보도 일정한 형태로 보존되어 언제든지 동일한 상태로 재생할 수 있기 때문에 정적정보로 간주할 수 있다.

---

30 ③

새로운 정책에 대하여 시민의 의견을 알아보고자 하는 것은 정책 시행 전 관련된 정보를 수집하는 단계로, 설문조사의 결과에 따라 다른 정보의 분석 내용과 함께 원하는 결론을 얻을 수 있다.

---

31 ①

㈎ RFID : IC칩과 무선을 통해 식품·동물·사물 등 다양한 개체의 정보를 관리할 수 있는 인식 기술을 지칭한다. '전자태그' 혹은 '스마트 태그', '전자 라벨', '무선식별' 등으로 불린다. 이를 기업의 제품에 활용할 경우 생산에서 판매에 이르는 전 과정의 정보를 초소형 칩(IC칩)에 내장시켜 이를 무선주파수로 추적할 수 있다.

㈏ 유비쿼터스 : 유비쿼터스는 '언제 어디에나 존재한다.'는 뜻의 라틴어로, 사용자가 컴퓨터나 네트워크를 의식하지 않고 장소에 상관없이 자유롭게 네트워크에 접속할 수 있는 환경을 말한다.

㈐ VoIP : VoIP(Voice over Internet Protocol)는 IP 주소를 사용하는 네트워크를 통해 음성을 디지털 패킷(데이터 전송의 최소 단위)으로 변환하고 전송하는 기술이다. 다른 말로 인터넷전화라고 부르며, 'IP 텔레포니' 혹은 '인터넷 텔레포니'라고도 한다.

---

32 ④

대학은 Academy의 약어를 활용한 'ac.kr'을 도메인으로 사용한다. 주어진 도메인 외에도 다음과 같은 것들을 참고할 수 있다.

㉠ co.kr - 기업/상업기관(Commercial)

㉡ ne.kr - 네트워크(Network)

㉢ or.kr - 비영리기관(Organization)

㉣ go.kr - 정부기관(Government)

㉤ hs.kr - 고등학교(High school)

㉥ ms.kr - 중학교(Middle school)

㉦ es.kr - 초등학교(Elementary school)

33 ④

VLOOKUP은 범위의 첫 열에서 찾을 값에 해당하는 데이터를 찾은 후 찾을 값이 있는 행에서 열 번호 위치에 해당하는 데이터를 구하는 함수이다. 단가를 찾아 연결하기 위해서는 열에 대하여 '항목'을 찾아 단가를 구하게 되므로 VLOOKUP 함수를 사용해야 한다.

찾을 방법은 TRUE(1) 또는 생략할 경우, 찾을 값의 아래로 근삿값, FALSE(0)이면 정확한 값을 표시한다. VLOOKUP(B2,$A$8:$B$10,2,0)은 'A8:B10' 영역의 첫 열에서 '식비'에 해당하는 데이터를 찾아 2열에 있는 단가 값인 6500을 선택하게 된다.

따라서 '=C2*VLOOKUP(B2,$A$8:$B$10,2,0)'은 10 × 6500이 되어 결과값은 65000이 되며, 이를 드래그하면, 각각 129000, 42000, 52000의 사용금액을 결과값으로 나타내게 된다.

---

34 ⑤

'$'는 다음에 오는 셀 기호를 고정값으로 묶어 두는 기능을 하게 된다.

(A) : A6 셀을 복사하여 C6 셀에 붙이게 되면, 'A'셀이 고정값으로 묶여 있어 (A)에는 A6 셀과 같은 '$A$1 +$A$2'의 값 10이 입력된다.

(B) : (B)에는 '$'로 묶여 있지 않은 2행의 값 대신에 4행의 값이 대응될 것이다. 따라서 '$A$1+$A4'의 값인 9가 입력된다.

따라서 (A)와 (B)의 합은 10+9=19가 된다.

---

35 ①

(가) COUNTIF는 범위에서 해당 조건을 만족하는 셀의 개수를 구하는 함수이다. 따라서 'B2:E2' 영역에서 E2의 값인 5와 같지 않은 셀의 개수를 구하면 3이 된다.

(나) 'B2:E2' 영역에서 3을 초과하는 셀의 개수를 구하면 3이 된다.

(다) INDEX는 표나 범위에서 지정된 행 번호와 열 번호에 해당하는 데이터를 구하는 함수이다. 따라서 'A1:E3' 영역에서 2행 4열에 있는 데이터를 구하면 3이 된다.

(라) TRUNC는 지정한 자릿수 미만을 버리는 함수이며, SQRT(인수)는 인수의 양의 제곱근을 구하는 함수이다. 따라서 'C2' 셀의 값 7의 제곱근을 구하면 2.645751이 되고, 2.645751에서 소수점 2자리만 남기고 나머지는 버리게 되어 결과값은 2.64가 된다.

따라서 (가), (나), (다)는 모두 3의 결과값을 갖는 것을 알 수 있다.

---

36 ⑤

'지식'이란 '어떤 특정의 목적을 달성하기 위해 과학적 또는 이론적으로 추상화되거나 정립되어 있는 일반화된 '정보'를 뜻하는 것으로, 어떤 대상에 대하여 원리적·통일적으로 조직되어 객관적 타당성을 요구할 수 있는 판단의 체계를 제시한다.

⑤ 가치가 포함되어 있지 않은 단순한 데이터베이스라고 볼 수 있다.

37 ②

변화가 심한 시대에는 정보를 빨리 잡는다는 것도 상당히 중요한 포인트가 된다. 때로는 질이나 내용보다는 정보를 남보다 빠르게 잡는 것만으로도 앞설 수 있다. 더군다나 격동의 시대에는 빠른 정보수집이 결정적인 효과를 가져 올 가능성이 클 것이다.

---

38 ③

적시성과 독점성은 정보의 핵심적인 특성이다. 따라서 정보는 우리가 원하는 시간에 제공되어야 하며, 원하는 시간에 제공되지 못하는 정보는 정보로서의 가치가 없어지게 될 것이다. 또한 정보는 아무리 중요한 내용이라도 공개가 되고 나면 그 가치가 급격하게 떨어지는 것이 보통이다. 따라서 정보는 공개 정보보다는 반공개 정보가, 반공개 정보보다는 비공개 정보가 더 큰 가치를 가질 수 있다. 그러나 비공개 정보는 정보의 활용이라는 면에서 경제성이 떨어지고, 공개 정보는 경쟁성이 떨어지게 된다. 따라서 정보는 공개 정보와 비공개 정보를 적절히 구성함으로써 경제성과 경쟁성을 동시에 추구해야 한다.

---

39 ①

① 이모티콘은 경우에 따라서 완곡하고 애교 섞인 표현의 역할을 할 수도 있으므로 무조건 예의에 어긋나는 행위로 볼 수는 없다.
② 다수의 대화자들에 대한 기본 예의이다.
③ 같은 내용의 글을 재차 확인해야 하는 독자들의 입장을 고려해야 한다.
④ 용량이 큰 여러 개의 파일을 아무렇게나 올리는 것은 자료실 관리 및 사용자의 편의 측면에서도 바람직한 행위로 볼 수 없다.
⑤ 아무리 게임이라고 해도 다수의 이용자들에 대한 배려가 필요하며, 종종 인터넷 게임 중의 매너 없는 행위와 비방, 욕설 등으로 인해 불미스러운 상황이 발생하기도 한다.

---

40 ③

ⓒ 그림판에서는 정원 또는 정사각형을 그리기를 지원한다. 정원이나 정사각형을 그리려면 타원이나 직사각형을 선택한 후에 'shift' 키를 누른 상태로 그리기를 하면 된다.

서원각과 함께

꿈의 날개를

펴라

기업체 시리즈

한국전기안전공사

LH한국토지주택공사

한국승강기안전공단

공항철도